OS SEGREDOS DAS FAMÍLIAS FELIZES

Bruce Feiler

OS SEGREDOS DAS FAMÍLIAS FELIZES

Conversando sobre sexo, como lidar com a rivalidade entre irmãos, como conduzir um jantar em família e muito mais

Tradução: Rodrigo Peixoto

AGIR

Título original: The Secrets of Happy Families

Copyright © 2013 by Bruce Feiler

Direitos de edição da obra em língua portuguesa no Brasil adquiridos pela Agir, selo da Editora Nova Fronteira Participações S.A. Todos os direitos reservados. Nenhuma parte desta obra pode ser apropriada e estocada em sistema de banco de dados ou processo similar, em qualquer forma ou meio, seja eletrônico, de fotocópia, gravação etc., sem a permissão do detentor do copirraite.

Editora Nova Fronteira Participações S.A.
Rua Nova Jerusalém, 345 – Bonsucesso – 21042-235
Rio de Janeiro – RJ – Brasil
Tel.: (21) 3882-8200 – Fax: (21)3882-8212/8313

CIP-Brasil. Catalogação na fonte
Sindicato Nacional dos Editores de Livros, RJ

F329s   Feiler, Bruce
       Os segredos das famílias felizes/Bruce Feiler; tradução Rodrigo Peixoto. - 1. ed. - Rio de Janeiro: Agir, 2013.
       il.

       Tradução de: The secrets of happy families
       ISBN 978-85-220-1515-3

       1. Técnicas de autoajuda. 2. Família. 3. Autoestima. I. Título.

13-03546   CDD: 158.1
                        CDU: 159.947

Para Eden e Tybee:
onde quer que estejam,
o que quer que façam,
lembrem-se sempre...

*As famílias felizes são todas iguais, mas cada família infeliz
é infeliz à sua maneira.*
— Liev Tolstói

Sumário

Introdução: Por que precisamos repensar as famílias?..................11

PARTE UM
ADAPTAÇÃO INFINITA
1 Manifesto da família ágil 23
2 A maneira correta de organizar um jantar em família..............42
3 Criando um estilo para a sua família.....................................58

PARTE DOIS
CONVERSE. MUITO.
4 Briga inteligente 79
5 A oposição começa aqui 93
6 Conversando sobre bolinhos de chuva...................................110
7 Lições da Mamãe do Sexo...126
8 O que o amor tem a ver com tudo isso?................................141
9 Cuidando dos avós 155
10 A coisa certa..167

PARTE TRÊS
SAINDO PARA BRINCAR
11 Checklist de viagens em família..187
12 Cale a boca e torça!...201
13 Dê uma chance à guerra...217

Conclusão: Todas as famílias felizes...234

Agradecimentos..244
Notas..247
Bibliografia selecionada..258

Introdução

Por que precisamos repensar as famílias?

ERA A PRIMEIRA NOITE do nosso encontro familiar anual, que acontecia sempre no mês de agosto. Durante quatro gerações, a minha família se reunia todos os verões na ilha Tybee, na Geórgia, bem perto de Savannah. Preparávamos banquetes familiares agitados com camarão ao vapor e milho assado, trocando farpas sobre assuntos políticos. Fazíamos excêntricas obras de arte juntos usando tampas de garrafas e peças soltas de dominó. Ficávamos tanto tempo no mar que virávamos iscas para águas-vivas.

Nessa mesma ilha, o meu avô nos ensinou a jogar *blackjack*. Eu dei o meu primeiro beijo lá. A minha esposa, Linda, gostava tanto daquele lugar que sugeriu darmos o nome de Tybee a uma de nossas filhas gêmeas. Foi uma homenagem àquele excêntrico paraíso. A nossa outra filha recebeu o nome de um jardim mágico, Eden.

Naquele ano, porém, o paraíso estava à beira do precipício.

Linda e eu fomos os primeiros a chegar. As nossas filhas tinham acabado de fazer cinco anos, e isso significava que sobrevivemos ao sacrifício das mamadeiras e das fraldas sujas. Porém, passamos a ser assombrados por novos desafios: despertar as meninas todas as manhãs, levá-las para a escola, conseguir fazê-las se sentarem para jantar de vez em quando e lembrar de brincar com elas ocasionalmente. Para complicar a situação, eu me esqueci de colocar os bichinhos de pelúcia delas no carro, e isso significava que eu dormiria no sofá em vez de fazer amor com a minha esposa.

A minha irmã e o meu cunhado, que chegaram logo depois, também tinham gêmeos, um casal, e seus próprios desafios: tentar afastar os olhos do filho adolescente do Nintendo, implorar à filha para que fizesse suas tarefas e prepará-los para que pudessem enfrentar os casos de bullying, as panelinhas e as pressões dos amigos.

O meu irmão mais velho, que chegou por último, nos avisou que já era hora de termos algumas conversas importantes sobre nossos pais. Havia chegado a hora de obrigar o nosso pai a ficar sentado numa cadeira de rodas 24 horas por dia? O problema de visão da nossa mãe era grave a ponto de ela ter que parar de dirigir à noite? Eles deveriam vender a casa onde moravam e se mudar para um lugar mais próximo dos filhos? Ou deveriam vender a casa onde moravam e se mudar para um lugar mais longe?!

Eu me sentia o recheio de um sanduíche: espremido entre a geração dos meus pais, que envelhecia, e a das minhas filhas, que crescia.

Sem dúvida, essa tensão crescente acabaria explodindo. Quando nos reunimos para jantar, percebi algo com o canto do olho. O meu sobrinho enviava uma mensagem de texto sob a mesa. Eu deveria não ter dito nada, mas não consegui me conter e pedi que ele deixasse o telefone de lado.

Bum! A bomba estourou. A minha irmã revidou, dizendo que eu não deveria tentar educar o seu filho. A minha mãe disse que todos os seus netos precisavam aprender boas maneiras. O meu pai apontou para as minhas filhas, dizendo que elas estavam brincado com a comida. O meu irmão ficou louco, dizendo ser cada vez mais difícil manter qualquer conversa adulta. A minha esposa ergueu as mãos, como quem se rende, e foi em busca de sorvete para as meninas, *exatamente como a minha sogra teria feito.*

"Mas elas nem terminaram de comer os legumes", reclamei.

"A mamãe prometeu que a gente ia comer *banana split!*", elas choramingavam, soluçando.

"Chega, meninas!", gritei. "Vão dormir!"

Ao ouvir isso, elas correram para a ponta mais distante da casa, e todos fomos para cômodos distintos.

Naquela mesma noite, bem mais tarde, o meu pai me chamou à beira da cama dele. Seu tom de voz era um pouco trêmulo; eu percebi um sentimento palpável de medo que até então nunca notara.

"A nossa família está se desestruturando", disse ele.

"Não, não é isso...", respondi, instintivamente. "Os nossos laços estão mais fortes que nunca."

E naquela noite, deitado na minha cama, eu pensei: *Será que ele tem razão? Estamos nos distanciando? Qual era o segredo que mantinha as famílias unidas? Que ingredientes faziam de algumas famílias entidades efetivas, adaptáveis, funcionais e felizes?*

Como todo mundo que conhecíamos, Linda e eu fomos tomados por tais questionamentos. Enquanto as nossas filhas cresciam, os desafios de desenvolver uma cultura familiar parecia mais nebuloso e mais necessário. As nossas meninas estavam na idade de ouro da infância — dos primeiros passos ao primeiro beijo, de aprender a usar a privada ao baile de formatura —, e queríamos cultivar uma identidade familiar. Porém, enquanto o mundo parece transbordar de conselhos sobre amamentação, sono e manha infantil, propostas inteligentes sobre como enfrentar o final da infância não são tão fáceis de serem encontradas.

Isso talvez aconteça por se tratarem de problemas complicados. Controlar as horas de sono de uma criança não é nada se comparado à necessidade de controlar as horas passadas em frente ao computador. Como ensinar disciplina aos filhos e, ao mesmo tempo, garantir que se divirtam? Será possível transmitir valores eternos num mundo que vive em busca de novidades e valoriza a falta de educação? Como os casais encontram tempo um para o outro quando passam tantas horas educando os filhos?

Quando Linda e eu somos assolados por tais questionamentos, tentamos seguir o exemplo dos nossos pais, embora a experiência deles esteja tão fora de moda que parece exótica. Outra opção é procurar informações e dicas pelo Facebook, mas acabamos descobrindo que os nossos amigos parecem tão perdidos quanto nós. As revistas e os programas de televisão não costumam oferecer mais que discussões vazias, repletas de chavões. Manuais de conduta, com suas banalidades, são empilhados em nossas mesas de cabeceira, sem nunca serem lidos. Até as nossas metáforas são velhas. Sanduíche de gerações? A verdade é que Linda não ousaria oferecer lanches industrializados às nossas filhas. O que somos nós, então: meros recheios de húmus orgânico num *wrap* vegetariano?

Hoje em dia, as regras antigas já não se aplicam, mas continuamos esperando que novas regras sejam feitas.

Na manhã seguinte, perguntei a Linda: com quem devemos conversar para termos certeza de que a nossa família funciona bem?

Um novo dia para as famílias

Vivemos numa época incrível para fazer tal questionamento. Os últimos 15 anos testemunharam uma verdadeira revolução no que significa ser uma família. Existem famílias misturadas, retalhos de famílias, famílias adotivas. Existem famílias nucleares que vivem em casas separadas, assim como famílias divorciadas que vivem na mesma casa. Temos famílias com apenas um pai ou uma mãe, dois pais, três ou mais. Temos também famílias com uma, duas ou três religiões diferentes, e algumas sem nenhum sentimento religioso.

Não importa que tipo de família seja a sua, pois pesquisas variadas e atuais demonstram que a família é essencial para a nossa felicidade e bem-estar. Cada estudo novo confirma que o primeiro indício de satisfação na vida nasce com a possibilidade de passarmos algumas horas com pessoas que amamos e que nos amam. Quer dizer, a felicidade está em termos alguém por perto, e as pessoas mais presentes em nossas vidas são os que formam nossa família.

No entanto, como ter certeza de que estamos agindo de maneira eficiente? A última década presenciou incríveis novidades sobre como fazer com que uma família, e também grupos menores de pessoas, funcionem melhor. Certas pesquisas que buscam destruir mitos, das neurociências à genética, acabaram redefinindo o nosso entendimento de como os pais devem disciplinar os filhos, do que deve ser conversado num jantar em família e de como adultos (especialmente irmãos) podem conseguir ter conversas sobre assuntos difíceis. Inovações nas redes de relacionamento sociais e laborais transformaram a maneira de as pessoas trabalharem em grupo. Programas que tentam construir novos comportamentos nos apresentaram incríveis técnicas sobre como conseguir um melhor funcionamento em equipe e como reagir mais rapidamente aos obstáculos.

No entanto, grande parte dessas ideias revolucionárias é mantida à margem das suas subculturas, escondida dos cidadãos comuns — das famílias —, que são quem mais precisam delas.

Este livro foi pensado para tentarmos progredir nessa questão.

Tentei escrever um livro que adoraria poder ler sendo esposa, pai, tio, irmão ou pré-adolescente. Destrinchei as famílias em temas nos quais todos nos envolvemos — amar, brigar, comer, brincar, fazer bobagens, gastar dinheiro, tomar decisões importantes na vida — e tentei descobrir como fazer tudo isso de um modo melhor. Fui em busca das experiências mais iluminadoras, das pessoas mais espertas, das famílias mais eficientes que eu poderia encontrar, porque queria fazer um compêndio das melhores práticas familiares atuais. O meu objetivo era montar um manual de estratégias para famílias felizes.

Grande parte dessas ideias permanecia oculta a olho nu. Eu fiz um curso com o fundador do Harvard Negotiation Project sobre como brigar de maneira eficiente. Visitei a ESPN para descobrir o que os melhores treinadores esportivos sabem sobre a construção de equipes de êxito. Trabalhei com o famoso grupo militar Green Berets para entender como projetar uma reunião familiar perfeita. Tive algumas lições com o banqueiro de Warren Buffet sobre como lidar com orçamentos e também mesadas. E conversei com os principais criadores de jogos do Vale do Silício para descobrir como podemos transformar as férias em família em algo mais divertido.

Um dos meus dias favoritos foi quando visitei o set de filmagens de *Modern Family*, uma série de televisão norte-americana muito popular que reflete muitos dos novos caminhos percorridos pelas famílias dos nossos dias. Nela, uma família de classe média nos Estados Unidos discute todos os temas possíveis, de tecnologia a encontros amorosos. A série nos mostra um casal gay com uma filha vietnamita adotada. Um pai rabugento com uma esposa colombiana escultural e um filho que carece do amor dos seus pais e vende coisas para sobreviver.

A chave do sucesso de *Modern Family* é que não importam as ações escandalosas dos personagens nem a loucura da trama, já que os autores sempre encontram uma maneira de reunir a família num abraço reconfortante pouco antes do último intervalo comercial. Eu adoraria descobrir a maneira de fazer isso! Conversei com os atores e com os criadores da série sobre o que o sucesso de *Modern Family* diz sobre as famílias modernas, e se todos deveríamos viver nossa vida como se estivéssemos numa comédia televisiva.

No decorrer dessa pesquisa, encontrei também uma inacreditável lista de conselhos antiquados e recomendações mal-informadas, e este livro se tornou uma espécie de cruzada contra algumas tendências que estão na moda.

A primeira delas é sobre a indústria de aperfeiçoamento familiar. Dos quase duzentos livros que li, os escritos por terapeutas, consultores, especialistas dedicados a escutar as crianças ou outras "autoridades" tradicionais no assunto foram de longe os menos interessantes. Não que sejam livros mal-escritos, mas parecem antiquados e fora de moda. As questões que levantam soam mais adequadas a famílias constituídas há trinta ou quarenta anos. E suas respostas são rançosas. Um século após Freud, esse campo antes inovador tende a oferecer ideias pouco originais.

Ao mesmo tempo, quase todos os outros campos que envolvem a vida contemporânea estão sendo repensados e reestruturados. Onde estão as novas ideias sobre as famílias? Logo no início do meu trabalho, resolvi estabelecer um objetivo: conversar com pessoas de destaque no campo da tecnologia, dos negócios, dos esportes e do mundo militar sobre as ideias inovadoras que eles levam para casa, aproveitando-as nas suas famílias. E estabeleci o objetivo paralelo de não conversar com terapeutas (mas quero deixar registrado que violei tal regra, embora apenas uma vez, num encontro com um terapeuta sexual belga).

A segunda tendência é o movimento da felicidade. Qualquer pessoa que tenha entrado numa livraria ou dado uma olhada na internet recentemente sabe que um novo campo surgiu nesse início de século: a psicologia positiva. Lançado por um grupo de eruditos visionários, tal movimento desviou o foco, até então direcionado às pessoas com problemas mentais ou outras patologias, concentrando-se em indivíduos funcionais e destacando o que poderíamos aprender com eles. Esse campo de conhecimento se multiplicou, e eu, como tantas outras pessoas, aprendi muito com essa literatura animadora.

Porém, como os mais conhecidos autores da psicologia positiva destacaram, essa enorme atenção à felicidade individual também deixou a nossa cultura mais rasa e autocentrada. Um princípio primário de grande parte dos livros sobre a felicidade, por exemplo, é descobrir o que nos faz feliz. Contudo, entre o que comprovadamente nos faz menos feliz estão a criação de filhos, o cuidado com pais idosos e as obrigações domésticas. No meu caso, tais tarefas tomam 80% do meu tempo!

Precisamos tomar a premissa básica do movimento da felicidade — focar nas pessoas que agem da maneira correta — e aplicá-la numa área de nossa vida que vem sendo escandalosamente preterida: a nossa família.

Por último, temos as guerras familiares. Recentemente, presenciamos o surgimento de um exército de livros, artigos e capas de revista sobre qual é a maneira correta de educar os nossos filhos.

Sejam rigorosos como os chineses. Não; sejam liberais como os franceses. Deem umas boas surras, como se fazia nos bons e velhos tempos. Tais discussões são fervorosas, apaixonadas e estranhamente familiares. Será que as mães carinhosas são o oposto dos pais carrascos?

Os autores desses livros compartilham uma ideologia que pretendem promover. Eu, não. Não quero imitar a conduta seguida num determinado país. Não quero ter uma mascote. Mas tenho uma questão a responder: o que as famílias felizes fazem de certo e o que deveríamos aprender para que a nossa família fosse mais feliz?

E tenho uma convicção: não importa o que eu descubra, nunca conseguirei resumir o meu conhecimento numa lista de cinco, seis ou sete coisas que devemos fazer, sem falta para criar uma família feliz. Em 1989, Stephen Covey publicou *Os 7 hábitos das pessoas altamente eficazes*, um dos livros de autoajuda de maior êxito de todos os tempos, vendendo mais de 25 milhões de exemplares. O livro gerou incontáveis imitações que identificavam "cinco simples passos" ou "seis verdades absolutas". A internet, com sua ênfase no conhecimento baseado em bites, só faz acelerar tal tendência. Como todo blogueiro, usuário do Twitter ou do Pinterest sabe, os leitores adoram criar listas (eu mesmo já fiz algumas), mas a verdade é que as odeio. As listas me deixam estressado, pois vivo morto de medo de me esquecer do item número quatro ou de acabar discordando do número dois.

Neste livro, portanto, resolvi seguir o caminho oposto. Batalhei para gerar uma nova seleção de melhores práticas para cada um dos temas que abordo. E não me limito à criação de filhos, entrando também em assuntos como casamento, sexo, dinheiro, esportes e relacionamento com os avós. O meu objetivo foi criar "a lista para acabar com todas as listas", com mais de duzentas novíssimas ideias sobre como aprimorar a nossa família. Ainda que isso pareça demais, por favor, peço que continue a leitura.

Uma coleção desse tipo é libertadora, na minha opinião, pois obviamente ninguém seria capaz de acompanhar todos os pontos. Porém, se você é como Linda e eu, ficará satisfeito com alguns deles. *Eu tenho que usar o termo* vagina *quando estiver dando banho nas minhas filhas, e não outros mais recatados?* Num primeiro momento, alguns de vocês talvez não concordem com isso. *O que você quer dizer com essa história de que eu deveria cancelar os meus planos de um encontro amoroso esta noite?* Alguns simplesmente rejeitariam isso. *Deveríamos permitir que os nossos filhos escolham as próprias punições?*

No entanto, se você for como nós, ficará chocado com a quantidade de coisas que desconhece e louco para começar a usar algumas técnicas novas. Posso praticamente garantir que você nunca tomou conhecimento de, pelo menos, três quartos das técnicas que apresento neste livro. (No nosso caso, eu diria que não conhecíamos 90%.) E aposto que algumas delas lhe serão úteis. Finalmente, espero que, caso você escolha uma única ideia de cada capítulo deste livro para empregar em sua vida familiar, ela seja transformada em menos de uma semana.

E quem não está à procura disso? É um hábito cultural: nós não paramos de falar sobre a nossa família, mas grande parte de nós morre de medo de não estar fazendo o melhor possível por ela. Sabemos que a nossa família é a maior influência para nosso bem-estar, mas ainda assim passamos muito pouco tempo tentando aprimorá-la. Dê uma olhada nas conversas que costumamos ter: estamos ocupados, somos distraídos por outras coisas, estamos repletos de assuntos para resolver. E o tempo escorre pelas nossas mãos. Após termos respondido ao relógio biológico e tido os nossos filhos, corremos para ajudá-los a se transformarem em membros de uma família.

E podemos fazer isso. O que aprendi me fez acreditar que é possível oferecer às nossas crianças uma cultura familiar forte, algo que possam ter para sempre em suas vidas. É possível incluir avós, irmãos e até mesmo um tio desastrado numa extensa comunidade de amor e de apoio mútuo. É possível ter uma família feliz.

Quase um século e meio atrás, o grande romancista russo Liev Tolstói começou a escrever *Anna Karenina* com uma das frases mais célebres da literatura mundial: "As famílias felizes são todas iguais, mas cada família infeliz é infeliz à sua maneira." Quando li essa frase pela primeira vez, a primeira parte me pareceu especialmente insana.

Claro que nem todas as famílias felizes são iguais: algumas são grandes, outras, pequenas; algumas barulhentas, outras, discretas; algumas tradicionais; outras, nada tradicionais.

Escrever este livro mudou a minha cabeça. Recentes estudos nos permitiram, pela primeira vez na história, identificar algumas pedras fundamentais compartilhadas por famílias altamente funcionais, entender as técnicas usadas pelas famílias eficazes para superar seus desafios e localizar as habilidades que cada um de nós precisa ter para conduzir a nossa vida com maior êxito em meio a essa louca teia de instituições humanas. Hoje, passados tantos anos, poderíamos dizer que Tolstói tinha razão? Será que todas as famílias felizes têm realmente certas coisas em comum?

A resposta, na minha opinião, é sim. Vamos em frente, pois eu quero demonstrar por que acredito nisso.

Parte um
Adaptação infinita

1
Manifesto da família ágil

Um plano do século XXI para reduzir o caos e aumentar a felicidade

Durante a semana, a tensão envolve tudo. A sua filha se recusa a fazer a cama. O seu filho não desgruda do celular. "Não era a sua vez de tirar o lixo?" "Ei, eu já falei para você parar de pegar os meus chicletes!" "Mããããããããe!"

No domingo à tarde, a família está preparada para um pouco de alívio.

Logo após as sete da noite, o sol se punha na pequena Hidden Springs, no estado de Idaho, com sua população de 2.280 habitantes, bem ao norte da cidade de Boise. Dois cavalos corriam ao lado de uma serrania serpenteante. Crianças terminavam uma partida de beisebol em Dry Creek Valley. No entanto, no interior de uma casa de arquitetura tradicional e renovada, de três andares, na cor de caramelo, os seis membros da família Starr estavam sentados fazendo o trabalho mais importante da semana: o seu encontro familiar semanal.

A família Starr é uma típica família norte-americana, com sua típica divisão de tarefas. David, um homem cada dia mais careca, rechonchudo, com bigode e cavanhaque, é engenheiro de software. Ele forma parte dessa nova espécie de pais profundamente envolvidos na vida familiar, sempre preocupados com o andamento da casa. Por outro lado, ele sofre da síndrome de Asperger, o que dificulta a leitura das emoções alheias. David e sua esposa, Eleanor, formam um casal singular, já que ela é pura emoção: uma mãe com o coração em chamas, louca de vontade de compartilhar amor e pedaços de pão de milho recém-saídos do forno com toda a vizinhança. Poucos anos após o casamento, David fez um teste de avaliação emocional e tirou 8. Eleanor tirou

98. E a nota máxima era 100. "Como conseguimos ficar juntos?", os dois se perguntaram.

A essa mistura confusa, eles incluíram quatro filhos em cinco anos: Mason (na época com 15 anos), Cutter (13), Isabelle (11) e Bowman (10). Um deles tem síndrome de Asperger, e o outro, Transtorno do Déficit de Atenção com Hiperatividade (TDAH); um deles é completamente despreocupado, enquanto o outro tem baixa autoestima; um deles é um gênio da matemática que ensina seus vizinhos, e o outro é um ótimo jogador de *lacrosse*. "Nós vivíamos num completo caos", revela Eleanor.

Como muitos pais, os Starr estavam perdidos entre a casa ensolarada e tranquila onde queriam morar e a casa barulhenta e caótica onde viviam. Essa diferença era especialmente notada logo após os seus filhos acordarem, ainda bem cedo, e na hora de irem para a cama — dois momentos de batalha na vida das famílias atuais.

"Quando moramos numa casa onde seis pessoas tentam escovar os dentes ao mesmo tempo e todos brigam entre si, ninguém é feliz", conta Eleanor. "Eu achava que, amando os meus filhos, tudo daria certo, mas isso não basta. Então cheguei à conclusão de que eu estava no meu limite!"

O que de fato a convenceu a mudar de estratégia foi o dia em que David pediu a cada um dos filhos que descrevesse sua mãe. A resposta de todos foi: "Ela grita muito."

O seguinte passo da família Starr, no entanto, foi surpreendente. Em vez de procurar os seus pais ou amigos, em vez de correr atrás de conselhos em livros ou na televisão, eles procuraram ajuda no trabalho de David. Resolveram aceitar um programa pioneiro chamado *desenvolvimento ágil*, que se espalhava rapidamente pelo mundo — das fábricas automobilísticas japonesas aos criadores de software do Vale do Silício. O *desenvolvimento ágil* é um sistema de dinâmicas de grupo no qual os trabalhadores são organizados em equipes menores, e cada uma dessas equipes se reúne rapidamente todas as manhãs, marcando também um encontro semanal para avaliar o seu funcionamento. No local de trabalho, tais reuniões são chamadas "revisão e retrospectiva". Em casa, os Starr as chamavam "encontros familiares".

Como David escreveu em 2009, num artigo muito difundido, intitulado "Práticas de agilidade para famílias", os encontros familiares semanais melhoraram a comunicação e a produtividade, diminuíram o estresse e deixaram todos bem mais felizes no seu papel de "parte da equipe familiar".

Quando Linda e eu adotamos o modelo ágil com nossas filhas, em pouco tempo os encontros familiares semanais se transformaram na ideia mais impactante que introduzimos em nossa vida desde o nascimento das meninas. Os encontros se transformaram no centro da nossa vida familiar, alterando a forma como nos relacionávamos com as meninas — e elas conosco — de um modo que nunca imaginamos ser possível.

E os encontros faziam tudo isso em seus meros vinte minutos de duração.

O melhor Dia de Ação de Graças da nossa vida

A instituição familiar passou por mudanças profundas nas últimas décadas. Do declínio do casamento ao aumento do número de divórcios, da entrada da mulher no mercado de trabalho à novidade de homens cuidando dos filhos, quase todos os aspectos da vida doméstica foram transformados.

Mas, apesar disso tudo, a família prevaleceu e até cresceu em importância. Em 2010, um estudo feito pela empresa Pew revelou que 75% dos adultos entrevistados disseram ter na família o elemento mais importante da sua vida. O mesmo número de pessoas disse estar "muito satisfeito" com a sua vida familiar, e oito de cada dez entrevistados disseram que a família que têm hoje é mais íntima do que aquela na qual cresceram.

Pronto, essas foram as boas notícias. Agora vamos às más: quase todo mundo se sente completamente oprimido por conta do ritmo e das pressões da vida diária, e essa exaustão causa enormes danos ao bem-estar familiar. Uma série de pesquisas demonstrou que tanto pais quanto filhos listam o estresse como a sua preocupação número um — e isso inclui o estresse dentro e fora de casa. E quando os pais se sentem oprimidos, isso afeta os filhos. Estudos demonstraram que o estresse dos pais enfraquece a mente das crianças, debilita o seu sistema imunológico e aumenta o risco de obesidade infantil, de doenças mentais, de diabetes, de alergias e até de cárie dental.

E as crianças também sabem disso. Numa pesquisa feita com mil famílias, Ellen Galinsky, diretora do Family and Work Institute e autora de *Mind in the Making* [Mente em construção], perguntou às crianças: "Se vocês pudessem fazer um único pedido aos seus pais, que pedido seria esse?" Grande parte dos pais imaginou que os filhos pediriam que passassem mais tempo juntos, em família, mas eles se enganaram. O desejo número um das crianças era que os seus pais fossem menos estressados e estivessem menos cansados.

Como resolver esse problema, ao menos em casa? A primeira parte do desafio tinha a ver com o fato de as famílias viverem sob um constante processo de alterações. A minha frase favorita sobre a criação de filhos é do meu filho Justin, de apenas quatro anos: "Tudo é uma fase, até mesmo as partes boas." Quando as crianças começam a dormir regularmente, elas param de tirar soneca. Quando começam a andar, começam as pirraças. Quando se acostumam ao futebol, começam a aprender piano. Quando já sabem ir para a cama sozinhas, começam a trazer deveres para casa e necessitam novamente da ajuda dos pais. Quando começam a compreender a importância da aplicação dos exames, surgem as mensagens de texto, os encontros amorosos, o cyberbullying. Não é de estranhar que o grande teórico da família em Harvard, Salvador Minuchin, tenha dito que a mais importante característica das famílias é que elas são "rapidamente adaptáveis".

Será que alguém já descobriu a fórmula para reduzir o estresse e aumentar o nosso poder de adaptação? Sim. Na verdade, todo um campo de estudos foi dedicado a esse tema.

No início dos anos 1980, Jeff Sutherland, piloto veterano da guerra do Vietnã, era um tecnólogo chefe numa grande empresa financeira da Nova Inglaterra, nos Estados Unidos, quando começou a perceber como o desenvolvimento dos softwares não era funcional. As companhias seguiam o "modelo em cascata", no qual os executivos emitiam ambiciosas ordens esperando que elas chegassem aos programadores abaixo deles. De todos os projetos, 83% terminavam atrasados, estouravam o orçamento ou falhavam completamente.

"Eu ficava olhando e pensava: isso é pior do que voar sobre o Vietnã do Norte", foi o que Jeff me disse, certa tarde, em sua casa em Boston. "No Vietnã, apenas metade das pessoas era atingida por tiros!"

Jeff estava determinado a implantar um novo sistema. Nele, as ideias não fluiriam apenas de cima para baixo, mas também de baixo para cima. Por volta de 1990, ele leu um compêndio de trinta anos de artigos publicados na *Harvard Business Review*, onde encontrou uma publicação de 1986 chamada "The New New Product Development Game" [O supernovo jogo de desenvolvimento de produto]. Seus autores, Hirotaka Takeuchi e Ikujiro Nonaka, diziam que o ritmo dos negócios era a cada dia mais frenético, argumentando que as empresas de êxito estavam baseadas na velocidade e na flexibilidade. O artigo salientava o caso da Toyota e da Canon, aproximando suas equipes muito bem entrosadas aos alinhamentos do rúgbi.

"Encontrei esse artigo e pensei: 'É isso!'", disse Sutherland.

Cabe a Jeff o crédito da aplicação da palavra *alinhamento* aos negócios. Mais tarde, porém, a expressão *alinhamento* foi incorporada a *desenvolvimento ágil*, um termo mais amplo. A palavra *agilidade* (utilizada como um coletivo) é hoje a prática mais comum em centenas de países, e 75% de todo software disponível é produzido com base nessa filosofia. É muito provável que você use, do seu celular à sua ferramenta de busca, algo que tenha sido criado seguindo as práticas ágeis. Aliás, empresas líderes, como GE e Facebook, começaram a utilizá-las também em seus departamentos executivos.

De muitas formas, a agilidade é parte de uma tendência maior da sociedade em direção ao poder descentralizador. Segundo o guru dos negócios, Tom Peters, "as empresas ágeis vencem", pois não estão presas a regras fixas. Elas têm a liberdade de criar novas regras. Uma evolução similar está acontecendo há décadas nas famílias, pois o poder saiu das mãos exclusivas dos pais, passando também a ser exercido pelas mães e, cada vez mais, pelos filhos. Inevitavelmente, os fãs da agilidade começaram a se perguntar se as famílias poderiam se beneficiar dessas práticas.

"Comecei a ver muita gente lançando mão da agilidade em casa, especialmente com os filhos", Jeff me revelou.

Os filhos dele já eram crescidos nessa época, mas ele e sua esposa, Arlene, começaram a utilizar a prática para ajudar a organizar os seus fins de semana. Eles me levaram à cozinha da família e me mostraram um enorme fluxograma pendurado na parede. Era um quadro dividido em três colunas: TAREFAS A FAZER, TAREFAS EM ANDAMENTO,

TAREFAS CONCLUÍDAS. Na coluna da esquerda, TAREFAS A FAZER, eles prenderam uma série de lembretes com post-it: "animais", "compras", "Skype com Verônica". Quando uma das tarefas começava a ser cumprida, o lembrete seguia para a coluna TAREFAS EM ANDAMENTO. Quando era terminada, seguia para a terceira coluna.

A terminologia da agilidade descreve esse tipo de fluxograma como um "radiador de informações". Manter as tarefas em exposição faz com que todos estejam atentos aos trabalhos dos demais, e também aos seus progressos.

"Quando mantemos algo assim em casa, em público, garanto que o dobro das tarefas serão concluídas. Garanto", assegurou-me Jeff.

O exemplo favorito da família foi o primeiro Dia de Ação de Graças que viveram sob a prática da agilidade.

"Reunimos todo mundo e criamos uma lista do que precisava ser feito", disse Arlene. "Uma lista dos alimentos que precisariam ser comprados, dos pratos que deveriam ser preparados, da mesa que seria montada. Depois, criamos grupos menores para cada tarefa.

"Montamos um grupo de acolhida liderado por um menino de nove anos", revelou Jeff. "Sempre que a campainha tocava, ele agarrava a pessoa pelo braço e corria para a porta. 'Oi! Estamos tão felizes que vocês tenham vindo. Podem deixar os seus casacos com a gente!' Ninguém nunca havia se sentido tão bem-vindo em nossa casa. Todos concordaram que aquele foi o melhor Dia de Ação de Graças de suas vidas."

Mas é claro que surgiram falhas técnicas. O grupo responsável pela montagem da mesa não conseguiu entrar em acordo sobre como dispor os cartões indicando onde cada pessoa deveria se sentar. Um dos meus cunhados preferia se sentar ao lado da esposa, mas os Sutherland achavam melhor distribuir os casais pela mesa. O comitê não chegou a um consenso, gerando um impasse.

"Eis o momento em que a agilidade é particularmente eficaz", explicou Jeff. "No dia seguinte, em nossa reunião de avaliação, conversamos sobre o acontecido. Num primeiro momento, localizamos o problema. *O grupo não entrou em acordo sobre como dispor as pessoas na mesa.* Depois propusemos soluções para o próximo encontro. *Podemos sentar os casais juntos, separá-los ou misturá-los entre os demais.* E chegamos a um acordo, que foi alterná-los segundo as funções familiares."

E que lições eles tiraram disso tudo?

"Eu e Jeff tivemos criações complicadas", comentou Arlene. "O nosso primeiro objetivo como pais era não impor aos nossos filhos as mesmas barreiras que os nossos pais nos impuseram."

"Esse é o momento em que a agilidade toma a dianteira", acrescentou Jeff. "As pessoas imaginam que seja natural viver num mundo em que todos somos disfuncionais. Mas não é. O normal é as pessoas ficarem satisfeitas. Tudo o que devemos fazer é remover as barreiras que nos deixam infelizes, e assim seremos muito mais felizes. Eis o que faz esse sistema."

Em resumo, o que a agilidade consegue é a aceitação de que a ordem e a desordem vivem próximas uma da outra. Admitindo que as coisas estão erradas e introduzindo um sistema para reordená-las, aumentamos as probabilidades de que o sistema — nesse caso, a família — funcione bem.

O que você está esquecendo?

Um objetivo similar motivou Eleanor e David Starr a fazer de sua casa um local mais feliz.

O primeiro problema que abordaram foi a confusão armada todas as manhãs. David, que usara um "radiador de informações" no trabalho, sugeriu que utilizassem algo similar em casa. A família se sentou e criou uma lista de tarefas matinais. O documento ditava o que cada filho deveria fazer antes de sair para a escola. Eles prenderam o papel na parede da cozinha. A primeira lista que produziram era mais ou menos assim:

Lista personalizada de tarefas matinais

1. Tomar vitaminas ou remédios
2. Tomar o café da manhã
3. Tomar banho ou lavar rosto e pescoço
4. Pentear os cabelos
5. Fazer as tarefas matinais
6. Escovar os dentes (dois minutos)
7. Mochila, sapatos e meias

O que você vai comer no almoço?

O que levará à escola hoje?

O que está esquecendo?

Nas primeiras semanas, nada de fato aconteceu. As crianças pareciam aturdidas, perguntando o que deveriam fazer, e muitas vezes reclamando.

"Quando estavam a ponto de resmungar", explicou Eleanor, "eu simplesmente avisava: 'Procure na lista.' Em pouco tempo, eu parecia um disco riscado. 'Vá checar a lista.'" Pouco a pouco, as crianças começaram a criar um hábito. "Acho que demorou umas duas semanas", lembrou Eleanor. "Fomos obrigados a fazer algumas modificações. Os mais novos não sabiam ler, e criamos símbolos para eles. Porém, por fim, caiu a ficha."

E funcionou! Quando entrei na cozinha da família, às seis da manhã de uma segunda-feira, cinco anos após o sistema ter sido implementado, fiquei surpreso com o que vi. Eleanor desceu as escadas, preparou uma xícara de café e se sentou numa poltrona reclinável. Ela permaneceu por lá durante noventa minutos, quando os seus dois filhos mais velhos desceram a escada, checaram a lista, prepararam os seus próprios cafés da manhã, checaram a lista, prepararam o que levariam para almoçar, checaram a lista, esvaziaram e encheram novamente a lavadora de louça, checaram a lista, deram comida aos animais, checaram a lista pela última vez, depois pegaram as suas coisas e seguiram para o ponto de ônibus.

Quando perguntei por que checavam tantas vezes a lista, ela me respondeu que eles consideravam isso um hábito reconfortante nas manhãs preguiçosas.

Quando os filhos mais velhos saíram de casa, os dois mais novos desceram a escada e fizeram a mesma coisa, mas executando tarefas diferentes. Com a logística resolvida, Eleanor se concentrava no lado mais doce da criação dos filhos: perguntava sobre uma eventual prova no colégio, aliviando possíveis ansiedades e ajudando-os a iniciar o dia com uma pitada de amor. Eis uma das dinâmicas familiares mais incríveis que já presenciei.

Eu disse a Eleanor que aquilo me parecia impressionante, mas que nunca funcionaria na minha casa — as minhas filhas precisavam ser monitoradas o tempo inteiro, elas nunca interromperiam o que estavam fazendo para checar uma lista. Eleanor me encarou, com um olhar solidário, e disse:

"Era exatamente isso que eu pensava. Eu disse ao David: 'Essa história do seu trabalho não funcionará na minha cozinha.' Mas eu estava enganada."

David apareceu por lá, dizendo:

"Não podemos subestimar a satisfação de uma pessoa ao fazer isso." E fez um sinal de tique, de tarefa cumprida, no ar. "Até mesmo nos locais de trabalho, os adultos adoram isso. Com as crianças, é o paraíso."

Mas, se as listas matinais conseguiram transformar um dos grandes problemas da vida deles, uma mudança ainda maior viria quando aplicassem outra prática de agilidade.

O que deu "realmente" certo em nossa família essa semana?

No domingo à noite, logo após o jantar, Bowman, de dez anos, sentou-se à mesa e começou a tamborilar com as mãos. Isso significava que a reunião familiar estava prestes a começar. Pouco a pouco, todos os membros da família se sentaram, unindo-se à percussão. Os dois irmãos mais velhos brigavam por uma das cadeiras. Isabelle pegou uma bala, que Bowman roubou da mão dela.

"Parem com isso", disse David.

Quando todos estavam acomodados, David fez a primeira pergunta: "O que deu realmente certo em nossa família essa semana?"

A ideia central do desenvolvimento ágil é que a vida está em constante mudança, e que por isso devemos nos organizar para podermos reagir a tempo. A sessão de avaliação semanal é muito importante para o programa, e deve estar construída sobre um pilar: "inspecionar e adaptar". Tradicionalmente, três perguntas costumam ser feitas: 1. O que vocês fizeram nessa semana? 2. O que farão na semana que vem? 3. Existe algum empecilho no nosso caminho, algo que podemos ajudar a resolver?

Os Starr criaram três variações para sua reunião familiar:

1. O que deu certo na nossa família essa semana?
2. O que poderíamos melhorar na nossa família?
3. O que vocês se comprometem a fazer na semana que vai começar?

Eu fiquei assombrado com a ânsia das crianças em oferecer respostas. Sobre o que deu certo, Cutter disse que fizeram um bom trabalho resolvendo as tarefas. Mason comentou que ele e Bowman conseguiram encontrar uma boa solução quando o cortador de grama quebrou. Eleanor disse que ela e Mason estavam discutindo menos.

As respostas à segunda pergunta (O que poderíamos melhorar?) foram ainda mais reveladoras. Uma das crianças disse que a lista de tarefas era confusa. Outra disse que terminar as tarefas da tarde era cada vez mais complicado. Eleanor disse que um dos filhos não estava seguindo a regra de não ver televisão durante a semana. E, segundo David, as interrupções eram exageradas.

Mas a verdadeira mágica ocorreu quando chegaram à última questão (O que vocês se comprometem a fazer na semana que vai começar?). David listou tudo o que deveria ser aprimorado e a família resolveu focar em duas questões: nada de televisão durante a semana *e* nada de interrupções. As crianças propuseram possíveis soluções ao controle de tempo frente aos monitores. Que tal inventar uma senha para ligar a televisão? Seria muito complicado, foi o que concluíram. Que tal simplesmente concordar com a regra? Não seria suficiente. Que tal colocar um aviso perto das telas? Só se não ficasse feio, insistiu Eleanor. Tudo bem, resolvido. Duas crianças foram encarregadas de preparar os avisos.

Restava o problema das interrupções, e uma das crianças fez uma sugestão corajosa: flexões! Todos adoraram a ideia, mas quantas? Duas? Dez? Cinco? Chegaram ao número de sete flexões. Mas quem decidiria quando alguém estaria oficialmente interrompendo um trabalho? Mais uma vez, surgiu uma solução: um dos pais ou dois filhos. Como demonstração, os quatro filhos começaram a fazer flexões.

"Vocês estão comprometidos?"

"Sim!", eles gritaram.

No seu artigo "Práticas de agilidade para famílias", David insiste nas importantes diferenças entre utilizar o programa no trabalho e em casa. Os funcionários são pagos para seguir o sistema, mas os membros de uma família, não. Os funcionários podem ser demitidos; os filhos, não.

Ainda assim, ele insiste, o benefício central é o mesmo: a agilidade oferece um mecanismo para a comunicação.

"O bom dos encontros familiares", explicou ele, "é que se trata de um tempo dedicado regularmente a estarmos atentos a comportamentos específicos. Quando não existe um ambiente seguro para discutir os problemas, nenhum plano de aprimoramento familiar funcionará."

Bem-vindos ao nosso encontro familiar semanal

De volta à casa, Linda escutou a minha descrição do movimento da família ágil. Após o artigo de David ter sido publicado na internet, lhe foi pedido que conduzisse alguns seminários em conferências sobre informática. A imprensa especializada ouviu sua história e as ideias começaram a se espalhar feito um vírus. Blogs sobre o assunto começaram a surgir em vários cantos do país. Um manual de conduta foi publicado. Linda, no início, permanecia cética, mas concordou em experimentar pelo menos algumas das técnicas.

A primeira coisa que experimentamos foi preparar uma lista para as manhãs. Afinal de contas, esse era um período do dia complicado em nossa casa, com gritos, ameaças, lágrimas e pirraças — e apenas por parte dos adultos! Nós nos sentamos com as meninas e revelamos o nosso plano, incluindo a novidade de que elas já eram crescidas o suficiente para fazer a cama pela manhã. Para que a ideia fosse mais atraente, montamos uma lista num cartaz feito em casa — ou seja, um "radiador de informações". Quando eu disse que esperava que todo mundo ficasse mais feliz de manhã, as meninas incluíram na lista uma expressão que ouviram de suas primas: "Alegria! Euforia! Legal!" E penduramos o cartaz perto da cozinha.

	SEGUNDA	TERÇA	QUARTA	QUINTA	SEXTA
Vestir-se					
Fazer a cama					
Abrir as janelas					
Arrumar a mesa					
Beber leite					
Tomar vitaminas					
Limpar a mesa					
Escovar os dentes					
Organizar a mochila					
Pegar o casaco					
"Alegria! Euforia! Legal!"					

O meu objetivo era que a lista matinal reduzisse os problemas de casa a meros 20%. Já na primeira semana, eles foram cortados pela metade. Eu fiquei atônito. Aliás, percebi que as meninas eram rigorosas com as próprias tarefas. Cenhos franzidos eram comuns. Linda também ficou impressionada, e eu notei que ela compreendia melhor aquelas ideias loucas que eu levava para dentro de casa. Claro que o sistema não era perfeito. Nenhum de nós estava sentado, com os pés para cima, discutindo relatórios de estudos sociais, mas eu não parava de pensar que a família Starr tinha começado tudo aquilo havia cinco anos, e que os filhos deles eram bem mais velhos.

Passado um mês, as nossas filhas tinham internalizado praticamente toda a lista, e começaram a descuidar das marcações. Nós retrocedemos um pouco e tivemos de voltar aos velhos "Corra, vá colocar os sapatos", "Onde estão as suas meias?", "Estamos atrasados!". Certas vezes, eu mesmo me esqueci de imprimir as listas. Passados três meses, fizemos uma sessão de avaliação e deixamos que as meninas mexessem um pouco na lista. Alguns itens foram retirados (vestir-se), outros, alterados (pentear os cabelos mais cedo), e introduzimos bônus em forma de pontos. Já nos sentíamos confiantes para dar o passo seguinte.

O nosso primeiro encontro familiar não foi um sucesso, especialmente se comparado à lista matinal. Começamos bem, adotando o tamborilar de dedos da família Starr. Depois fizemos um antigo jogo teatral que eu adoro, no qual uma pessoa diz a sílaba "ma" e a seguinte a repete, alternando entre mais rápido e mais lento, antes de pararmos tudo para dizer: "Bem-vindos ao nosso encontro familiar semanal."

Em seguida, fizemos três perguntas:

1. O que deu certo na nossa vida essa semana?
2. O que não deu certo na nossa vida?
3. O que você fará na semana que vai começar?

Foi aí que os problemas começaram. Tybee reclamou por não ter sido escolhida para responder primeiro. Eden mencionou o quanto adorava ver a família reunida para brincar, o que parecia irrelevante para os demais. Eu dei uma olhada para o lado e percebi que Linda passava as páginas de um catálogo. O que não era um bom sinal. Após algumas semanas de encontros igualmente infrutíferos, liguei para o David.

"Vocês estão focando nas coisas erradas", explicou ele. "O objetivo do encontro não é conversar sobre cada um de vocês como indivíduos, mas focar no funcionamento de todos em família."

David tinha razão. Nós deveríamos conversar sobre o assunto mais básico: que tipo de família éramos? E refizemos as perguntas:

1. O que deu certo na nossa família essa semana?
2. O que deu errado na nossa família essa semana?
3. O que vamos fazer na semana que vai começar?

De repente, coisas incríveis começaram a brotar da boca das nossas filhas. As ideias não eram grande coisa, mas ouvi-las falando nos deixou boquiabertos. O que deu certo na nossa família essa semana? "Perdemos o medo de andar de bicicleta." "A gente está fazendo a cama sem ninguém pedir." "Estamos limpando os pratos." O que deu errado? "Não terminamos os deveres de matemática a tempo." "Não cumprimentamos as visitas assim que elas chegam, como a mamãe pediu."

Como para grande parte dos pais, as nossas filhas nos pareciam uma espécie de Triângulo das Bermudas: palavras e pensamentos entravam na cabeça delas, mas nada saía — especialmente nada revelador. As emoções delas eram invisíveis para nós. Os encontros familiares abriram uma rara janela aos seus mais íntimos pensamentos.

Mas as novidades não pararam por aí. Em pouco tempo, as meninas começaram a direcionar os seus comentários umas às outras, e também a nós. O que não funcionou bem? "O papai grita muito de manhã." "Mãe, você se esqueceu de comprar leite, e por isso não comemos as torradas molhadas no leite, como você prometeu que a gente faria." O que deu certo? Eden: "Eu ajudei a Tybee com os deveres de casa." Tybee: "Eu ajudei a Eden quando ela estava doente." Quem imaginaria que elas prestavam tanta atenção ao que faziam!

Os momentos mais satisfatórios vieram quando chegamos ao tópico do que faríamos na semana seguinte. Para a minha surpresa, as meninas adoraram essa parte. Elas foram as responsáveis por sugerir todos os itens. As listas cresciam tanto que tivemos que encontrar uma forma de fazer um crivo. Desenvolvemos o que chamamos de votação "estilo olímpico", parecido com o sistema utilizado para a escolha das sedes dos Jogos Olímpicos. Todos votavam em seus itens preferidos, eliminávamos os menos votados e seguíamos as rodadas até chegarmos a dois vencedores. As meninas propuseram as suas próprias recompensas e punições. Caso dissessem "oi" a cinco pessoas naquela semana, ganhariam mais dez minutos de leitura antes de ir para a cama. Caso batessem em alguém, ficariam um mês sem sobremesa. Linda e eu imaginamos que uma semana seria suficiente, mas as nossas filhas pareciam pequenas ditadoras, e mantiveram um mês sem sobremesa. Muitas vezes, cabia a nós reduzir um pouco a punição.

É claro que havia uma lacuna entre a maturidade demonstrada pelas meninas naquelas reuniões de meia hora e o seu comportamento real durante a semana. Mas isso não importava. Para nós, era como se elas estivessem construindo bases para sua vida futura — o que, para elas, só importaria de fato daqui a muito tempo. Passados dois anos, continuamos mantendo os encontros familiares todos os domingos à noite. Linda começou a classificar esses momentos como um dos mais incríveis da sua vida de mãe.

Manifesto da família ágil

Então, o que aprendemos?

A palavra *ágil* entrou no léxico dos negócios no dia 13 de fevereiro de 2001. Jeff Sutherland e 16 outros designers se reuniram no estado de Utah, com o objetivo de descobrir um território comum em meio à grande variedade de novas técnicas que ganhavam cada dia mais popularidade. Durante dois dias, eles conversaram sem parar. Finalmente, alguém se levantou e perguntou: "Existe alguma coisa com a qual poderíamos concordar?" Em menos de meia hora, montaram uma declaração de 12 pontos chamada "manifesto da agilidade". Desde então, tal manifesto foi traduzido para oito línguas.

Após ter visto as técnicas da agilidade serem usadas em várias famílias, acho que chegou a hora de montar um "manifesto da família ágil". E proponho cinco ideias:

1. *Existem soluções.* Quem me falou pela primeira vez sobre esse manifesto foi uma amiga do Vale do Silício. Era fim de ano e eu perguntei se ela conhecia alguma técnica do mundo da informática que pudesse ajudar a minha família. O *desenvolvimento ágil* foi o que me fez acreditar que existem centenas dessas inovações, em lugares que nunca imaginaríamos, capazes de deixar as famílias mais felizes. Não precisamos conversar com especialistas em relações familiares para aprimorar a nossa família; podemos conversar com qualquer especialista em con-

dução de grupos. Essa se transformou na principal premissa desse projeto. As soluções estão por aí; cabe a nós procurá-las.

2. *Oferecer poder às crianças.* O nosso instinto como pais é dar ordens aos nossos filhos. A gente sempre acha que sabe tudo. E assim é mais fácil. Quem tem tempo de sobra para ficar argumentando? Além do mais, a gente costuma estar com a razão! Eis o motivo de a família ser um dos sistemas "em cascata" mais famosos do mundo. Porém, como todos os pais descobrem rapidamente, dizer aos filhos, repetidas vezes, o que eles devem ou não fazer não costuma ser a melhor tática. A maior lição que podemos aprender com as práticas de agilidade é como reverter um modelo "em cascata" o máximo possível. Deixe que as crianças tenham um papel em seu próprio desenvolvimento.

Um bom número de pesquisas recentes sobre o cérebro respalda tal ideia. Cientistas da Universidade da Califórnia e de outras instituições chegaram à conclusão de que crianças que planejam o próprio tempo, que estabelecem objetivos e que avaliam o seu trabalho desenvolvem melhor o seu lobo frontal e outras partes do cérebro que as ajudam a conseguir um maior controle cognitivo sobre sua vida. As chamadas habilidades dos executivos ajudam as crianças a ter autodisciplina, a evitar distrações e a pesar prós e contras das suas escolhas.

Escolhendo as próprias punições, as crianças, internamente, são levadas a evitá-las. Escolhendo as próprias recompensas, são intrinsecamente motivadas a alcançá-las. Permita que os seus filhos assumam esse grande papel na própria criação.

Uma coisa que aprendi com a técnica da agilidade é que, sempre que vejo amigos com listas de tarefas — de qualquer natureza —, pergunto se são os adultos ou as crianças os responsáveis por conferir o que foi feito. Invariavelmente, isso cabe aos adultos. A ciência sugere uma maneira melhor: para alcançar maiores benefícios, deixe que as crianças façam a conferência. Dessa maneira, elas acabarão desenvolvendo uma consciência mais afiada de si mesmas. Ainda que tal procedimento não caiba em todas as ocasiões, trata-se de ensinar aos seus filhos uma maneira de resolver problemas que eles poderão utilizar durante toda a vida.

Como diz Eleanor Starr: "O meu objetivo é fazer dos meus filhos adultos funcionais. Quando eles forem à universidade, não quero que fiquem me ligando todos os dias. Quero que as suas habilidades para tomarem decisões estejam em perfeitas condições."

3. *Os pais não são invencíveis*. Outro instinto que temos como pais é o de construir a nós mesmos como "doutores sabe-tudo" aos olhos dos nossos filhos. Nós mesmos nos obrigamos a ser os responsáveis por oferecer todas as respostas, por ser a autoridade a quem sempre recorrer, por resolver qualquer problema. No entanto, não são poucas as evidências de que esse tipo de liderança já não é o melhor modelo. Em 2012, estudiosos do MIT publicaram uma inovadora pesquisa na *Harvard Business Review* sobre como repensar as equipes vencedoras. Após monitorar eletronicamente pequenos grupos em muitos negócios diferentes, e em vários continentes, eles chegaram à conclusão de que as equipes mais eficientes não são dominadas por um líder carismático. Em vez disso, elas passam tanto tempo conversando com seus pares quanto com o líder. Eles se encontram pessoalmente com muita frequência, e todos conversam de igual para igual.

Essa história soa familiar?

"Uma coisa que funciona nas reuniões familiares é que as crianças tenham liberdade para dizer tudo o que quiserem, até mesmo sobre os adultos", disse David Starr. "Caso eu tenha voltado de viagem e não esteja conseguindo retomar a rotina, ou se a mamãe não tiver sido muito legal naquela semana, esse é o momento de eles expressarem suas frustrações."

"Certa vez, eu notei que decepcionei Bowman", continuou ele. "Isso aconteceu numa das reuniões, quando os meus outros filhos disseram que o meu comportamento era inaceitável. E foi um momento extremamente poderoso."

4. *Crie uma zona de conforto*. Todos os pais aprendem rapidamente que as crianças — e também os adultos — lidam com os conflitos de formas diferentes. Alguns retrocedem quando criticados, outros se tornam introvertidos, outros ainda se debulham em lágrimas. Um ótimo presente que recebemos dos encontros familiares foi a designação de um espaço semanal para superar as diferenças. Trata-se de uma zona de conforto, um local onde todo mundo está em iguais condições e de onde ninguém pode ir embora sem antes chegar a uma conclusão.

Linda adorava esse aspecto dos encontros familiares.

"Quando estávamos atrasados para ir à escola ou quando tínhamos um desentendimento no supermercado, eu não precisava me preocupar com grandes discussões. Para isso, sempre teríamos os domingos à noite", revelou ela.

5. *Flexibilidade construída*. O último item do "manifesto da agilidade" se encaixa muito bem no "manifesto da família ágil". "A intervalos regulares", diz o manifesto, "o grupo faz uma reflexão sobre como ser ainda mais eficiente, depois entra em sintonia e ajusta o seu comportamento de forma a alcançar tal objetivo."

Os pais costumam criar algumas regras exageradas e se manter atados a elas de forma permanente. Tal filosofia presume que podemos antecipar todos os problemas que nos serão apresentados ao longo dos anos. Mas não podemos. Aliás, as novas tecnologias são uma prova da rapidez das mudanças. A internet certamente nos demonstrou que, se estamos fazendo hoje o que fazíamos há seis meses, algo deve estar errado. E os pais podem aprender muitas coisas a partir disso.

A filosofia da família ágil aceita e abraça a natureza em constante evolução da vida em família. E tal filosofia não é negligente; basta pensar nas contas públicas. Por outro lado, não se trata de uma filosofia que aceita tudo. Na verdade, ela antecipa que até os sistemas mais bem-projetados precisam ser reajustados ao longo do processo. É possível que a melhor garantia que eu tenha a oferecer aos encontros da família ágil seja o fato de que as nossas filhas tinham cinco anos quando começamos, e seguimos com os encontros aos dez, 11, 13 e 15 anos. Hoje, lidamos com assuntos menos importantes, como presentes do Dia dos Namorados. Já a família Starr lida com temas mais sérios, como doenças sexualmente transmissíveis. Nós temos duas filhas; eles têm uma menina e três meninos. As nossas filhas tendem a ser mais ligadas às palavras, à criatividade, à emoção. Os filhos deles são mais ligados aos números e à tecnologia, e são introvertidos. E o mesmo modelo funciona para as duas famílias.

Eu estava indo embora da casa dos Starr quando perguntei a Eleanor e David que lição eles consideravam mais importante eu aprender no primeiro encontro da família ágil.

"Que não temos todas as respostas", disse David. "Nós criamos uma estrutura, mas devemos ser flexíveis. Quando fazemos uma tentativa, podemos ter sucesso ou falhar. A nossa atual lista matinal é a quinta versão que fizemos. Com isso, dizemos aos nossos filhos que não há nenhum problema com as mudanças."

"Na mídia, as famílias são simplesmente famílias. Mas isso é um engano", concordou Eleanor. "Você tem um trabalho, e se dedica a ele. Você tem um jardim, tem os seus passatempos, e trabalha nisso tudo. A sua família requer a mesma dedicação — talvez até mais. O que a agilidade me ensinou de mais importante foi que devemos nos comprometer a continuar trabalhando pelo aprimoramento da nossa família. Mas ninguém acredita nisso até o momento em que coloca a mão na massa."

2

A maneira correta de organizar
um jantar em família

Por que o assunto sobre o qual conversamos é mais importante do que a comida (ou do que a hora em que comemos)?

John Besh, ex-oficial da Marinha norte-americana, é hoje um célebre chef de cozinha — trata-se do rosto bonito e alegre da culinária de Nova Orleans. Certo dia, ele andava em círculos pela cozinha de sua casa, em Slidell, Louisiana, quando encontrou algo que fez revirar o seu estômago: um saquinho do McDonald's amassado. Para John, um destacado agricultor local, aquele era um ato de traição.

Ele entregou o saquinho à esposa, Jennifer, que conhecia desde os tempos da escola primária, quando eram colegas de turma, e perguntou: "Isto que eu estou vendo é sério?"

"É", respondeu ela, sem pedir desculpas. Jennifer é uma ex-advogada que odeia cozinhar. "Quando me casei com um chef, imaginei que tudo estivesse resolvido", ela me disse. Criando quatro meninos, de sete a 16 anos, com um marido que trabalhava até tarde da noite, ela acabou se vendo numa situação de desespero e resolveu comprar algo rápido para os filhos comerem entre duas aulas de esporte.

"Se você se preocupasse com o que os seus filhos comem durante a metade do tempo em que se preocupa com o que os seus clientes comem, nós teríamos uma família mais saudável", disse ela ao marido.

John ficou atônito. Ele é uma rara mistura de tradição (adora caça e pesca) e modernidade (aprendeu cozinha molecular na Europa). O seu primeiro restaurante, August, que ganhou o prêmio James Beard, foi inaugurado em 2001. Hoje, John é proprietário de nove restaurantes, todos espalhados do French Quarter de Nova Orleans a San

Antonio. Também é presença constante em *reality shows* de culinária, escreveu dois livros de receitas e oferece a sua imagem para apoiar várias causas, dos sempre importunados pescadores do Golfo do México aos marinheiros norte-americanos no Golfo Pérsico.

Como ele mesmo me disse certa tarde de primavera, enquanto preparava uma pasta com camarões em sua casa, John cozinhava para qualquer pessoa do mundo, menos para as que considerava as mais importantes em sua vida.

"Aquele foi um momento decisivo", disse ele. "Eu percebi que precisávamos de um plano."

O projeto desenvolvido pelos Besh seria impensável uma geração atrás, mas nasceu de uma pergunta que todos parecem se fazer nos dias de hoje: deveríamos desistir dos jantares em família?

Quem precisa jantar?

Os últimos anos testemunharam uma verdadeira explosão de interesse pelos jantares em família. Todo mundo, de estrelas de Hollywood (Brad Pitt e Angelina Jolie, Tom Hanks e Rita Wilson) a times de beisebol da primeira divisão norte-americana (Boston Red Sox, Los Angeles Dodgers), resolveu incentivar as famílias a fazer mais refeições juntas. O presidente Barack Obama já declarou várias vezes que todas as noites janta com as suas filhas na Casa Branca, o que para ele é uma das vantagens de "morar no andar de cima do escritório". O presidente George W. Bush fez um comunicado de serviço público com a mãe. Ele revelou que adorava os jantares em família na sua infância, "sempre que a minha mãe não cozinhava".

"Não se deve fazer brincadeiras com a própria mãe", disse Barbara Bush, "nem mesmo quando se é o presidente. Mas é ótimo jantar com nossos filhos."

Segundo uma recente onda de pesquisas, crianças que jantam com a família são menos propensas a beber, fumar, usar drogas, engravidar precocemente, cometer suicídio e desenvolver transtornos alimentares. Outras pesquisas demonstraram que as crianças que gostam de comer em família desenvolvem o seu vocabulário, as boas maneiras, seguem dietas mais saudáveis e melhoram sua autoestima. A enquete mais completa sobre como as crianças norte-americanas empregam o seu tempo, feita pela Universidade de Michigan de 1981 a 1997, descobriu que a quantidade de tempo que elas gastam fazendo refeições em casa é simplesmente o melhor indicador dos seus êxitos acadêmicos e da menor probabilidade de problemas de comportamento. A hora das refeições tem maior influência do que o tempo passado na escola, estudando, frequentando cultos religiosos ou praticando esportes.

"Quando começamos a analisar a pesquisa, que é incrível", disse Laurie David, produtora que ganhou o Oscar por *Uma verdade inconveniente* e autora do livro *The Family Dinner* [Jantar em família], "percebemos que todas as coisas com as quais nos preocupamos como pais podem ser aperfeiçoadas de maneira simples quando nos reunimos regularmente para jantar."

Mesmo que a pesquisa seja impressionante, cada vez menos famílias se reúnem para jantar. Para começo de conversa, quase todos os aspectos da vida moderna conspiram contra a manutenção de refeições noturnas regulares. De uma jornada de trabalho cada vez mais intensa por parte dos pais à crescente quantidade de tarefa de casa dos filhos ("Vou terminar só mais um exercício"), a hora do jantar se transformou no momento adequado para qualquer coisa, menos para jantar. Um estudo da UNICEF determinou que os norte-americanos estão em 23º lugar, entre 25 países, quando o assunto é o número de adolescentes de 15 anos que jantam com os pais pelo menos "várias vezes por semana". Menos de dois terços dos norte-americanos responderam "sim", comparados a mais de 90% de italianos, franceses, holandeses e suíços.

A estatística mais perturbadora que encontrei, vinda do Centro da Vida Familiar Cotidiana da Universidade da Califórnia, foi calculada a partir de gravações de tudo o que certas famílias de classe média fizeram ao longo de vários anos. As famílias envolvidas no estudo jantaram juntas apenas durante 17% do tempo, *mesmo quando todos os seus membros estavam em casa.*

Os Besh podem nos oferecer um bom relato desse tipo de tensão. John cresceu numa família de seis irmãos na qual o jantar era uma formalidade obrigatória — com guardanapos no colo, cabeças sem bonés e nada de cotovelos sobre a mesa. O pai dele, piloto aéreo, "lançava assuntos cotidianos e pedia que dispensássemos os julgamentos". John contou que a primeira vez em que sonhou em ser chef de cozinha foi aos 11 anos, quando o pai ficou paralítico por conta de um acidente de bicicleta. Nessa época, ele começou a ajudar a preparar as refeições familiares. "Por intermédio da comida, percebi que eu poderia deixar as pessoas felizes", disse ele.

Jennifer Besh cresceu com rituais similares, embora os seus quatro irmãos fossem mais rancorosos. "A minha irmã não parava de argumentar sobre os seus direitos constitucionais."

Portanto, quando os Besh tiveram aquela famosa discussão por conta de um jantar, perceberam que queriam recriar o passado, mas adaptando-o à nova realidade. O primeiro passo: estocar a despensa.

"Quando esperamos a fome bater para pensar no jantar", disse John, "fazemos más escolhas." Ele imediatamente estocou a casa com suprimentos, coisas que poderiam utilizar em jantares rápidos: massas, cereais, azeites, temperos. Jennifer se responsabilizou pelas proteínas: frango, camarão, carne moída.

Próximo passo: planejar com antecedência. Eles começaram criando cardápios semanais. E John concordou em preparar quantidades extras de comida, que Jennifer poderia utilizar em noites agitadas no meio da semana.

"Se estiver preparando um frango, prepare dois", disse Jennifer. "Caso esteja preparando massa para hoje à noite, prepare o suficiente para amanhã. Quando estiver preparando hambúrgueres para a segunda-feira, prepare almôndegas para a quinta."

No entanto, o seu passo mais radical foi o mais eficiente. Eles desistiram da fantasia de jantar juntos todas as noites, trocando os "jantares em família" por "cafés da manhã em família". John ficou sendo o responsável por essa refeição. "Eu percebi que, se quisesse compartilhar um bom tempo com os meninos, teria que ser de manhã", disse ele.

E desenvolveu um cardápio que incluía os pratos preferidos das crianças — *pain perdu* (espécie de rabanada), panquecas, creme de queijo, biscoitos. Se alguém estivesse com pressa, ele preparava *wraps* e deixava-os sobre a mesa.

Ainda mais inventiva foi a maneira que os Besh encontraram para administrar as noites. Como os filhos almoçam cedo (às 10h30, já que a cantina da escola está sempre lotada), chegam em casa famintos. Além disso, a prática de esportes começa às 17h30 (para que os pais que trabalham fora possam bancar os treinadores). Resultado: normalmente, não estão em casa na hora tradicional do jantar. Portanto, Jennifer começou a servir uma farta refeição às quatro da tarde. Quando um dos filhos aparece em casa, ela lança mão da comida preparada com antecedência (salada de frango oriental feita com sobras, sanduíche de carne picada aproveitando o bife de segunda-feira), depois todos entram no carro da família e seguem para as suas atividades.

Quando voltam para casa, por volta das 19h30, ela manda os meninos para o chuveiro e depois reúne todos na cozinha para a sobremesa. Jack, de nove anos, confessou que esse é o seu momento preferido do dia, e que sua sobremesa favorita é torta de limão.

Perceba a nova rotina: são três "jantares familiares" ao longo do dia, e nenhum deles na *hora tradicional do jantar familiar.*

"Em vez de sentirmos culpa por não podermos jantar na hora costumeira", revelou Jennifer, "a questão é nos reunirmos em família quando podemos."

A estratégia dos Besh pode não funcionar para todo mundo. A minha esposa se recusou quando sugeri que jantássemos às quatro da tarde. Mas as linhas gerais podem ser mantidas. Vários dos benefícios das refeições em família podem ser desfrutados sem que tenhamos que estar juntos todas as noites. O próprio instituto de hábitos da Universidade de Colúmbia, responsável por muitas pesquisas sobre jantares em família, diz que reuniões mais esporádicas (uma vez por semana, por exemplo) também fazem diferença.

Laurie David, em seu livro, reúne várias ideias criativas para repensar o ritual:

- Vocês não conseguem jantar juntos todas as noites? Tentem uma vez por semana.
- Não chegam cedo o suficiente em casa do trabalho? Juntem todo mundo às oito para a sobremesa, para um lanche antes de dormir ou para uma simples conversa sobre o dia.
- Os dias de semana são agitados? Tentem os fins de semana.
- Não têm tempo para cozinhar? Experimentem aproveitar as sobras do fim de semana às segundas-feiras, peça comida chinesa às terças ou prepare um lanche na hora do jantar.

"Na verdade, quando acendemos uma vela, colocamos flores num vaso ou cobrimos a mesa com papel craft, deixando à mão uma caixa aberta de giz de cera, demonstramos respeito pela refeição. Eu, por exemplo, considero a tarefa de criar filhos desafiadora. E costumava passar um bom tempo me culpando por tudo o que fazia de errado. Há alguns anos, resolvi que os jantares em família eram uma das coisas que eu queria fazer bem-feita", comentou David.

John Besh tomou uma decisão parecida, à sua maneira, focando sua atenção nos domingos. Ao voltar da igreja, ele prepara um caprichado almoço para a família. Os parentes sempre aparecem, pequenas lagostas, estilo pitu, são cozidas, e o famoso prato *jambalaya* é preparado. A família, que raramente se reúne durante a semana, permanece junta a tarde inteira. "Para mim, não existe domingo quando não nos reunimos", disse ele.

Mas o que tais momentos significam para ele?

"Eu sinto a mesma coisa que sentia quando cozinhava para o meu pai", disse John. "Alegria. Vejo as pessoas sorrindo, conversando, gargalhando." Ele fez uma pausa, depois pegou Andrew, o filho mais novo, no colo, e disse: "Dê um beijo no seu pai."

Não se trata de jantar, e sim de família

Os Besh repensaram os jantares em família, mas existe uma ideia muito mais radical nessa história: esqueça os jantares.

A pessoa mais ligada a essa visão é uma das mais realizadas que eu já conheci. Marshall Duke, em sua foto oficial na Universidade de Emory, está usando um chapéu Panamá. Desde 1970, ele ensina psicologia lá, sendo um especialista em rituais e complacência. Marshall esteve em vários programas de televisão, de Oprah Winfrey ao *Good Morning America*, mas parecia muito mais à vontade no ambiente em que o encontrei, numa sexta-feira à noite, de pé, na cabeceira de um jantar de Shabat, cercado por sua esposa, seus três filhos e oito netos.

"Tudo bem, pessoal, vamos começar!", disse Marshall, soando como um monitor de acampamento que havia esperado todo o inverno por aquele momento. Marshall pegou uma porção de quipás judaicos e atirou-os aos netos, como se fossem *frisbee*. As crianças sacudiam o corpo na tentativa de que um dos quipás aterrissasse direitinho na cabeça. Ninguém conseguiu.

"Isso está na Torá?", perguntei.

"Não, está na galeria da fama da família Duke", ele respondeu. "E isso é muito mais importante."

As velas foram acesas, o vinho e o pão foram abençoados, depois Marshall pediu a todos que se dessem as mãos. "Vamos dar as boas-vindas ao nosso convidado dessa noite", disse ele, fazendo um sinal com a cabeça na minha direção. "Brandon, que bom que você veio da universidade. O J. D. arrancou um dente, vamos celebrar a coragem dele. E temos três aniversários para festejar essa semana. Shira, aconteceu algo especial na sua vida esta semana?"

"Eu terminei as últimas provas", respondeu a menina de 12 anos.

"Ótimo. Shabat Shalom para todos. Agora, vamos comer!"

Na metade da década de 1990, Marshall recebeu um convite para participar de uma nova iniciativa da Universidade de Emory, que queria explorar os mitos e os rituais das famílias norte-americanas. "Naquela época, eram várias as pesquisas sobre a desintegração da família", disse ele. "Mas estávamos interessados no que as famílias poderiam fazer para contra-atacar essas forças."

Não muito tempo depois, a esposa de Marshall, Sara, psicóloga que trabalha com crianças com problemas de aprendizagem, fez uma observação sobre os seus alunos: "Os que conhecem muitos detalhes sobre sua família tendem a se sair melhor quando enfrentam desafios." O marido de Sara ficou intrigado com isso e, aliado a Robyn Fivush, resolveu testar a hipótese da esposa. Eles desenvolveram um questionário de aferição chamado "Você sabe...?" e pediram a algumas crianças que respondessem a vinte perguntas, que incluíam:

- Você sabe onde os seus avós foram criados?
- Você sabe onde ficava a escola da sua mãe e a do seu pai?
- Você sabe onde os seus pais se conheceram?
- Você sabe de alguma doença ou algo terrível que tenha acontecido na sua família?
- Você sabe o que estava acontecendo quando estava para nascer?

Marshall e Robyn fizeram essas perguntas a 48 famílias no verão de 2001 e gravaram várias conversas durante seus jantares. Eles compararam os resultados dos questionários feitos com as crianças com uma bateria de testes psicológicos e chegaram a conclusões surpreendentes. Quanto mais detalhes conheciam sobre a história familiar, maior era a sensação de controle das crianças sobre a própria vida, melhor a sua autoestima e mais apurada sua percepção de êxito sobre o funcionamento de suas famílias. O questionário "Você sabe...?" acabou se transformando no melhor prognosticador de saúde e felicidade emocional das crianças. "Nós ficamos espantados."

No entanto, algo inesperado aconteceu. Dois meses depois, seria 11 de setembro. Como cidadãos, Marshall e Robyn ficaram horrorizados, assim como qualquer outra pessoa; no entanto, como psicólogos, eles sabiam que acabavam de ganhar uma rara oportunidade: todas as famílias que eles estudaram experimentaram o mesmo trauma ao mesmo tempo. Eles voltaram a examinar as crianças. "Mais uma vez", disse Marshall, "os que melhor conheciam sua família se provaram mais complacentes, e isso significava que eram mais propensos a moderar os efeitos do estresse."

Ainda assim, de que maneira saber onde ficava a escola da avó ajuda as crianças a superarem coisas tão pequenas quanto uma ferida no joelho ou tão grandes quanto um ataque terrorista? E de que maneira as refeições familiares e outros rituais podem ter um papel no oferecimento de tais conhecimentos às crianças?

"As respostas têm a ver com a sensação das crianças de ser parte de uma grande família", disse Marshall. Segundo ele, os psicólogos descobriram que todas as famílias têm uma unidade narrativa, e tais narrativas assumem uma entre três formas. Em primeiro lugar, está a narrativa de família que ascendeu, que é mais ou menos assim: "Filho, nós chegamos a esse país sem nada. A nossa família trabalhou muito. Abrimos uma loja. O seu avô frequentou a escola. O seu pai foi à universidade. E você, agora..." A segunda narrativa é a da família que decaiu: "Querida, nós tínhamos todas essas coisas. Mas acabamos perdendo tudo..."

"A narrativa mais saudável", explicou Marshall, "é a terceira, chamada narrativa da família oscilante. 'Querido, quero lhe contar uma coisa. Na nossa família, tivemos altos e baixos. Construímos um negócio familiar. O seu avô era o pilar de uma comunidade. A sua mãe pertencia à direção do hospital. Mas também tivemos percalços. Um dos seus tios foi preso. Uma das nossas casas pegou fogo. O seu pai perdeu um emprego. Mas não importa o que tenha acontecido, nós sempre nos mantivemos unidos como família.'"

Marshall diz que as famílias mais equilibradas e com maior auto-confiança na vida conseguem tudo isso por conta do que ele e Robyn chamam de um forte "ego intergeracional". Essas famílias sabem que são parte de algo muito maior do que si mesmas.

"Um dos personagens centrais nessa equação é a avó", revelou ele. "Ela dirá: 'Você está com problemas em matemática, menino? Vou lhe dizer uma coisa: o seu pai também teve problemas com matemática.' 'Você não quer estudar piano? Saiba que a sua tia Laura também não queria.'" "Nós chamamos isso de *bubbemeise*", disse ele. "É como se diz *histórias da vovó* em iídiche. Seja qual for o problema de um neto, as avós sempre têm uma história para contar sobre o caso... mesmo que seja inventada!"

Marshall e Robyn dizem também que o jantar é o momento ideal para contar às crianças sobre a história familiar. Com todo mundo junto, num ambiente seguro, fazendo algo reconfortante, é mais fácil para as crianças escutar os altos e baixos de sua família. E não existe nada mais reconfortante do que comer.

No entanto, os jantares não são a *causa* dos benefícios, reforçou ele, querendo deixar claro o tópico. O que gera a sensação de conexão e fortalecimento emocional é o processo de escutar velhas histórias e de enxergar a si mesmo num fluxo maior, familiar. Em outras palavras, o que pensamos ser um jantar em família não se trata de jantar, e sim de família.

São várias as ocasiões oportunas para contar tais histórias, revelou Marshall: os feriados (Natal, por exemplo), as costumeiras férias em família (verão na praia, inverno na serra) ou qualquer atividade ritua-lizada que reúna diferentes gerações. Uma simples carona ou um pas-seio ao shopping podem ser momentos oportunos.

No jantar de Shabat da família Duke, eu perguntei a todo mundo qual era a sua tradição familiar preferida. As respostas foram cada vez mais rápidas. As crianças me contaram sobre os quatro dias de feriado de Ação de Graças que a família celebra há mais de trinta anos. Tudo começa na terça-feira à noite, quando eles comem sanduíches de peru. Na quarta-feira à noite, comem espaguete, e pintam um bigode no rosto. Na quinta-feira, escondem latas de molho de abóbora, brotos de vagem e um peru congelado para que todo mundo possa "caçar" sua comida, como faziam os peregrinos. Depois, na sexta-feira, eles comem o jantar de Ação de Graças. Durante o fim de semana inteiro, a família se divide em grupos separados por cores e faz várias gincanas. O grupo vencedor ganha um pato de plástico.

"É uma loucura", contou Marshall. "Não existe nenhuma longa tradição histórica para nada disso. Mas tais tradições se transformaram em parte integrante da nossa família."

Outros rituais introduzidos pelos membros da família incluem uma versão de jogos de mímica ou perguntas provocantes que Marshall lança durante o jantar. Na noite em que estive por lá, ele falou sobre duas pesquisas. Uma delas descobriu que as pessoas são mais amigáveis quando estão segurando uma xícara de bebida quente do que quando estão segurando um copo de bebida fria. "Preste atenção, Brandon", disse o pai dele, "será mais fácil conseguir uma menina num café do que num bar!"

A segunda pesquisa descobriu que, sentados no interior de um ambiente fechado, somos menos propensos a resolver um problema do que quando nos sentamos do lado de fora. "Viu, é importante pensar com os horizontes mais amplos!", comentou Sara.

No entanto, o momento de maior paixão surgiu quando os netos descreveram a reunião anual, marcada pela avó, para preparar molho de raiz-forte para o Pessach. "A gente fica escutando aquela horrível música judaica", disse uma das crianças. "Depois cortamos a nojenta raiz-forte", disse outra. "E depois colocamos tudo no liquidificador", disse uma terceira. "Depois dançamos em volta da mesa!", gritou a mais jovem.

Marshall tinha um enorme sorriso estampado no rosto enquanto ouvia os netos falando. "Você ouviu isso?", perguntou ele. "É nojento! É mentira! É bizarro! Vô, a gente tem que comer isso?", perguntam eles. E eu respondo: "Claro, claro que sim." Pois os rituais devem ser criados. Não podemos nos recostar na nossa poltrona e esperar que tudo caia do céu. Precisamos ir à luta e fazer com que as coisas aconteçam. "O que eu estou fazendo", continuou ele, "é estabelecer algo que os meus netos ensinarão aos seus filhos. E não duvido de que isso acontecerá. Eles dirão: 'Ah, o meu avô costumava fazer isso, e isso é o que significa ser parte da nossa família.'"

Jogos vorazes

Até aquele momento, eu descobrira duas novidades surpreendentes sobre os jantares em família. Em primeiro lugar, comer juntos todas as noites não é tão importante quanto as pessoas costumam dizer. Em segundo lugar, o que conversamos é ainda mais importante do que o que comemos. No entanto, tais descobertas me levaram a um terceiro questionamento: sobre o que deveríamos conversar quando finalmente nos sentarmos à mesa?

Os Kennedy são um exemplo extremo da maneira de conduzir os colóquios à hora do jantar. Uma das mesas de jantar mais lendárias de todos os tempos é a que reunia Jack, Robert e Ted Kennedy (além dos outros irmãos). O patriarca, senhor Joseph Kennedy, se enfurecia quando alguém se atrasava. A família ficava de pé quando Rose Kennedy se aproximava da mesa. Depois, pelo que foi descrito pelos filhos mais tarde, o pai iniciava um seminário. Algumas vezes pedia a cada um dos presentes que recitasse um poema ("The Midnight Ride of Paul Revere" era o seu favorito). Outras vezes, pedia a um dos filhos que comentasse um assunto controverso ou que apresentasse a curta biografia de um personagem público. Kennedy queria o conflito controlado, e lançava alguns assuntos de discórdia — dessa maneira, a conversa ficava mais quente e quem discursava era interrogado.

Embora tais táticas nos pareçam draconianas, os estudiosos reuniram abundantes evidências de que técnicas similares são positivas para as crianças. Centenas de jantares familiares foram gravados, transcritos e analisados nos últimos 25 anos, com cada "hum", "beba o seu leite" ou "você roubou a minha faca" analisados. Lançando mão da ideia de Marshall de que os rituais das boas famílias devem ser divertidos, exagerados e memoráveis, resolvi montar um cardápio de atividades construtivas para a hora das refeições, dividindo-as ao longo da semana. E dei um nome a tudo isso: "Jogos vorazes".

Segunda-feira: Palavra do Dia

A primeira coisa que eu fiz foi inventar uma fórmula bem simples: 10-50-1.

10. Procure ter dez minutos de conversa de qualidade a cada refeição. Uma enorme quantidade das conversas na hora das refeições é sobre o próprio ato de comer. "Eu sei que está quente. Sopre." "Posso pegar mais um pedaço de frango?" "Não fale de boca cheia." Os pesquisadores concluíram que cada refeição pode render cerca de dez minutos de conversas substanciais. Embora pareça pouco tempo, trata-se de um alívio. Até eu sou capaz disso!

50. *Deixe que os seus filhos falem durante pelo menos metade do tempo.* Os adultos são os responsáveis por grande parte desses dez minutos de conversas substanciais, ocupando cerca de dois terços do tempo destinado ao bate-papo. Isso faz com que as crianças tenham acesso a apenas um terço — menos de 3,5 minutos por refeição. Como um dos objetivos primordiais das refeições em família é socializar com os filhos, tente deixá-los falar o máximo possível.

1. *Ensine uma nova palavra aos seus filhos a cada refeição.* Um vocabulário amplo é um grande incentivo na vida. Pesquisas demonstram que crianças nascidas em famílias de baixa renda escutam 616 palavras em uma hora, enquanto as nascidas no extremo oposto da escala social escutam 2.153 palavras. Em um ano, a diferença é de oito milhões de palavras. Como disse Ellen Galinsky: "A diferença entre conhecer três mil e 15 mil palavras quando chegamos ao jardim de infância é enorme". Quando as crianças entram na escola, a importância é ainda maior. Dos oito aos 18 anos, devemos aprender cerca de três mil palavras novas por ano.

A boa notícia, segundo Galinsky, é que nós podemos ajudar. Não importa o nosso nível econômico; o importante é começarmos a falar de maneira mais natural com os nossos filhos. Devemos tentar utilizar palavras que não são familiares a eles. Quando falamos com bebês, costumamos simplificar o nosso discurso e elevar o tom de voz. Tal técnica se demonstrou eficaz. Porém, quando os bebês começam a falar, a mesma técnica tem o efeito oposto.

Três brincadeiras simples que podem ajudar a construir o vocabulário dos seus filhos:

- Escolha uma palavra como *fruta, pássaro* ou *branco* e peça a todos à mesa que tentem dizer o número máximo de palavras relacionadas a ela. Essa simples brincadeira se provou capaz de acelerar a criatividade das crianças.
- Escolha um prefixo (a-, bis-, anti-) ou um sufixo (-ada, -mento, -ismo) e peça a todos que criem novas palavras utilizando-os.

- Leve um jornal, revista ou catálogo à mesa e peça a todos que encontrem uma palavra que não conheçam. Acessar o Google durante o jantar está permitido!

Terça-feira: Noite Autobiográfica

Uma valiosa habilidade que os pais podem proporcionar aos filhos não requer treinamentos especiais, equipamentos elaborados nem professores caros. Trata-se da habilidade de contar uma simples história sobre a vida deles. Por volta dos cinco anos, as crianças começam a desenvolver ferramentas para descrever eventos passados, mas tal habilidade deve ser praticada. O cenário perfeito para essa prática é uma reunião familiar à mesa. Peça aos seus filhos que relembrem uma boa experiência, algo vivido naquele dia ou no passado. Depois pergunte o que os psicólogos chamam de "questões elaborativas": *Quem? O quê? Quando? Onde? Por quê?* Essas perguntas abertas constroem a memória e a identidade.

Você acha que isso não serve para nada? Pesquisadores de Boston, comparando pais norte-americanos com pais de Coreia, China e Japão, descobriram que as mães norte-americanas fazem perguntas mais elaboradas aos seus filhos de três anos, sofisticam as respostas deles com maiores detalhes e oferecem um *feedback* positivo que estimula novas conversas. Por outro lado, as mães asiáticas estão mais focadas na disciplina e no trabalho duro. Quando os pesquisadores voltaram a entrar em contato com as mesmas crianças, alguns anos mais tarde, descobriram que as crianças norte-americanas se lembravam de mais coisas do seu passado que as asiáticas, mais ligadas às suas rotinas diárias.

Conforme Marshall Duke descobriu sobre as crianças que conhecem sua história, quanto melhor conhecem a própria família, maior autoestima e confiança exibirão. Com isso em mente, dedique uma noite para deixar que as crianças contem histórias sobre o seu passado (sobre a sua "biografia", caso prefira chamar assim). Permita que contem sobre o dia em que marcaram dois gols no futebol ou sobre a noite em que chegaram em casa e comeram incríveis biscoitos de chocolate preparados pela mãe, por exemplo. Agora que os pesquisadores descobriram que a autoestima das crianças é mais elevada quando elas se lembram de bons momentos em sua vida, esse tipo de brincadeira funciona muito bem em noites anteriores a uma prova ou competição esportiva importante.

Quarta-feira: Assuntos Complicados

As refeições em família são um dos poucos momentos em que membros de diferentes idades estão em igualdade de condições. Pesquisadores da Universidade da Califórnia perceberam que, quando membros de uma família contam histórias durante o jantar, os demais membros entram no clima, oferecem detalhes, corrigem fatos e costumam ajudar para que a conversa siga em frente. Tal processo foi chamado de "conarração". Embora as conversas conjuntas não sejam fáceis de serem seguidas por todo mundo, trata-se de um grande auxílio ao trabalho em grupo familiar. Isso também vale quando as crianças se unem aos irmãos e pais, na hora das refeições, para tentar resolver problemas ou aparar arestas surgidas por conta de situações difíceis.

Como engatilhar tais conversas? Uma noite por semana, peça a todos que tragam à tona um "assunto complicado". Por exemplo: um dos seus filhos tem que fazer um trabalho escolar com um colega de quem não gosta; a sua esposa ou o seu marido precisa levar o pai ao oftalmologista na mesma hora em que foi marcada uma reunião na escola dos filhos. De repente, todos se unem para analisar o dilema e oferecer possíveis soluções. Eis os elementos de uma boa tentativa de resolução de problemas.

Quinta-feira: Noite do Jogo de Palavras

Não é possível se divertir durante o jantar? Claro que é, mas escolha as brincadeiras de maneira inteligente, pois dessa forma você poderá ajudar os seus filhos a desenvolver habilidades verbais. As refeições familiares são o que os especialistas chamam de "eventos do discurso". São laboratórios nos quais as crianças aprendem a amar a linguagem e a usá-la apropriadamente. Eu testei dezenas de jogos com minhas filhas, amigos, primos, tios e avós. Confira quatro brincadeiras que funcionaram muito bem com participantes de todas as idades:

- *Quinta-feira dos sinônimos.* Escolha uma palavra comum (*correr, rápido* ou *comer,* por exemplo) e peça a todos que tentem dizer o maior número de sinônimos ou de palavras relacionadas.

- *Jogo das aliterações.* Peça a todos os presentes que construam uma frase em que todas as palavras comecem com a mesma letra.
- *Preencha as lacunas.* Todos devem apresentar frases para que os demais completem. Por exemplo: "O que eu mais gosto de comer no café da manhã é..."
- *Qual a diferença entre...?* Alguém lança uma pergunta como: "Qual é a diferença entre Nova York e Califórnia?" ou "Qual é a diferença entre sorvete e picolé?" E todos os presentes devem dar uma resposta diferente.

Sexta-feira: Bom e Ruim

Na minha casa, todas as sextas-feiras à noite repetimos algo de que eu costumava brincar na minha infância, também em família. Trata-se do jogo do "Bom e Ruim", e as regras são simples. Todos comentam o que aconteceu de ruim para eles naquele dia, e depois o que aconteceu de bom. E só existem duas obrigações: 1. Apresentar uma coisa boa e uma ruim; 2. Não criticar as respostas dos demais.

Foi uma grata surpresa descobrir a quantidade cada vez maior de pesquisas que reforçam os benefícios desse tipo de jogo, que os especialistas chamam de atividades "relate o seu dia". Observando os demais (inclusive os pais) oscilando entre os pontos positivos e negativos do dia, as crianças desenvolvem empatia e solidariedade com as pessoas que vivem ao seu redor.

Mas nem todo mundo gosta desse tipo de brincadeira. Eu fiquei surpreso ao descobrir que uma aluna de doutorado em Washington atacou duramente o "Bom e Ruim". Lyn Fogle observou um pai solteiro jantando com seus dois filhos durante vários meses. Esse pai havia lido sobre o "Bom e Ruim" num artigo que eu escrevi e começou a utilizar o jogo com os filhos. Para Fogle, certas vezes ele forçava as crianças a participar. Isso é compreensível. Eu e meus irmãos costumávamos reclamar quando os nossos pais nos obrigavam a jogar "Bom e Ruim", e as minhas filhas também reclamam algumas vezes. Quando encontrei Fogle para tomar um café, ela argumentou que, quando as crianças não aceitam uma tática dos pais, devemos deixar que elas vençam a disputa, pois dessa forma ganhariam um maior controle sobre sua vida.

Parece justo, mas o que fazer com essa adorável tradição familiar? Perguntei a Marshall Duke qual era a sua opinião antes de me despedir dos jogos das sextas-feiras à noite.

"Em primeiro lugar", disse ele, "eu concordo que, quando as crianças enfrentam um verdadeiro trauma, não deveríamos forçá-las a falar sobre o tema. São vários os registros sobre isso.

"Por outro lado, discordo respeitosamente da sra. Fogle", continuou ele. "Para mim, o bem mais valioso que podemos legar aos nossos filhos, na hora do jantar ou em qualquer outro momento, é um senso de perspectiva. As crianças tiram as suas conclusões de nós. Quando são pequenas e escutam um som alto, elas não procuram saber de onde vem; simplesmente olham para nós. Caso a gente não aparente chateação, elas não se chateiam.

"A mesma coisa acontece quando elas crescem", prosseguiu Marshall. "Quando uma criança nos conta algo ruim que aconteceu na escola, às vezes a melhor coisa a dizer é "Me passa o ketchup". Trata-se de uma maneira de garantir que não há motivo para o pânico. E você pode lidar com isso, da mesma forma como eu já lidei. Mais tarde, livres do pânico, quando as suas batatas fritas estiverem com o ketchup, comece a conversa."

"E se as minhas filhas não quiserem participar dessas brincadeiras?", perguntei.

"Caso isso aconteça, diga: 'Sinto muito, minha querida. Algumas vezes, eu também não queria brincar disso quando tinha a sua idade, mas a vovó me obrigava. Brincar disso faz parte da nossa família. Aliás, você pode me passar as batatas? E me diz uma coisa: o que aconteceu de ruim com você hoje?'"

3

Criando um estilo para a sua família

O poder de uma declaração de missão familiar

David Kidder foi pai solteiro durante um fim de semana. A sua esposa, Johanna, viajou a trabalho, deixando-o com três meninos pequenos. Já no início da tarde de sábado, ele demonstrava sinais de estar perdendo a paciência. Jack, de seis anos, pulava no sofá. Stephen, de quatro anos, não parava de abrir e fechar a porta da geladeira. E Lucas, com menos de dois anos, havia desaparecido.

David corria pelo andar térreo da sua casa, em Mamaroneck, Nova York, bem perto do estreito de Long Island. Em poucos segundos, deixou escapar um grito no banheiro: "Lukie, o que você está fazendo?"

Lucas tinha arrancado toda a roupa, ficando apenas de fralda, desenrolara meio rolo de papel higiênico e estava jogando tudo — incluindo as roupas — no vaso sanitário.

"Vamos, você precisa se limpar", disse David. Então mandou os dois meninos mais velhos para o quintal nos fundos da casa, pegou Lucas no colo e desceu dois lances de escada para pegar uma fralda nova e trocar a roupa do filho.

Enquanto eu observava o David, com a sua explosão de testosterona, correndo de um quarto para o outro, percebi um mesmo elemento decorativo pendurado na cozinha, no quarto dos meninos e na suíte do casal, no andar de cima. Era um pedaço de papel emoldurado, azul royal, com o sobrenome KIDDER escrito em letras vermelhas, vivas, bem no centro da folha. Imediatamente abaixo, lia-se FAÇA AOS DEMAIS, e em toda a volta várias palavras em destaque: FÉ, PROPÓSITO, CONHECIMENTO, JUSTIÇA.

"Esse é o nosso quadro de crenças", disse David. "Tudo o que acreditamos como família está escrito nesse pedaço de papel."

Quando finalmente conseguiu distrair Lucas com um molho de chaves, David pôde se sentar e me explicar. Sendo um empreendedor, ele comandara o início das atividades de quatro empresas diferentes de tecnologia, renovação urbana e propaganda em telefones celulares. Criou também uma conhecida série de livros chamada *The Intellectual Devotional* [O intelectual devocional] e escreveu um manual para empreendedores. David é um homem repleto de ideias — muitas ideias — e exala todas elas com incrível deleite.

"A principal lição que aprendi em vinte anos é que as novas empresas costumam dar errado porque não comunicam seus valores. Às vezes, existe um líder carismático com um monte de crenças, mas tais crenças não são comunicadas ao restante da empresa", disse ele.

Por isso, David montou um roteiro para a mais recente empresa que criou. Ele chamou esse roteiro de SO — sistema operativo —, e incluiu tudo nele: o propósito da empresa, os seus valores, como proceder nas reuniões, como utilizar o e-mail. Quando começou a montar o roteiro, David e sua esposa não tinham filhos. Quando terminou, tinham três. Foi então que ele começou a pensar se poderia existir um sistema operativo similar para os pais.

"Eu fui a uma palestra do TED, dada por um homem que havia passado uma década estudando como administrar vida e trabalho", contou David. "Ele chegou à conclusão que grande parte das pessoas tem uma família maravilhosa e uma carreira mediana, ou uma carreira incrível e uma família mediana. A única maneira de ter sucesso nas duas áreas é aplicando o mesmo nível de paixão e energia à sua família e ao seu trabalho. Não pode haver assimetria."

David percebeu que a única maneira de alcançar a simetria era criando um roteiro para a sua família.

"Eu considero o nosso quadro de crenças como o SO da nossa vida", disse ele. "Do nosso casamento, dos nossos filhos, de tudo. Quer ver?" Ele se levantou e pegou um dos quadros. "Ah, não", disse ele, dando uma olhada ao redor. "Lucas, onde você está?"

Os sete hábitos das famílias altamente eficazes

Todos os pais que conheço se preocupam em transmitir valores aos seus filhos. E como ter certeza de que eles entenderão que alguns desses valores são eternos? Como construir uma cultura familiar saudável para garantir que tais qualidades sejam transmitidas aos nossos filhos?

Os pais pensam nisso há gerações, mas o mundo acadêmico, em geral, ignorou essa história. Desde o início do século XX, os estudiosos das famílias focaram suas pesquisas nas debilidades existentes dentro delas. Porém, a partir da década de 1960, alguns pesquisadores começaram a tentar identificar os traços em comum entre as famílias saudáveis. Herbert Otto, da Universidade de Utah, criou uma das primeiras listas. Ela incluía: valores religiosos e morais compartilhados, consideração, interesses em comum, amor e felicidade das crianças, trabalhar e se divertir juntos. Tentativas similares foram feitas por acadêmicos de Minnesota, Alabama e Nebraska.

Por volta de 1989, eram tantas listas desse tipo que o Departamento Norte-Americano de Saúde e Serviços Humanos convidou cerca de uma dúzia de pesquisadores para uma conferência na cidade de Washington, pedindo a eles que encontrassem um terreno comum sobre o assunto. Como os organizadores declararam na véspera da conferência, "Pesquisadores, legisladores e a imprensa dirigem considerável atenção ao fato de que algumas famílias estão fracassando. Por outro lado, uma atenção muito menor é dada a famílias fortes e saudáveis e às características que as transformaram em casos de êxito".

Cada um dos especialistas presentes no encontro acabou publicando a sua própria lista de qualidades compartilhadas por famílias de sucesso. No entanto, pela primeira vez, os organizadores revisaram cuidadosamente 24 listas para verificar se elas poderiam estabelecer um consenso. De acordo com eles, a tarefa foi incrivelmente fácil. A lista-mestra continha nove itens:

1. *Comunicação*. Os membros das famílias se comunicam com frequência, de maneira honesta, clara e aberta, mesmo quando em desacordo.

2. *Encorajamento de individualidades*. As famílias sólidas apreciam a singularidade de cada membro ao mesmo tempo que cultivam a ideia de pertencimento ao todo.

3. *Comprometimento com a família.* Os membros das famílias de êxito deixam claro uns aos outros, e ao mundo, que a sua aliança com a família é forte.

4. *Bem-estar religioso/espiritual.* Os especialistas concluíram que um sistema de valores compartilhado e um código moral são comuns entre famílias altamente funcionais. Mas disseram que tais valores não dependiam de nenhuma denominação nem de frequência a cerimônias religiosas.

5. *Conexão social.* As famílias de êxito não vivem isoladas, mas sim conectadas à sociedade, e se aproximam de amigos ou vizinhos com problemas.

6. *Capacidade de adaptação.* As famílias consistentes são estruturadas, mas flexíveis, e ajustam a sua estrutura para responder às tensões que possam surgir.

7. *Capacidade de apreciação.* Os membros das famílias sólidas se preocupam profundamente uns com os outros, e costumam expressar seus sentimentos. Ainda que alguns membros não sejam naturalmente expressivos, eles comunicam suas emoções por meio de gestos que significam algo para os demais.

8. *Papéis bem-definidos.* Os membros das famílias de êxito reconhecem suas responsabilidades frente ao grupo.

9. *Tempo juntos.* Os membros das famílias consistentes passam um bom tempo juntos, realizando atividades que apreciam.

Os resultados da conferência foram publicados num estudo chamado "Identificando famílias de êxito". Embora nada específico tenha surgido do projeto, ele coincide com (e talvez ajude a legitimizar) um trabalho muito mais popular nessa área, escrito por Stephen Covey.

Esse consultor do estado de Utah tinha um pé no mundo empresarial norte-americano (possui um MBA em Harvard) e outro na direção da Igreja Mórmon. Frustrado com o que chamava de declínio do caráter na sociedade, ele escreveu *Os sete hábitos das pessoas altamente eficazes*, publicado em 1989. O livro mistura análises empregadas nas empresas com a retomada do pensamento positivo. Foi classificado como o mais influente livro de negócios do século XX.

Covey, pai de nove filhos e avô de 52 netos, era um homem altamente apaixonado por sua família. Em 1997, ele repaginou as suas ideias originais num livro chamado *Os 7 hábitos das famílias altamente eficazes.* Os hábitos eram os mesmos, mas a mensagem, ligeiramente distinta.

- Hábito 1. *Seja proativo.* Seja um agente de transformação em sua família.
- Hábito 2. *Comece com o objetivo em mente.* Saiba o tipo de família que quer construir.
- Hábito 3. *Comece pelo começo.* Faça da família uma prioridade nesse mundo turbulento.
- Hábito 4. *Tenha em mente o "vencer, vencer".* Passe do "eu" para o "nós".
- Hábito 5. *Procure primeiro entender... para depois ser entendido.* Resolva os problemas familiares por meio da comunicação.
- Hábito 6. *Sinergia.* Construa a unidade familiar ao mesmo tempo que aceita as diferenças.
- Hábito 7. *Afie a serra.* Renove o espírito familiar tomando como base as tradições.

Essa lista é muito similar à "listra-mestra" produzida na conferência de Washington. Mas Covey propôs uma ideia que eu não encontrei em nenhuma outra lista. No seu trabalho como consultor, ele costumava pedir aos seus clientes nas empresas que escrevessem uma resposta de apenas uma frase a esta pergunta: "Qual é a missão ou o propósito essencial dessa empresa e qual é a principal estratégia para alcançá-lo?". Em seguida, pedia aos executivos que lessem suas respostas em voz alta. Os participantes costumavam ficar chocados por conta das grandes diferenças entre as respostas, e Covey os ajudava a criar uma declaração de missão mais unificada.

Claro que Covey não estava sozinho nessa empreitada. Há décadas, as empresas vinham identificando seus valores e cristalizando sua missão. O comportamento empresarial explodiu em popularidade na década de 1980, focando em como as empresas poderiam construir uma cultura de equipe eficiente. Livros como *Vencendo a crise*, de Tom Peters e Robert Waterman Jr, publicado em 1982, se transformaram em fenômenos globais.

Uma das inovações de Covey foi aplicar um processo similar às famílias. Ele sugeriu que as famílias criassem uma declaração de missão familiar. "O objetivo", escreveu ele, "é criar uma visão clara e persuasiva do que você e a sua família são." Segundo Covey, a declaração de missão familiar é como o plano de voo de um avião. "Boas famílias, e até famílias incríveis, passam 90% do tempo fora dos trilhos", disse ele. O que fazem delas famílias boas é o fato de terem o seu objetivo sempre em mente, e um plano de voo para alcançá-lo. Portanto, quando enfrentam as inevitáveis turbulências ou erros humanos, nunca param de se referir ao seu plano original.

Segundo Covey, criar a declaração da sua própria família foi o evento mais transformador da sua história familiar. Ele e a sua esposa analisaram, em primeiro lugar, o seu acordo nupcial, no qual incluíram dez habilidades que queriam transmitir aos filhos. Depois fizeram uma série de perguntas às crianças, incluindo: "Por que você sente vontade de voltar para casa?" e "O que faz você sentir vergonha da sua família?". Em seguida, as crianças escreveram suas próprias declarações. O seu filho adolescente, Sean, uma estrela do futebol americano escolar, escreveu: "Somos uma família que detona, e lutamos com garra!" Por fim, chegaram a uma única frase:

A missão da nossa família é criar um terreno que promova a fé, a ordem, a verdade, o amor, a felicidade e a tranquilidade, e que ofereça oportunidades para que cada indivíduo se transforme num ser independentemente responsável e efetivamente interdependente, e que, dessa maneira, possa servir às causas dignas da sociedade.

Covey lista vários exemplos de declarações de missão familiares. Elas podem ser eloquentes: *A nossa missão familiar é: amar uns aos outros... ajudar uns aos outros... acreditar uns nos outros... empregar o nosso tempo, talento e recursos de forma inteligente, ajudando os demais... trabalharmos juntos... eternamente.*

Mas também podem ser astutas: *Nenhuma cadeira vazia.*

Eu experimentei vários tipos de reações diante desse exercício. Por um lado, tudo parecia um pouco cafona. Parecia complicado, pesado, insignificante e desprovido de humor. Além do mais, a pressão de formatar tudo numa única oração parecia levar unicamente a uma frase interminável. Por outro lado, de alguma maneira, eu adorei essa ideia. Eu sou cafona! E também pensei que a ideia de Covey capturava algo inerentemente verdadeiro: como pedir aos nossos filhos que mantenham os valores familiares se nunca expomos quais são eles?

Nessa época, Linda chegou um dia em casa reclamando de um problema no trabalho — um problema de estabelecimento de marca. Ela era uma das fundadoras e gestoras de uma empresa chamada Endeavor, especializada em apoiar empreendedores de alto impacto ao redor do mundo. Durante anos, Linda trabalhou com gurus de estabelecimento de marcas na Madison Avenue, em Nova York — pessoas que ajudavam as empresas a encontrar sua missão e seus principais valores. Tratava-se de um processo de muita força, até mesmo emocional, para todos na sua equipe.

Então pensei: por que não experimentar algo similar na nossa família? E se tentássemos criar a nossa própria marca, por assim dizer? Ela poderia incluir uma declaração de missão familiar, parecida com a proposta por Covey. Também poderia incluir uma lista de valores compartilhados, talvez um grito de guerra, um logotipo moderno.

Linda assinalou que as marcas têm um propósito externo que as famílias não necessariamente compartilham. E, convenhamos, nós não vendemos tênis esportivos. No entanto, pelo que vi na empresa da minha esposa, as marcas também possuem um papel interno, um processo. Elas fazem com que todos se sentem, conversem sobre as suas crenças e articulem uma visão comum. Seria possível que tal papel interno pudesse definir para as nossas filhas, e para nós mesmos, quais são os valores nos quais acreditamos? Só havia uma maneira de descobrir.

"Eu acredito que as palavras importam; até mesmo poucas palavras"

Quando David Kidder resolveu criar um roteiro para a sua família, ele e a esposa ficaram acordados até mais tarde, desenhando uma lista dos valores que compartilhavam. No final, reuniram trinta itens, e, num processo que durou algumas semanas, sintetizaram todos eles num manifesto de uma única frase.

O objetivo da nossa vida é nutrir os nossos dons únicos, oferecidos por Deus, para causarmos um impacto extraordinariamente positivo na vida dos demais e no mundo.

"Esse é o propósito de ser um Kidder, numa única definição", disse David.

Mas eles continuaram e criaram uma lista adicional de dez qualidades que apoiam o manifesto, e que os especialistas em *branding* diriam se tratar dos seus valores-chave. Eu perguntei a David se ele pretendia formalizar tais ideias num pequeno livro de 21 páginas, como o que preparou para a sua empresa. "Não, pois, para mim, a tarefa mais complicada é simplificar as coisas", respondeu ele. "Os administradores administram o que acontece; os líderes criam uma realidade e encaminham todos nessa direção." E, em tom seco, acrescentou: "Além do mais, seria muito fácil exagerar ao falar sobre essas coisas."

O primeiro valor/qualidade da lista era *FÉ: Nós seguimos a nossa jornada INDIVIDUAL com Deus.* "Queremos que os nossos filhos saibam que são seres espirituais", explicou David. "Não posso definir quem é Deus para eles, mas quero que eles tenham uma relação com Deus. Pois, quando as coisas derem errado na carreira, no casamento, nos corpos deles... quando tudo der errado... eles acabarão se encontrando a sós com ele."

O segundo valor/qualidade é *FAMÍLIA: Nós amamos, respeitamos e somos leais uns aos outros, e construímos TRADIÇÕES familiares.* "A gente sabe que um dia os meninos crescerão e talvez sigam direções opostas", disse David. "Por isso, criamos algumas tradições anuais... uma grande viagem para esquiar, um local para ir em todos os verões, um conjunto de coisas a serem feitas no Natal. Queremos criar hábitos na mente deles; hábitos que deixem os meninos ligados à nossa família."

FÉ
Nós seguimos a nossa jornada
INDIVIDUAL com Deus.

FAMÍLIA
Nós amamos, respeitamos
e somos leais uns com os outros
e construímos TRADIÇÕES familiares.

ATITUDE
Nós somos GRATOS, COMPLACENTES
otimistas e educados.

SAÚDE
Nós tomamos boas decisões
sobre como tratamos nossas mentes e corpos.

O maior
propósito de nossas
VIDAS
é contribuir para que o dom que Deus nos deu seja um
impacto
positivo e extraordinário sobre a vida dos outros e do mundo.

CONHECIMENTO
Nós celebramos a CURIOSIDADE
intelectual e a INVENÇÃO.

PROPÓSITO
Nós seguimos nossos Dons com
paixão, coragem e PERSEVERANÇA.

POSSE
Nós temos RESPONSABILIDADE PLENA
sobre os planejamentos, as ações e as consequências
de nossas decisões e recursos.

EXPERIÊNCIAS
Nós criamos uma vida de AVENTURA
e escolhemos EXPERIÊNCIAS em vez de BENS.

JUSTIÇA
Nós procuramos SERVIR e DEFENDER
o próximo com generosidade e sem julgamento.

LIDERANÇA
Nós PRESERVAMOS e respeitamos
o meio ambiente e os animais que colaboram
com as nossas vidas.

Outra ideia que me deixou intrigado foi: *Nós somos GRATOS, COM-PLACENTES, otimistas e educados.* "Sabemos que uma das melhores maneiras de sermos felizes é sendo gratos", disse David. "Portanto, todas as noites, antes de os meninos irem para a cama, nós rezamos com eles, e fazemos com que eles pensem no que deveriam agradecer. Eis um dos grandes propulsores psicológicos para uma atitude saudável."

Mas será que David nunca se preocupou? Nunca ficou pensando se tal quadro de crenças não seria um pouco exagerado? Estaria criando um ideal utópico? "Talvez", respondeu ele, "mas o quadro não foi criado para isso. O que queríamos era colocar no papel tudo que acreditamos. Veja bem: o meu pai é um homem incrível, mas, se você me perguntar no que ele acreditava sendo pai, eu não saberia responder. E quero que os meus filhos saibam no que os pais deles acreditam."

E qual é o maior benefício da manutenção de tal documento?

"No final do dia", disse ele, "o que nós queremos é que os nossos filhos sejam verdadeiramente felizes. É isso o que esse quadro tenta fazer. Acredito que as palavras importem; até mesmo poucas palavras. Talvez importem enquanto eles forem jovens; talvez, quando tiverem oitenta anos. Quem sabe? Mas fazer isso é colocar num pedaço de papel as palavras que importam para nós."

Construído para durar

Antes que Linda e eu começássemos a identificar os nossos valores principais, resolvi correr atrás de conselhos de duas pessoas. O primeiro foi o maior especialista dos Estados Unidos na criação de grandes culturas empresariais.

Jim Collins passou toda a sua vida estudando administração de empresas. Ele é coautor de *Feitas para durar: práticas bem-sucedidas de empresas visionárias,* que passou mais de seis anos nas listas dos mais vendidos, e também escreveu *Empresas feitas para vencer — Good to Great: por que apenas algumas empresas brilham,* que vendeu mais de cinco milhões de exemplares.

Um tema persistente nos escritos de Collins é que as empresas de sucesso identificam o que as distinguem e exploram tais forças. Ser um líder carismático é fácil, escreveu ele em *Feitas para durar.* Muito mais complicado é construir uma empresa "capaz de prosperar além da presença de qualquer líder".

Como pai, essa ideia me pareceu particularmente relevante. Apresentar um bom exemplo aos nossos filhos é uma tarefa difícil, mas como fazer com que eles internalizem tais valores e os levem adiante?

Collins, aliás, é uma espécie de membro agregado da minha família, pois foi mentor do meu irmão na Stanford Business School por anos. E foi muito gentil ao conversar comigo sobre como os seus estudos poderiam ser aplicados às famílias.

"O que me interessa verdadeiramente é qualquer entidade duradoura e altamente humana", disse Collins. "Pode ser uma religião, uma empresa, uma nação ou uma família. Todas carregam uma dualidade interna: preservar o essencial/estimular o progresso. O que permite uma entidade ser duradoura é estar baseada em valores essenciais. Tais valores são persistentes e oferecem uma cola que transcende o tempo e o espaço. Por outro lado, enquanto o essencial é preservado, a entidade não para de lutar para ser envolvente e se manter relevante. É isso o que estimula o progresso. Trata-se de uma maneira de adaptar as nossas práticas diárias para garantir que tenhamos êxito em um determinado momento."

Eu adorei essa ideia, especialmente porque soava bem parecida com as práticas da família ágil, que já tínhamos experimentado em casa. As técnicas de agilidade são particularmente eficientes para "estimular o progresso". Elas oferecem oportunidades regulares de brincar com os mecanismos cotidianos da nossa vida. No entanto, para sermos verdadeiramente eficientes, nós precisamos seguir em frente, nos aproximando às vezes do lado mais duro da equação: "preservar o essencial". Qual seria o conselho de Collins sobre a isso?

"Se vocês estão tentando identificar os valores essenciais da sua família, o mais importante é identificarem quais são os seus reais valores, e não valores que *acham* que deveriam ter. Se vocês ficarem pensando 'deveríamos ter tal valor', mas não o têm, o processo será um fracasso. Nós só podemos nos ater a valores profundamente autênticos, especialmente quando eles são convenientes, e é nesses momentos que notamos como eles são essenciais", disse Collins. "Um valor essencial é algo tão central na sua vida que você dirá: 'Mesmo que seja doloroso, seguiremos fiéis a ele. Ainda que tenhamos que pagar por ele, que sejamos obrigados a punir os nossos filhos por violá-los, que seja preciso negar coisas que dariam prazer a eles, ainda assim nos manteríamos firmes a esse valor.' É isso o que devemos ter em mente quando estivermos construindo a marca da nossa família: ela só funcionará se estiver baseada em alguma coisa."

Siga em frente

A segunda pessoa com quem conversei foi Sean Covey. Ele é o quarto dos nove filhos de Stephen Covey (o menino que disse que a missão da sua família deveria ser "lutar com garra!"). Sean, autor de *Os sete hábitos das crianças felizes*, é instrutor de liderança na empresa fundada por seu pai. Aliás, ele acabou se revelando um instrutor ideal. Ex-quarto zagueiro do time de futebol americano da Brigham Young University, Sean carrega um rebelde dentro de si. Ele me contou que, quando seu pai lançou a ideia de criarem uma declaração de missão familiar, pensou: "Lá vem outra ideia maluca do meu pai." E também declarou que a sua missão pessoal na vida era viajar com o Led Zeppelin. Porém, ainda adolescente, acabou adorando o processo de criação do tal documento, e, mais tarde, desenvolveu uma declaração com seus oito filhos.

Sean me ofereceu três conselhos.

Primeiro, seja breve. "O segredo é criar algo sucinto e intenso", disse ele. "Três palavras, ou uma, ou dez. Eu tenho um amigo cuja declaração é do tamanho da Constituição dos Estados Unidos. Funciona para ele, mas trata-se de uma exceção." A família de Sean escolheu um bordão da animação *A família do futuro*: "Siga em frente".

Segundo, transforme a sua criação numa ocasião especial. "Algumas opções seriam ir a um hotel, preparar um jantar maravilhoso ou fazer algo importante — algo que gere uma lembrança associada ao processo."

Terceiro, exponha-o num local visível. "Acho que seria realmente interessante para as suas filhas crescer numa casa em que, apontando para uma estante ou para uma parede, elas pudessem dizer: 'Esse é o significado da nossa família.'"

As palavras que melhor descrevem a nossa família

Chegou a hora. Num primeiro momento, eu fiz uma lista dos valores que poderiam alavancar uma conversa entre mim e Linda. Seria uma maneira de esquentar os motores, pois Linda continuava um pouco relutante em participar desse exercício. Eu a ouvia dizer às nossas filhas: "Isso é mais uma loucura do seu pai."

Escolhi algumas palavras no *Vencendo a crise* e outras no *Empresas feitas para vencer — Good to Great.* Após ter lido que as escolas públicas autônomas da rede KIPP, preparatórias para o ensino universitário, tinham lançado um programa pioneiro de "cartões de estabelecimento de caráter", escolhi oito itens presentes na lista de qualidades que eles avaliavam. Copiei também a lista completa de 24 Forças de Caráter identificadas por Martin Seligman, o pai da psicologia positiva. Terminei com oitenta itens, que digitei sem seguir nenhuma ordem em particular:

1. Agilidade
2. Coragem
3. Paixão
4. Curiosidade
5. Inventividade
6. Perseverança
7. Fé
8. Responsabilidade
9. Justiça
10. Ajuda
11. Administração
12. Propósito/Objetivo
13. Persistência
14. Positividade
15. Entusiasmo
16. Sentimento
17. Excelência
18. Energia
19. Emoção
20. Crescimento
21. Criatividade
22. Imaginação
23. Vitalidade
24. Singularidade
25. Surpresa
26. Independência
27. Comunidade
28. Sem limites
29. Diversidade
30. Inovação
31. Empreendedorismo
32. Uau!
33. Entusiasmo
34. Bom cidadão
35. Confiança
36. Integridade
37. Compromisso
38. Comprometimento
39. Aventura
40. Viagem
41. Insaciabilidade
42. Mudança
43. Questionar autoridade
44. Felicidade
45. Devolver favores
46. Não olhar para trás

47. Seguir em frente
48. Otimismo
49. Admiração
50. Ânimo
51. Gratidão
52. Apreciação
53. Autocontrole
54. Polidez
55. Esperança
56. Mente aberta
57. Vontade de aprender
58. Sabedoria
59. Conhecimento
60. Bravura
61. Gentileza
62. Liderança
63. Perdão
64. Modéstia
65. Prudência
66. Espiritualidade
67. Consciência
68. Estar presente
69. Disciplina
70. Agressividade
71. Adaptabilidade
72. Ser prestativo
73. Cooperação
74. Solidariedade
75. Determinação
76. Proatividade
77. Ser protetor
78. Originalidade
79. Individualismo
80. Vivacidade

Numa sexta-feira à noite, resolvi ler a lista para Linda, e começamos a riscar itens que não se aplicavam a nós. Disciplina é legal, mas seria um valor central para a família? Questionar a autoridade? Poderíamos nos arrepender disso. Linda se demonstrou surpreendentemente agressiva ao recusar alguns itens (incluindo "agressividade", que rabiscou duas vezes). Mas percebi que estávamos avançando quando ela arrancou o papel das minhas mãos e fez anotações à margem. "Pensamos com a mente aberta." "Vivemos nossa vida com paixão." Ela claramente levitava em meio àquelas frases otimistas que pareciam deixá-la sem fala.

O processo parecia prestes a dar certo. Desde que nos casamos, nunca tivemos uma conversa tão direta sobre o tipo de família que gostaríamos de formar.

Em seguida, ela contou a Eden e Tybee que faríamos uma "festa do pijama" no sábado à noite — uma festa com direito a pipoca, biscoito e chocolate. Elas adoraram a ideia, claro. Quando descobri que as meninas nunca tinham comido pipoca fora de um cinema ou de micro-ondas, resolvi comprar pipoca de micro-ondas, da mesma marca que consumíamos na minha infância. No caminho, pensei que podia não dar certo de primeira, e resolvi comprar duas embalagens. Dito e feito: a primeira tentativa terminou queimada, deixando a casa com um cheiro de fumaça. Mas caminhávamos em direção a uma experiência memorável.

Assim que nos reunimos no nosso quarto de casal, prendi um cartaz gigante na porta. Depois comecei a ler a lista de palavras, enquanto lançava perguntas com base nos *7 hábitos*:

- Que palavras melhor descrevem a nossa família?
- O que é mais importante para a nossa família?
- Quais são os nossos pontos fortes como família?
- O que melhor traduz a nossa família?

Nós nos revezávamos nas respostas. Em pouco tempo, o papel estava repleto de palavras: *trabalho em equipe, criatividade, contar histórias, sermos boas pessoas, jogos de viagens*. Mas, em algum momento, a energia mudou de direção. As meninas ficaram agitadas quando começaram a gritar suas expressões favoritas, incluindo um clássico de Linda: "Não gostamos de dilemas; queremos soluções"; e uma novidade minha: "Seguimos em frente. Nós acreditamos!" Nesse momento, Eden levantou a voz, dizendo: "Que a nossa primeira palavra seja *aventura*, e a última, *amor!*"

De repente, o quarto ficou paralisado. Quando as meninas tinham seis semanas de vida, fizemos uma pequena reunião para apresentá-las aos nossos amigos. Naquela ocasião, eu fiz um brinde rápido, que terminou com a manifestação de um desejo: "Que a nossa primeira palavra seja *aventura*, e a última, *amor!*" Nós passamos vários anos tentando transformar a primeira parte em realidade. A cada ida ao supermercado, farmácia ou parquinho, dizíamos: "É hora de aventura!" Sem dúvida, *aventura* foi uma das primeiras palavras que elas conheceram, e os seus lábios pareciam sorrir ao pronunciá-las.

"É isso!", disse Linda. "Eis a declaração da missão da nossa família."

As meninas começaram a pular na cama.

Uma marca para a família

Ainda não tínhamos terminado. Nos dias posteriores, Linda e eu ajustamos a escrita de algumas frases e repassamos todas as ideias para chegarmos a uma lista de vinte expressões que complementavam a ideia principal. "Sonhamos coisas que não cabem em sonhos." "Somos alegria, euforia, uau!" "Somos viajantes, não turistas." Sem as meninas, lançamos mão de nossa votação estilo Olimpíadas e terminamos com uma lista de dez. Jim Collins tinha me avisado que não deveríamos ter mais do que cinco valores principais, mas Linda insistiu que deveríamos manter os dez. Depois, poderíamos reduzi-los. Para o meu consolo, o nosso documento era mais curto que a Constituição dos Estados Unidos!

E agora? Sean Covey havia transformado a sua declaração numa imagem, pintando-a na parede de casa, mas eu sabia que Linda nunca concordaria com isso. Mesmo assim, eu queria fazer algo que atraísse o olhar. Pedi dicas aos vizinhos e consegui uma lista de designers gráficos. Um deles, Peter Kruty, escreveu para mim dizendo ser pai de duas crianças pequenas e estar curioso. Marquei um encontro.

Peter sugeriu o desenho de um símbolo que traduzisse a nossa família. Linda e eu ficamos dando voltas pela casa com as meninas, buscando opções. Vimos um bonequinho de neve que compramos numa viagem em família e uma colcha que ganhamos de presente quando elas nasceram. Finalmente, chegamos a uma concha que eu dera de presente para a Linda quando ficamos noivos. Pronto, tínhamos encontrado a imagem visual da nossa família.

> Que a nossa primeira palavra seja
> # AVENTURA
> e a nossa última palavra
> # AMOR.
>
> Nós vivemos vidas de paixão
> Nós sonhamos o impossível
> Nós somos viajantes e não turistas
> Nós ajudamos o próximo a voar
> Nós gostamos de aprender
> Nós não gostamos de dilemas; gostamos de soluções
> Nós nos superamos. Nós acreditamos!
> Nós sabemos que não há problema em cometer erros
> Nós aproximamos as pessoas
> Nós somos a alegria e entusiasmo!

Mas o que exatamente tínhamos criado?

Em primeiro lugar, tínhamos uma ideia principal. O dogma central dos movimentos familiares, desde a década de 1960, era o foco no que as famílias deveriam fazer, e não no que deveriam evitar. Recentemente, uma filosofia similar começou a ganhar força nos círculos que analisam a criação de filhos. Alan Kazdin, psicólogo que dirige o Centro de Criação de Filhos da Universidade de Yale, foi um pioneiro no que ele chama de "administração da criação de filhos". Sua ideia principal é que os pais deveriam passar mais tempo identificando e premiando o bom comportamento, e não punindo eternamente os maus comportamentos.

Parece simples, mas não é. Segundo Kazdin, os pais devem especificar a conduta positiva que esperam ver refletida com maior frequência nos filhos. "Vocês estão indo muito bem nesse trabalho juntos!" "Bom trabalho, continuem com o dever de casa de matemática." Mais importante: os pais devem criar um ambiente caseiro no qual os filhos saibam exatamente o que é esperado deles.

A marca familiar é clara: trata-se de uma visão articulada do que queremos que a nossa família seja e dos valores que queremos transmitir aos nossos filhos.

Em segundo lugar, temos uma identidade visual. Uma lição aprendida pela primeira geração de pesquisadores da felicidade é que expressar gratidão é uma poderosa maneira de nos sentirmos mais felizes. Notas de gratidão, de apreciação diante de um trabalho e bênçãos recebidas (como David Kidder faz com seus filhos), tudo isso, comprovadamente, aumenta a sensação de felicidade. Porém, uma técnica menos conhecida surte um efeito ainda maior: é a chamada visualização.

Laura King, professora da Universidade de Missouri–Colúmbia, pediu a algumas pessoas que passassem alguns minutos, todos os dias, escrevendo uma narrativa descritiva de seus "melhores *eus* possíveis". A experiência resultou num grande aumento do otimismo dos participantes. Quando os pesquisadores compararam essa técnica à simples expressão de gratidão, o exercício de visualização demonstrou gerar um impacto muito maior no bem-estar das pessoas.

Criar uma identidade familiar é o equivalente coletivo de imaginar o nosso melhor eu possível. Tal exercício nos força a conceber, construir e depois dispor num espaço público um ideal escrito do que queremos para a nossa família. Talvez não funcione com todos, mas para nós foi a maneira mais reveladora e empolgante que encontramos de expressar a nossa "melhor *família* possível".

Por último, criamos uma "pedra de toque". Algumas semanas após termos terminado o nosso documento, a professora de Tybee nos ligou. A nossa filha estava fazendo fofoca com outra criança sobre uma colega de turma. Visões de adolescentes más surgiram diante de nossos olhos. Sem saber o que fazer, Linda e eu nos sentamos e conversamos com Tybee. Aquela foi a primeira vez em que transformamos o meu escritório no "escritório da diretoria".

Tybee mantinha um olhar cauteloso. Linda descreveu o telefonema e Tybee, com muito cuidado, disse que outras duas meninas começaram a história, e que ela só havia escutado a conversa. Linda lhe perguntou se alguma parte da nossa recente conversa sobre valores se encaixava nesse caso. Tybee ergueu a cabeça, pegou uma cópia do nosso cartaz, que estava sobre a minha mesa, e apontou para um dos itens: "Aproximamos as pessoas". De repente, tínhamos encontrado um caminho para a conversa.

Um mês mais tarde, na hora do jantar, as meninas entraram numa disputa sobre o último pedaço de chocolate em um pote. A briga rapidamente abriu espaço para gritos e insultos. Linda entrou na conversa, perguntando: "O que eu costumo dizer?" Eden pensou por alguns instantes, depois apontou para um item do cartaz pousado numa prateleira: "Não gostamos de dilemas; queremos soluções".

Jim Collins, de certa maneira, previu tudo isso. Quando perguntei o que ele pensava que poderíamos conseguir com esse jogo, Jim descreveu uma ideia bem clara para lidar com a vida: "Uma das coisas que sabemos sobre a vida é que ela nos atingirá de maneiras aleatórias e inesperadas... algumas boas, outras más." Sem uma estrutura própria bem-marcada, disse ele, seremos surpreendidos pela vida. Com tal estrutura, aumentamos nossas chances de êxito.

Parte dois
Converse. Muito.

4

Briga inteligente

Manual de Harvard para resolução de conflitos

A briga começa mais ou menos assim: quando as meninas caem no sono, Linda entra no meu escritório; ela teve um dia ruim. De manhã, se atrasou para sair de casa; teve uma reunião tensa no trabalho; não conseguiu encontrar ninguém para cuidar das meninas no sábado à noite; e, naquele momento, tinha que escrever uma palestra para o dia seguinte.

O meu dia não havia sido muito melhor: de manhã tentei resolver um vazamento no banheiro; participei de uma reunião virtual que não deu em nada; passei uma hora ao telefone com o médico do meu pai; e ficaria acordado até bem depois da meia-noite tentando terminar um trabalho cujo prazo estava se esgotando.

"Temos alguma coisa para conversar?", perguntou ela. Vocês, maridos, conhecem aquele olhar típico de esposa — um olhar acompanhado de uma piscadela e um sorriso, como quem diz: "Já vai para cama, assim tão cedo?" Pois não era esse o olhar. Na verdade, era um olhar de quem diz: "Será que eu preciso fazer uma colonoscopia?"

"Sim", respondi. "Temos muito o que conversar."

Ela se sentou, cruzando os braços. Eu coloquei os pés sobre a mesa. Com as nossas respectivas poses, parecíamos dois lutadores profissionais preparados para entrar no ringue.

Eu chamo isso de "a luta das 19h42". É o momento do dia em que lidamos com a roupa suja da nossa vida. Quem vai acordar cedo com as meninas? Quem vai comprar as passagens para o Dia de Ação de Graças? Quem vai comprar leite para as panquecas do fim de semana? Quem vai ficar em casa, esperando o conserto da tevê a cabo? Quem vai comprar novos protetores de canela? Quem precisa trabalhar à noite? E, por falar nisso, algum dia nos veremos nus outra vez?

O tema daquela vez era a festa de aniversário das meninas. Linda queria servir pizza; eu queria servir pretzels.

"Temos que oferecer um almoço aos convidados", disse Linda. "Os pais das crianças esperam por isso. Além disso, você nunca vai a aniversários de crianças, não sabe nada sobre o assunto."

"Mas nós já gastamos uma fortuna com o show de marionetes", retruquei. "Servir pizza não é nada original. E a festa começa às dez da manhã. Não poderíamos servir apenas um lanche?"

Após 15 minutos de idas e vindas, Linda volta a cruzar os braços e olha para o teto. Eu levanto as mãos para o céu e faço que não com a cabeça. Então, ela se levanta e sai do escritório, murmurando alto o bastante para que eu escute: "Eu queria assistir ao *The Voice* essa noite."

Eu me recosto na poltrona. "Tem de haver uma saída", penso. E como poderíamos construir uma família feliz se todas as noites garantimos uma pitada de infelicidade para nós dois?

O amor está no olhar

Brigas. Todas as famílias brigam. Mas as que passam por isso de maneira mais inteligente costumam alcançar maior êxito.

Todas as famílias têm os seus conflitos. No entanto, mais de 25 anos de pesquisas demonstraram que *com quem* você briga, *sobre o que* você briga e *com que frequência* você briga é muito menos importante para a sua família do que *como* você briga. Estudos confirmam que não há razão para que as brigas no seio das famílias acabem com as interações positivas, desde que o estresse seja um fato isolado, e desde que seja utilizado como força para o crescimento.

Existem outros sinais encorajadores. Um famoso estudo sobre felicidade no casamento, da Universidade do Tennessee, demonstrou que casais que aprendem a negociar são mais felizes no casamento e no trabalho. Mas como nos transformarmos em melhores negociadores? Eu colhi algumas dicas que começaram a redefinir a maneira como Linda e eu lidamos com as picuinhas em casa.

Em primeiro lugar, vem o "quando". Deborah Tannen, em seu livro *I Only Say That Because I Love You* [Eu só digo isso porque amo você], diz que as brigas costumam surgir quando as pessoas se encontram ou se despedem. Dar adeus aos nossos filhos de manhã e recebê-los de volta à tarde são momentos particularmente vulneráveis.

No final dos anos 1980, dois psicólogos de Chicago entregaram bips a algumas mães, pais e filhos de cinquenta famílias, e depois entraram em contato com eles em ocasiões aleatórias durante o dia, perguntando o que estavam fazendo e se estavam felizes. O objetivo era conseguir um retrato emocional da família norte-americana. Eles determinaram que o horário mais complicado do dia era entre às seis e oito da noite. Os homens dizem que estão estressados nessas horas, mas, de acordo com os psicólogos envolvidos na pesquisa, tais protestos são puro "teatro", pois eles na verdade gostam de voltar para casa. As mulheres, por outro lado, estão verdadeiramente estressadas nesse momento, sobretudo quando passaram o dia trabalhando fora. Elas enxergam esse período como o início do temido "segundo turno" de trabalhos domésticos e cuidado com os filhos.

Portanto, 19h42 é *a pior hora do dia* para Linda e também para mim — o pior momento para termos uma conversa complicada.

Em segundo lugar, vem a linguagem. Já foram reunidas muitas pesquisas sobre as palavras que as pessoas utilizam quando conversam umas com as outras, e os pronomes são os maiores indicadores de conflitos. James Pennebaker, psicólogo da Universidade do Texas e autor de *The Secret Life of Pronouns* [A vida secreta dos pronomes], diz que casais que usam pronomes como *eu* e *nós* dão sinais de uma relação saudável. O *nós* é um pronome particularmente positivo, pois demonstra proximidade. A segunda pessoa do singular — *você sempre diz isso* ou *você nunca faz aquilo* — marca certa infelicidade ou dificuldade na resolução de problemas. Ou seja, uma das maneiras de parar de brigar é parando de dizer *você*.

Em terceiro lugar, vem a duração. Enquanto todo mundo concordar que um pouco de conflito é inevitável, as brigas não devem durar muito tempo. Nas brigas, as coisas boas surgem no início. John Gottman, da Universidade de Washington, descobriu que os pontos mais importantes de qualquer discussão podem ser encontrados nos seus primeiros minutos. Após isso, segundo ele, as pessoas costumam se repetir, cada vez em tom mais alto. Pense em uma briga como uma luta de boxe: os primeiros três minutos dão o tom da disputa. Depois disso, o melhor talvez seria cada um voltar para o seu canto.

Em quarto lugar, vem a preocupação com o corpo. O boxe também é uma boa analogia para a parte física da brigas. Tudo — da maneira como você se senta à forma como inclina a cabeça ou faz caretas — tem um papel importante nas brigas familiares. Para mim, os olhos são os maiores reveladores. Pesquisadores de Indiana passaram anos gravando em vídeo discussões entre maridos e mulheres, monitorando cuidadosamente os movimentos de nariz, sobrancelhas e lábios. Quatro anos mais tarde, voltaram a entrar em contato com os mesmos casais e chegaram à conclusão de que um gesto, acima de tudo, é o maior detonador de tensões: o virar de olhos. Virar os olhos é sinal de desprezo e indício de que há problema a caminho.

Mas essa não é a única forma de expressar falta de respeito: mudar de posição na cadeira, suspirar e esticar o pescoço causam efeitos semelhantes. Por outro lado, as melhores maneiras de aliviar uma conversa tensa são inclinando o corpo para a frente e movendo a cabeça. Quando nada disso funcionar, imite os gestos positivos de quem está à sua frente. Grande parte das pessoas briga por acreditar que tem razão. Portanto, quando fazemos o que o nosso oponente está fazendo, ele acha que nós também estamos certos!

Pizza ou pretzel

Como a negociação é vista como o melhor modelo para que os casais sigam em frente com a sua relação, eu pensei: "Por que não pedir conselhos aos melhores negociadores do mundo?"

Duas semanas depois, eu estava sentado em um dos salões do Charles Hotel, em Cambridge, Massachusetts para um seminário de três dias organizado pela Harvard Negotiation Project. Os envolvidos nesse projeto estiveram presentes nos maiores litígios do mundo: ameaças de testes nucleares, encontros para a paz entre Israel e Palestina, greves nacionais no Brasil. O cofundador do grupo, William (Bill) Ury, surgiu à frente da sala.

Homem magro, afável, com grossos cabelos negros e braços gesticulantes, Ury, ao lado de Roger Fisher, praticamente inventou o campo dos estudos de negociação, na década de 1970. O livro deles, *Como chegar ao sim*, foi publicado em 1981 e vendeu mais de cinco milhões de exemplares.

Ury olhou para a plateia de cerca de 150 pessoas e perguntou com que tipo de conflito eles estavam se deparando. Um homem descreveu uma disputa de fronteiras entre dois países latino-americanos. Uma mulher mencionou um acordo de 150 milhões de dólares com uma fábrica chinesa. Outra falou sobre um acordo de três anos com o sindicato Teamsters. Lentamente, eu levantei a mão.

"Eu e a minha esposa estamos discutindo se deveríamos servir pizza ou pretzel no aniversário de seis anos das nossas filhas."

O público aplaudiu.

"Maravilha", disse Ury. "Vocês vieram ao local certo."

Em seguida, ele pediu que todos os presentes respondessem quantas horas do dia dedicavam às negociações. As respostas variaram de 12 a 18 horas. "Vamos estabelecer em 'metade do dia'", disse ele. "A questão é que todo mundo negocia todos os dias, todas as horas do dia. Negociamos um aumento de salário com o chefe. Um acordo de greve com um cliente. Negociamos com a nossa esposa se deveríamos sair para jantar, e com os nossos filhos se já chegou a hora de ir para a cama."

"Mas eu quero fazer outra pergunta", disse ele. "Quantas horas vocês dedicam à prática da negociação?" Ninguém disse nada.

"Pensem nisso!", disse Ury. "Nós passamos a metade do dia negociando, mas nunca exercitamos tal habilidade. Quero que vocês pratiquem a negociação da mesma maneira como praticam um esporte."

Em seguida, ele delineou a sua filosofia de "negociação de princípios". Ainda que algumas técnicas parecessem claramente dirigidas a problemas de grande escala, grande parte delas poderia ser aplicada aos problemas que as famílias encontram no dia a dia. A filosofia de Ury é baseada em um processo de cinco passos:

1. Isole suas emoções.
2. Vá ao camarote do teatro.
3. Aproxime-se do ponto de vista do outro.
4. Não rejeite; repense.
5. Construa uma ponte dourada em direção às resoluções.

"O segredo das negociações é que é muito complicado fazer alguém mudar de ideia", disse Ury. São duas as abordagens possíveis: pressão direta, de fora para dentro; ou pressão indireta, de dentro para fora. Para as famílias, a pressão indireta é a única opção real, já que não temos a oportunidade de deixar de enxergar o lado oposto.

Seja como for, as maiores barreiras que enfrentamos não são as outras pessoas e as suas emoções, segundo explicou Ury, mas sim nós mesmos e as nossas emoções. E ele nos apresentou um caminho simples para evitar que as nossas emoções interrompam o nosso caminho. Ela se chama "Vá ao camarote do teatro".

"Quando as coisas começam a dar errado em um encontro, imagine a negociação acontecendo em um palco", explicou Ury. "Depois, permita à sua mente ir ao camarote do teatro, de onde poderá olhar para o palco. De lá, você terá uma perspectiva mais ampla, poderá começar a se acalmar, e conseguirá encontrar algum tipo de autocontrole."

Sendo uma pessoa que ocasionalmente perde o controle, a ideia me pareceu interessante. Ury nos recomendou várias maneiras de chegar ao camarote do teatro. Poderíamos pedir uma pausa de cinco minutos, dizer que precisamos tomar uma xícara de café ou ir ao banheiro. Também poderíamos pedir para interromper a situação e recomeçar na manhã seguinte.

"Lembrem-se de que o objetivo da negociação não é alcançar um acordo", disse ele. "Se esse é o seu objetivo, entregará os pontos muito cedo. O objetivo é servir aos nossos interesses, e a única maneira de conseguir isso é nos mantendo calmos."

Ao ultrapassar essa barreira, volte ao palco e repense a cena. Ury recomenda alterar um pouco a situação. Uma mudança de cenário poderia ser interessante — talvez uma troca de figurino. O mais importante é começar a enxergar sob o ponto de vista do outro.

"A habilidade de se colocar no lugar do outro é uma das mais importantes para um negociador", disse Ury. "Lembre-se: você está tentando mudar a cabeça de outra pessoa. Como fazer isso sem saber o que ele está pensando de fato?" Isso não significa que você deva fazer concessões, mas simplesmente se colocar no lugar do outro: faça questionamentos, tente entender de onde surgiram tais pontos de vista.

"Parece fácil, mas não é", continuou ele. "A principal habilidade requerida é escutar."

O Manual de Harvard para Negociação pode ser dividido em duas partes. A primeira — vá ao camarote do teatro, aproxime-se do ponto de vista do outro — é sobre isolar as emoções da situação. Essa parte começa com mais um clássico de Ury: "Não rejeite, repense." A segunda parte é a busca de uma solução.

"Um dos grandes poderes que temos nas negociações é o de alterar o foco de luz", prosseguiu Ury. "Você pode querer alterá-lo de sua posição quando novas situações começarem a surgir em todas as direções. O objetivo deve ser ampliar o foco, antes de segmentá-lo." Ury recomenda fazer perguntas abertas: *Você é capaz de pensar em alguma abordagem alternativa? Tem alguma outra ideia?*

Chegado esse ponto, podemos "construir uma ponte dourada" em direção às resoluções. Ury recomenda se sentar lado a lado e escrever em um papel todas as possíveis soluções, escolhendo as mais promissoras e eliminando as demais. "Caso fique paralisado, volte à lista", aconselha ele.

O último conselho de Ury parece direto aos casais: "Lembre-se: essa não será a última vez que você negociará com o oponente", disse ele. "O seu objetivo não é deixá-lo angustiado."

O caso das meias felpudas

Quer dizer que essa técnica poderia funcionar com famílias, seja entre casais em negociação seja entre pais negociando com seus filhos?

A duas horas de Cambridge fica a pequena cidade de East Longmeadow, Massachusetts. Esse exótico vilarejo se gaba de ter "um cruzamento mundialmente famoso, onde sete ruas se cruzam sem nenhum semáforo". Mas também é a cidade de Joshua Weiss, Adina Elfant e suas três filhas: Kayla (11 anos), Aylee (9) e Talya (5). Josh é cofundador da Harvard's Global Negotiation Initiative, e trabalha em forte cooperação com Bill Ury. Já Adina dirige um programa de aprendizagem social em uma universidade próxima de sua casa. No sábado em que cheguei por lá, eles estavam em uma crise bem peculiar. A causa do problema não eram ogivas nucleares, comandantes militares nem declarações de guerra. Era algo muito mais delicado: meias felpudas.

As meias felpudas de Aylee estavam com alguns buracos, então ela pediu emprestadas as de Kayla durante uma semana, até que ganhasse meias novas. Kayla concordou. No entanto, o fim da semana havia chegado e Aylee continuava sem as suas meias novas, de modo que pediu as da irmã emprestadas durante mais uma noite. Kayla concordou, mas, cinco minutos mais tarde, mudou de ideia. Surgiu uma briga.

Por sorte, um negociador de paz estava por perto. Talya se postou entre as duas irmãs. "Chega!", gritou ela. "Aylee, no que você está pensando? Kayla, você vai ter tempo para explicar daqui a pouco. E não interrompam uma a outra."

Por que ela fez isso?

"Eu não sei", respondeu Talya. "O meu pai costuma fazer isso quando discutimos... Acho que eu peguei isso dele."

No seu primeiro encontro, anos atrás, Josh perguntou a Adina como ela lidava com conflitos. "Nunca pensei nisso. Acho que deixo as coisas acontecerem", respondeu ela.

"Por experiência própria, eu digo que as coisas não acontecem", retrucou ele. "Elas simplesmente ficam paralisadas, crescendo, até se transformarem em um monstro opressor."

Josh disse preferir lidar com os conflitos conversando com os envolvidos, até que todos cheguem a uma solução que os deixe felizes. Em um dado momento, Adina e Josh começaram a namorar, e os dois foram obrigados a chegar a um acordo sobre como resolver os desacordos. Quando algo surge, Adina tem o costume de se afastar para pensar e depois volta, quando está pronta para a conversa.

Josh e Adina tentaram deixar que as filhas encontrassem a sua forma de lidar com isso. Cada uma das meninas respondia de maneira diferente aos conflitos, mas todas as suas técnicas refletiam o que aprenderam dos pais — técnicas vindas do mundo dos estudos das negociações.

Talya era mais direta. Além de separar os combatentes, ela gostava da técnica da "pedra, papel e tesoura". "É um começo", disse Josh.

Aylee tinha mais saídas. Ela usava uma técnica chamada "pare, pense, controle" — o equivalente infantil de ir ao camarote do teatro, controlar os sentimentos e depois voltar ao palco. Aylee já era crescida o suficiente para começar a pensar nos sentimentos dos demais. "No ano passado, uma menina nova estava me chateando", contou ela. "Perguntei aos meus pais o que fazer, e eles disseram: 'Veja o ponto de vista dela. Talvez ela não tenha muitos amigos. Por que não ser legal com essa menina?' Eu tentei, e funcionou."

Kayla já alcançara certa sofisticação adulta nas suas táticas de resolver problemas. Para começo de conversa, ela adorava ir ao camarote do teatro. "Quando brigo com as minhas irmãs, costumo dizer: 'Eu não quero conversar agora porque estou chateada. Podemos conversar mais tarde.' E saio da mesa, vou para o meu quarto."

Ainda mais surpreendente foi a sua reação a um problema com os pais que durou seis meses. Na primavera, Kayla foi convidada para viajar com a equipe de ginastas, o que exigiria uma dedicação de duas sessões semanais, de quatro horas de treinamentos, em uma cidade próxima. Josh e Adina ficaram preocupados com o seu rendimento escolar, com a logística cotidiana da família e com as tarefas dela. Pediram que ela, antes de qualquer decisão, provasse que seria capaz de sustentar suas responsabilidades.

"Quando eles me disseram que eu não aguentaria, fiquei tão chateada que chamei o meu pai de 'estraga-prazer'. Agora, sempre que começamos uma discussão, é como eu chamo o meu pai."

"Ótimo apelido!", respondi. "E durante quanto tempo você ficou chateada?"

"Tudo começou em junho, mas eu continuava chateada na volta às aulas. Então eu perguntei ao meu pai: 'Por quê?' e 'O que eu preciso fazer para entrar no grupo?' Ele me disse que, se eu tirasse boas notas e mantivesse o quarto limpo, poderia participar.

"Primeiro achei que eles estivessem apenas sendo malvados", disse Kayla, "mas depois percebi que ficaria quatro horas na academia, e que teria que encontrar uma maneira de administrar os treinamentos, os deveres de casa e tudo o mais. No ano passado, eu sofri com algumas matérias, e tive que dedicar um tempo extra a elas."

"Como diria Bill Ury, quando ela perguntou 'Por quê?', eu achei ótimo", disse Josh. "Ela estava tentando enxergar o nosso lado, entender os nossos interesses, o que é fundamental para a negociação. Nós já tínhamos explicado o que pensávamos, mas ela estava muito chateada e não nos escutou. Naquele momento, porém, ela estava pronta para escutar."

"Olha, eu não acreditava que essas técnicas pudessem funcionar com as meninas", disse Adina. "Eu falei para ele: 'Esse trabalho é seu, Josh.' Mas eu percebi, enquanto a Kayla crescia, que ela estava se transformando em uma ótima negociadora. A professora diz que ela é uma líder na escola. E é cada vez melhor ao se adiantar às minhas preocupações." Adina relatou um episódio recente, quando Kayla pediu um celular. Kayla sabia que os seus pais se preocupavam com a ideia, imaginando que passaria tempo demais enviando mensagens de texto aos amigos, e por isso resolveu dizer que permitiria aos pais checar o telefone semanalmente.

"Na minha opinião, a opinião de uma pessoa que passou vinte anos fazendo negociações, eu acho que essas estratégias são melhores para famílias do que para ambientes de trabalho. No mundo em que vivemos, as pessoas tentam evitar o conflito. Mas em casa, no entanto, isso é impossível. Caso contrário, você terminará se divorciando ou se distanciará dos filhos. Tenha uma coisa em mente: o mais complicado de qualquer negociação é se dispor a iniciá-la. Quando ultrapassamos essa barreira emocional, as soluções costumam aparecer sozinhas", completou Josh.

Foi exatamente isso o que aconteceu com Kayla e a sua viagem com a equipe de ginastas. "Seis semanas após ter começado o ano escolar, eu procurei os meus pais e disse: 'Já fiz a minha parte; agora é com vocês.' O meu pai e a minha mãe enviaram um e-mail à minha professora e perguntaram se eu estava me dando bem..."

"Saindo bem", corrigiu o pai.

"Saindo bem", repetiu ela, e todos sorriram. "E ela disse que eu estava tirando boas notas." Ela abriu um sorriso ao dizer isso. "Quando os meus pais me contaram, comecei a pular e a gritar. Acho que dei uma pirueta! E entrei no grupo de ginástica!"

Camp David para casais

E quanto aos casais? Eu perguntei a Bill Ury de que maneira as suas técnicas poderiam ajudar os adultos a negociar uns com os outros.

Ele frisou que as sociedades sempre funcionaram de cima para baixo, com os pais de família tomando as decisões. "Mas estamos em um período de transição", disse ele. "Há um jorro de democracia no mundo. As empresas estão abandonando as suas antigas práticas. O mesmo está acontecendo com as famílias, onde cada vez mais pessoas querem participar das decisões que as afetam. Isso significa que tudo é negociável. 'Quem vai lavar a louça?' Uma geração atrás, isso era inquestionável. A nossa é a primeira geração que aceita a negociação contínua como norma."

"Isso significa que eu não deveria ficar surpreso pelo fato de não conhecer as novas regras?", perguntei.

"Ninguém conhece as novas regras! Há muito mais fluidez, agilidade e reinvenção pelo mundo. Pense na sua conversa das 19h42 com Linda e perceba, acima de tudo, que você é um pioneiro. Quando fizer isso, você será mais compreensível."

"A Linda vai gostar de ouvir isso, tenho certeza", comentei. "Mas e daí?"

"Vá ao camarote do teatro. Você poderá fazer isso sozinho, mas o melhor seria fazer junto com ela. Vá à sua versão de Camp David, o famoso refúgio do presidente dos Estados Unidos, e leve um tempo para relaxar. Depois comece a desenhar uma constituição."

"O quê?"

"Um plano de trabalho. Vocês precisam de um sistema familiar para tomar decisões. Quais são as regras que governam as conversas que vocês têm todas as noites?"

Ele me recomendou várias.

- Qualquer pessoa poderá pedir um intervalo de cinco minutos a qualquer momento.
- Quando alguém chegar em casa, deve ter direito a 15 minutos sozinho.
- Alterne as semanas em que determinada pessoa terá razão em tudo.

(Quando contei isso a Linda, ela adorou a ideia: "Quer dizer que eu terei razão 26 vezes por ano?")

Mas o que aconteceria se, com todas essas regras, continuássemos em desacordo?

"Vocês devem se conter", disse Ury. "Ela tem um ponto de vista: acha que vocês deveriam servir pizza. Você tem outro: acha que deveriam servir pretzel. São dois pontos de vista. O ideal seria começar levantando questionamentos para tentar resolver os problemas. *Quero que você me ajude a entender por que prefere servir pizza.*"

Começamos a analisar a posição de Linda: outras famílias servem pizza e ela não queria parecer mão de vaca. Ury me pressionou para que eu fosse mais fundo. Ela queria parecer generosa. Sendo mãe e trabalhando fora, ela talvez quisesse ser vista como um membro ativo da família, certo?

"Finalmente, estamos chegando a algum lugar", disse Ury. "Ela quer ser mãe. Quer ser membro da comunidade. Essas são identidades reais. Quando você entender isso, ela ficará mais relaxada. 'Que bom que você está me escutando', ela dirá, e depois talvez comece a negociar."

"E quanto às minhas posições?"

"As suas posições também têm a ver com identidade. Você não quer parecer convencional, não quer seguir o rebanho, e servir pizza representa seguir o rebanho. Quando tudo isso for esclarecido, vocês começarão a entender por que estão juntos como marido e mulher. Ela deve gostar desse seu lado criativo. E você deve gostar dessa história de ela querer parecer uma boa mãe. Quando isso for entendido, vocês poderão começar a resolver o problema, e a primeira conclusão dos dois será: *Na verdade, isso nem é tão importante. Olhe só onde a gente se meteu!*"

Pronto! No final do dia, Linda e eu não discutíamos sobre pizza ou pretzel, mas sim sobre quem éramos. Mais especificamente, conversávamos sobre tentarmos nos sentir compreendidos.

"Você se lembra daquela pergunta que eu fiz no início do seminário?", perguntou Ury. "'Quanto tempo por dia vocês passam negociando?'. Todo mundo respondeu mais de 50% do dia. No entanto, quem utiliza a negociação unicamente como forma de atingir um objetivo está jogando fora 50% da sua vida. A questão é que negociar é o assunto central da vida. Nós encaramos as negociações como um fator que nos afasta dos demais. Porém, quando feitas corretamente, elas podem nos aproximar ainda mais."

Jogando conversa fora

De volta para casa, Linda e eu nos sentamos para aplicar o que eu havia aprendido. O início foi promissor. Deixamos de lado as nossas conversas das 19h42, decidindo prorrogá-las para um pouco mais tarde, para um momento mais compatível com nossas refeições, exercícios e necessidade de relaxamento. Da minha parte, tentei suavizar as brigas mais rapidamente e resolvi pedir um tempo quando me sentia a ponto de perder a razão. Adorei a ideia de as brigas não durarem mais de três minutos, por isso tentei dizer tudo imediatamente, como se os nossos encontros fossem fugazes, com tempo para um único *round*. Mas isso foi complicado. Linda tem a tendência de se livrar rapidamente das brigas, mas a maneira de ela atingir a paz às vezes me parece frustrante. "Espere, eu ainda não terminei", eu queria dizer. "Tenho outras sete coisas a dizer!"

Linda dizia se sentir particularmente humilhada com os meus comentários sobre a linguagem corporal dela. Eu percebia que ela se contorcia ao brigar, tentando não cruzar os braços nem virar os olhos. Aquilo me parecia adorável, mas ao mesmo tempo me fazia lembrar das minhas filhas tentando manter a pose.

No entanto, essa situação não necessariamente contaminava o restante do dia.

Certa manhã, eu entrei na cozinha e Linda estava preparando o café. Ela estava procurando iogurte na geladeira, quando ficou louca ao ver a quantidade de comida fora do prazo de validade. De repente, ela começou a jogar tudo fora, como se fosse um velho líder soviético limpando o politburo após um golpe de Estado. Ela pegava embalagens de queijo, *chutney* e azeitonas, olhava as datas de validade e, ao ver que restavam poucos dias para vencerem, atirava tudo na lixeira.

"Espere um pouco", eu disse. "Essas coisas estão boas. As crianças podem comer tudo isso. Eu posso comer." E lembrei à minha esposa que eu almoçava em casa todos os dias.

"Mas você não lê essas coisas que saem nos jornais?", perguntou ela. "O mundo está repleto de doenças causadas por alimentos estragados" disse ela. "Além do mais, chega de ser tão pão-duro. Estou cansada de raspar o vidro da geleia de morango."

De repente, a nossa briga das 19h42 começava a ser substituída por outra, às 7h42!

Dessa vez, no entanto, eu estava preparado. "Vamos conversar sobre isso mais tarde", eu disse. Quando ela foi embora, aproveitei para "ir ao camarote do teatro". Dei uma olhada na internet sobre o assunto, querendo encontrar dados que justificassem o meu ponto de vista, e encontrei muita coisa. O Instituto Nacional de Saúde diz que os norte-americanos jogam fora 40% do total dos alimentos produzidos no país. Grupos vigilantes perceberam que grande parte das datas de validade impressas nas embalagens de alimentos (exceto as de leite) são fixadas pelos fabricantes, que sozinhos determinam as próprias regras. Era exatamente isso o que eu esperava. As datas de validade são um complô das empresas para nos obrigar a comprar mais comida. Linda teria que concordar comigo.

Naquela mesma noite, após o jantar, retomamos o assunto. Eu comecei tentando enxergar o ponto de vista dela, como Ury me instruíra a fazer. "Sei que você faz grande parte das compras", eu disse. "Sei que você se esforça ao máximo para que as meninas tenham uma alimentação saudável." Depois apresentei a minha pesquisa, dizendo que, se mantivéssemos os alimentos na geladeira por mais tempo, poderíamos economizar, ela poderia evitar tantas idas ao supermercado e as meninas aprenderiam a ser criativas com as sobras. Como Ury havia me encorajado a fazer, eu estava deixando claro que não discutíamos apenas por conta das datas de validade, mas também por conta de dinheiro, tempo e criatividade. Devo dizer que a minha fala foi impressionante.

Linda também lançou mão de algumas táticas do Ury. Como sempre, ela se demonstrou uma especialista em tentar enxergar as coisas do meu ponto de vista. "Acho ótimo que você almoce em casa todos os dias." Mas depois deu um passo atrás, dizendo que uma casa saudável é essencial para uma família saudável.

Por fim, ela pediu um tempo para pensar em uma saída. Isso parecia se encaixar perfeitamente no que Ury chamava de "construir uma ponte dourada em direção às resoluções". Portanto, em vez de rebater ("Você sabia que 1,6 milhão de frascos de molho para salada têm a data de validade estampada de modo fraudulento?"), resolvi concordar. Eu permanecia cauteloso, mas otimista.

Na manhã seguinte, descobri a solução de Linda. Ao abrir a geladeira, notei imediatamente as mudanças. Linda tinha rearranjado tudo, limpado as gavetas e introduzido um novo sistema de armazenamento. A sua comida (*kale, baba ghanoush*) e a comida das crianças (rolinhos de queijo, leite) estavam perfeitamente ordenadas e com as datas de validade checadas. A minha (quiabo, camarões comprados havia quatro dias) tinha sido posta em um canto perfeitamente visível, excluída e gritando silenciosamente: "Devo ser comida hoje". Eu sorri. Às vezes ganhamos a negociação, mas perdemos a briga.

5

A oposição começa aqui

O guia Warren Buffett para determinar mesadas

Na casa dos Dwight, o domingo à noite é a hora das finanças.

Quando a noite cai na linda Palo Alto, Selina, pesquisadora de biogenética, assiste ao fim de um jogo de hóquei do San Jose Sharks. Bill, engenheiro de software, termina de preparar frango grelhado na churrasqueira do quintal. Will, de 17 anos, vestindo uma camiseta do Navy SEALs, volta da academia. Os seus irmãos mais novos, Peyton, de 15 anos, e Quentin, de 12, estão no andar de cima, jogando video game. Os dois outros filhos do casal, Haley, uma menina, e Taylor, um menino, estão fora de casa, na faculdade. Com tanta testosterona, esporte, camiseta de time e cheiro de churrasco, a casa dos Dwight parece um clube.

Com o jantar servido, e após terem rezado para a comida ser abençoada, Bill introduz o tema monetário. Filho de um dos pioneiros entre os engenheiros do setor, ele foi criado no Vale do Silício. Ele é alto, tem cabelos aloirados, um corpo tipicamente americano e um modo de ser tranquilo, mas sério, parecendo o capitão de uma equipe de golfe. Após terminar o ensino médio, Bill foi para uma universidade no leste do país, casou-se com Selina, sua colega de faculdade, e depois retornou à Califórnia, onde começou a trabalhar na Oracle, uma empresa de software.

Por volta de 2005, seus filhos mais velhos começaram a aborrecê-lo por causa de dinheiro, então Bill criou uma planilha de Excel para decidir quanto lhes daria por semana, controlando pequenas despesas com passeios no shopping etc. Em pouco tempo, no entanto, ele se cansou de ter que responder a intermináveis perguntas dos garotos sobre a situação das contas.

Portanto, em determinado fim de semana, Bill se sentou e construiu uma modesta página na internet onde os filhos pudessem manter as próprias contas. A partir de então, quando lhe perguntavam: "Pai, posso comprar um iPod?", ele respondia simplesmente: "Não, mas se você se conectar poderá ver quanto tempo terá que economizar até comprar com o seu dinheiro." Bill também começou a cercear os filhos por mau comportamento: de gritos à mesa do jantar a inesperadas contas de celular mais caras.

"Eu cresci com dinheiro, e sempre me senti um pouco culpado por isso. O dinheiro nos rouba a habilidade de buscar a vida", disse ele. "Eu queria que os meus filhos entendessem o poder das limitações."

Quando vários de seus amigos começaram a pedir para usar o mesmo sistema em sua casa, Bill deixou o seu trabalho e lançou a FamZoo, uma página da internet que ajuda os pais na arte de ensinar aos filhos a administração do próprio dinheiro. O site permite aos pais a montagem de um banco virtual para ajudá-los a administrar mesadas, a construir orçamentos e estimular caridade. Os pais também podem estabelecer altas taxas de juros artificiais — por exemplo, 5% ao mês — para incentivar a poupança. Bill chama tudo isso de "treinamento em finanças", e das várias páginas similares surgidas nos últimos anos, a FamZoo é considerada uma das mais flexíveis e divertidas.

Pai de cinco filhos, Bill conhece a importância de ser flexível. Um dos seus filhos é mão-aberta; outro, mão de vaca; um deles aposta em corridas de cavalos; o outro pilota (e destrói) bicicletas de motocross; um de seus filhos gasta dinheiro em jogos on-line; outro, em roupas; e um deles tentava induzir os pais a lhe permitir a compra de uma arma de fogo.

"Pessoal, chegou a hora de revermos os gastos semanais", disse Bill, em um tom de voz amigável, quando o jantar estava quase chegando ao fim. Comentários surgiram à mesa enquanto o pai pegava o iPhone no bolso. "Ah, eu acho que chegou a hora de aumentar a multa por não ter arrumado a cama. Um dólar já não é suficiente." Urgiram novos murmúrios. "Então, quem começa?"

O banco da mamãe e do papai

Eu cresci em meio a um negócio familiar. Desde a época em que aprendi a amarrar os meus sapatos, sempre me pediram que acordasse nos sábados de manhã, fosse à casa dos meus avós, comesse ovos mexidos e batatas fritas recém-preparadas pela minha avó e depois saísse para ajudar o meu avô. Em um edifício de tijolos, de apenas um andar, no centro de Savannah, eu aprendi a datilografar, arquivar, organizar livros de contabilidade e receber pequenos pagamentos de famílias que viviam em casas construídas pelo meu pai e pelo meu avô. As minhas mãos tremiam quando eu recebia as notas cuidadosamente dobradas, deixando-as sobre o balcão para preparar o troco e o recibo.

O meu avô ficava parado logo atrás de mim, gabando-se: "Este é o meu neto." Eu recebia um punhado de dólares a cada manhã de trabalho. Até hoje, as manhãs de sábado continuam parecendo horário de trabalho para mim.

Graças a esse passado, eu queria escrever sobre famílias e dinheiro, mas fiquei surpreso ao ver o reduzido número de textos sobre o tema. Claro que existem vários livros populares (de *Pai rico, pai pobre* a *O milionário mora ao lado*), mas foram poucos os títulos que encontrei sobre crianças e dinheiro, casais e dinheiro, famílias e dinheiro. Embora eu não saiba por que motivo, o cofrinho familiar é *persona non grata* entre os acadêmicos.

Os poucos estudos realizados seguem uma narrativa intuitiva. Todos os especialistas concordam que os pais fazem um trabalho insuficiente quando conversam sobre dinheiro com os filhos. Um estudo feito com mais de 650 pais britânicos descobriu que 43% deles conversa muito pouco com os filhos sobre assuntos financeiros. Outras pesquisas demonstraram que as crianças não sabem o que é dinheiro, não sabem de onde ele vem nem o que fazer quando o têm nas mãos. Uma reportagem descobriu que as crianças norte-americanas não são capazes de calcular um troco antes de chegar à adolescência.

Embora os pais não estejam conversando diretamente com os filhos sobre dinheiro, eles não deixam de passar adiante suas atitudes com relação ao assunto. Pesquisas demonstram que, quando os filhos veem os pais inseguros quanto ao dinheiro, internalizam tais medos. Se as crianças veem os pais se comportando de modo materialista, elas desenvolvem o mesmo comportamento. E se elas os veem discutindo assuntos financeiros e planejando o futuro, também seguirão tal comportamento.

Uma coisa é clara: a primeira tentativa dos pais de ensinar responsabilidade financeira aos filhos é lhe dando uma mesada. Esse costume surgiu no final do século XIX, quando as leis sobre o trabalho infantil proibiram a contratação de crianças, restringindo o seu acesso ao dinheiro. Hoje em dia, pelo menos 75% das crianças recebem uma mesada regular a partir dos 14 ou 15 anos. Mas a verdade é que grande parte dos pais do mundo ocidental instauram tal prática quando os filhos atingem seis ou sete anos, começando com cerca de um dólar semanal. Em um primeiro momento, grande parte do dinheiro é utilizada para comprar balas e doces. Quando ficam mais velhas, as meninas passam a comprar roupas, sapatos e revistas, e os meninos tendem a comprar biscoitos e jogos de computador.

Ainda assim, algumas perguntas básicas sobre como administrar as mesadas continuam em aberto. E resolvi respondê-las para Linda e para mim.

Questão 1: É verdade que a mesada ensina algo construtivo às crianças?

A mesada deve gerar certa responsabilidade relacionada ao dinheiro. O primeiro grande estudo sobre o assunto, feito há cinquenta anos, sustentou tal ideia, pois descobriu que as crianças expostas mais cedo ao dinheiro demonstram maior conhecimento sobre como administrá-lo posteriormente. Porém, um estudo mais recente, feito em 1990, descobriu que as crianças não enxergam a mesada como uma experiência educativa, e sim como um direito.

Receber uma mesada realmente oferece às crianças uma oportunidade de se acostumar com o dinheiro — o que elas não aprendem na escola. Em 1991, pesquisadores de Toronto deram 4 dólares a crianças de 6, 8 e 10 anos — em forma de cartão de crédito e em dinheiro vivo — para que gastassem em uma loja de brinquedos experimental. Elas poderiam levar para a casa o dinheiro que não gastassem. As crianças que recebiam mesada dos pais gastaram a mesma quantidade em dinheiro vivo ou no cartão. As crianças que não recebiam mesada dos pais gastaram muito mais usando o cartão de crédito. Em seguida, os pesquisadores pediram que as crianças lhes dissessem o preço dos itens que haviam comprado. As crianças que recebiam mesada marcaram mais pontos nesse teste, fazendo com que os pesquisadores concluíssem que, receber mesada ensina importantes habilidades financeiras.

Após ter lido tudo isso, Linda e eu diminuímos as nossas expectativas sobre o que as nossas filhas poderiam aprender recebendo mesada, mas resolvemos aceitar o desafio. Optamos por uma prática comum: um dólar por ano de vida a cada semana. Aos seis anos, elas receberiam seis dólares semanais; no ano seguinte, sete; e assim por diante. Isso ofereceria às meninas um maior campo de experimentação.

Questão 2: O dinheiro deve ser uma doação ou deve estar atrelado a tarefas domésticas?

Há um enorme desacordo quanto a isso. Alguns pais acreditam que, ao não ganhar dinheiro de graça, não deveriam oferecê-lo sem justificativa aos filhos. Além do mais, obrigar as crianças a realizar tarefas para ganhar dinheiro desenvolve um sentimento de trabalho ético. Outros pais acreditam que as tarefas são parte essencial do dia a dia doméstico e não devem ser recompensadas. "Sinto muito, você não tem escolha sobre quando deve pôr a mesa: isso faz parte do fato de ser um membro da nossa família."

Ninguém examinou essa questão diretamente, mas trabalhos em campos mais amplos do comportamento econômico lançaram certas luzes. Daniel Pink, em seu best-seller *Motivação 3.0*, concluiu que recompensas casuais — do tipo "se você fizer isso, receberá aquilo" — na verdade não motivam as pessoas. Ele citou um psicólogo que revisou 128 estudos e descobriu que "as recompensas tangíveis tendem a gerar um efeito substancialmente negativo na motivação intrínseca". Em outras palavras, as pessoas ficam mais focadas na recompensa — nesse caso, no dinheiro — do que na tarefa que deveriam executar. "É por isso que as crianças em idade escolar que costumam ser pagas para resolver problemas tendem a escolher tarefas mais fáceis, aprendendo menos. A recompensa em curto prazo tolhe o aprendizado em longo prazo."

Na minha opinião, os resultados mais persuasivos foram encontrados por Kathleen Vohs, professora de administração da Universidade de Minnesota, cuja pesquisa demonstrou que pensar em dinheiro faz com que as pessoas trabalhem de modo mais duro, mas isso também as leva a ser menos generosas. Como Vohs concluiu: "Quando as pessoas são atraídas pelo dinheiro, elas não se comportam pensando no âmbito social; preferem ficar sozinhas em vez de com os demais; e se mostram muito mais interessadas em uma orientação isolada perante o mundo."

Isso foi suficiente para causar em nós o receio de transformar o ato de ganhar dinheiro em uma discussão familiar. Linda e eu passamos tarefas diárias às nossas filhas, e oferecemos certa recompensa, mas não ligamos uma coisa à outra.

(Outra ideia que encontrei nos estudos de comportamento econômico envolve a questão de se devemos subornar os nossos filhos. É aceitável oferecer dinheiro às crianças em troca de um comportamento especial, como deixar os pais dormirem até mais tarde no domingo de manhã ou não fazer bagunça na casa dos avós? Daniel Kahneman, em *Rápido e devagar: duas formas de pensar*, lançou por terra a ideia que costumamos ter sobre o assunto. Ele descobriu que as pessoas são levadas a evitar perdas, e não a alcançar ganhos. Em outras palavras, o medo de *não* alcançar um objetivo é maior que o desejo de alcançá-lo. Os jogadores de golfe, por exemplo, alcançam maior êxito gastando todas as suas jogadas para marcar um ponto do que marcando-o em poucos lances, e não importa a distância, pois eles ficam com medo de perder uma oportunidade.

Na época em que li isso, Linda e eu sentíamos vergonha de subornar as nossas filhas para que comessem mais legumes. Durante anos, tentamos fazer com que elas pelo menos experimentassem um pouco, mas finalmente desistimos e oferecemos dólares extras se passassem a comer três novos legumes a cada mês. A pesquisa de Kahneman nos persuadiu a mudar de tática. Em vez de prometer um pagamento futuro, resolvemos oferecer o dinheiro antecipadamente. "Tome os seus cinco dólares. Se você comer três novos legumes este mês, poderá ficar com eles. Se não os comer, terá que devolvê-los." Funcionou! Eu conheço pessoas que tentaram a mesma técnica para os filhos limparem o jardim ou irem mais cedo para a cama.)

Questão 3: Deveríamos forçar os nossos filhos a fazer coisas com o dinheiro que recebem, como gastá-lo, economizá-lo, doá-lo ou pagar "impostos" por ele?

Estudos demonstraram que os pais são ótimos planejando economias forçadas referentes à mesada dos filhos, mas não costumam seguir adiante com a ideia. O jornalista David Owen, em seu incrível livro *The First National Bank of Dad* [Banco Nacional do Papai], descreveu sua própria experiência quando prosseguiu com tal esquema. David montou uma falsa conta bancária no Quicken para oferecer aos filhos uma taxa de juros artificialmente alta (70% anuais!) a fim de incentivá-los a economizar.

"Nós economizamos por razões egoístas", escreveu Owen. O Banco do Papai transformou os filhos de David em donos de poupanças, pois eles enxergavam um motivo real para fazer isso. "Eles perceberam que, adiando as compras por um tempo, algum dia poderiam consumir mais."

Outro gesto popular envolve obrigar os filhos a oferecer dinheiro à caridade ou ao bicho de estimação da família. Neale Godfrey, em seu livro *Dinheiro não dá em árvore*, sugere dizermos às crianças que elas são "cidadãs do ambiente familiar", taxando 15% de sua mesada como "imposto" para a família.

Linda e eu aproveitamos algumas dessas técnicas. Obrigamos as nossas filhas a dividir o dinheiro em quatro vasilhas:

1. *Gastar*. Elas devem deixar essa parte do dinheiro nos cofrinhos para gastar com o que quiserem, mas a gente também pede que usem o dinheiro do cofre na hora de comprar presentes do Dia das Mães, dos Pais etc.
2. *Economizar*. Eu mesmo guardo essa parte do dinheiro no meu escritório, em um envelope.
3. *Doar*. A minha esposa, que trabalha com filantropia, cuida dessa parte, e a cada poucos meses ajuda as meninas a apoiar a causa preferida delas.
4. *Compartilhar*. Nós criamos uma conta coletiva para gastarmos juntos, em família, normalmente quando saímos de férias. Em nossa primeira compra juntos, fomos a uma loja de souvenirs

em Santa Fé. Linda ajudou as meninas na importante tarefa de comprar algo que parecesse caro, mas que não o fosse. "Parte do aprendizado sobre responsabilidade financeira", explicou ela às meninas, "é como ser um consumidor inteligente."

Quanto custa esse vestido de formatura da vitrine?

Bill Dwight acionou algumas teclas do seu iPhone e começou a observar os créditos e débitos nas contas dos filhos. Ele começou com o mais novo, Quentin, que era um pouco mão de vaca. Além da mesada semanal (3,95 dólares, que era o que sobrava dos 40% de dedução forçada para poupança), ele tinha alguns depósitos:

$75,00 — Cheque recebido dos avós no Natal
$10,00 — Por ter alimentado o peixe de Shawn e John nos dias de Natal
$0,79 — Moedas encontradas no carro
$1,00 — Nota encontrada
$0,41 — Moedas encontradas no sofá

A primeira lição que todos aprendemos é que devemos estar atentos à nossa carteira! Mas a maior das lições é que Quentin tinha seus recursos e estava louco para conseguir um pouco mais de dinheiro. "Quer ganhar dez dólares cuidando de um peixinho durante três dias?", perguntou Will, seu irmão mais velho. "Claro!", respondeu ele.

O único gasto de Quentin foram 4,99 dólares em um jogo on-line. "Mas eu não jogo isso há meses", disse ele. "Por que continua aí?" "Nós tivemos que comprar uma assinatura anual", respondeu o pai. "Que péssimo negócio", comentou Will.

Em seguida, analisaram as contas de Peyton, que tinha menos depósitos e mais retiradas. Entre elas: chiclete, balas, metade do pagamento da sua conta de celular e 18,99 dólares referentes à metade do preço de uma placa de vídeo de computador. Os Dwight faziam empréstimos aos filhos para a compra de celulares e computadores, depois pediam que pagassem por cada extra que pedissem para comprar tais aparelhos. Quando a placa de vídeo de Peyton ficou ruim, o pai concordou em pagar a metade do valor de uma nova. Peyton também comprou uma nova escova de cabelo e um novo xampu. "Ele arrumou uma namorada", revelou o irmão mais novo. "Isso custa caro."

As contas de Will eram ainda mais complexas. Para começo de conversa, quando o pai leu os descontos, a família ficou alarmada.

$1,00 — Por não ter arrumado a cama
$1,00 — Por não ter arrumado a cama
$1,00 — Por não ter arrumado a cama
$1,00 — Por não ter arrumado a cama
$1,00 — Por não ter arrumado a cama

"Desde que Will começou a trabalhar como salva-vidas no verão passado, ele não se preocupa com a perda de um dólar de vez em quando", disse a mãe. "De certa maneira, por mim tudo bem", comentou o pai. "Eu acabo gastando menos com ele. Mas acho que, a partir do mês que vem, vamos aumentar a multa para cinco dólares. Ainda somos uma família."

A conta de Will fez com que surgissem mais alguns cenários interessantes. Os Dwight exigem que os filhos peçam permissão para gastar seu dinheiro — para compras maiores, devem fazer o pedido por escrito. As crianças, naturalmente, não gostam disso. "Eu só queria que o meu pai parasse de perguntar como vou usar o dinheiro", disse Peyton. "Ele deve confiar em mim, confiar que não vou comprar drogas nem nada parecido." Mas os pais consideram essa prática uma maneira de evitar gastos tolos. "Nós, pelo menos, fazemos uma pressão para que eles nos peçam permissão", revelou Bill.

No caso de Will, ele recebeu autorização para comprar o jogo Battlefield 2, um video game sobre atiradores de tocaia, mas resolveu trocá-lo por uma arma de pressão, que é utilizada para praticar *paintball* e outros jogos. "Há algum tempo, nós decidimos acatar os gostos de cada um", explicou o pai, mencionando o amor pelos cavalos de uma filha e pelas bicicletas de outro filho. "Alguns hobbies são caros. Mas nós temos limites."

"Sendo assim, a minha paixão são Ferraris!", disse Will.

Após o jantar, perguntei a Bill o que ele havia aprendido bancando o "Doutor Sabe-Tudo" em relação ao dinheiro. Será que ele estava preocupado, por exemplo, com o fato de que dar mesada aos filhos já é uma maneira de ensiná-los a ter responsabilidade financeira?

"Para mim, não se trata disso", argumentou ele. "Na minha opinião, é uma questão de valores, de querer ter esse tipo de conversa com os meus filhos. Nós queremos mesmo comprar esse depurador de ar? Queremos mesmo sair para jantar hoje à noite? A questão é forçar conversas."

"Quer dizer que isso não tem nada a ver com aprendizado financeiro?", perguntei. "Tem a ver com paternidade, certo?"

"Para mim, é isso. Na minha cabeça, não tem nada a ver com aprendizado financeiro, não tem nada a ver com aprender como funcionam as bolsas de valores. Trata-se de entender o conceito das restrições. Eu fiz vários trabalhos aconselhando iniciantes ao longo dos anos, e uma das razões que os fazem tão criativos são as restrições que sofrem."

Segundo ele, Haley, sua filha, adora roupas, e por isso resolveu ensiná-la sobre limitações. Os Dwight pagam os gastos básicos de roupas dos filhos, mas resolveram dar uma ajuda a Haley, um orçamento suplementar, além da mesada normal, de cem dólares mensais. "O nome desse orçamento era Roupa Imediata", disse ele, "e ela ficou claramente interessada."

Olhando para o computador, ele observou os gastos da filha com roupas nos seis anos anteriores. "Dessa forma, podemos ver como ela administrou o orçamento. Em um primeiro momento, ela comprou duas calças jeans de uma marca conhecida. Depois descobriu que poderia comprar coisas no eBay ou consertar uma calça jeans com pequenos defeitos. A criação de restrições força a criatividade", explicou Bill.

Já um pouco mais velha, segundo ele, ela quis comprar um bom vestido de formatura. A família lhe ofereceu cobrir os custos do vestido, mas ela ficaria responsável por qualquer acessório. Ele me mostrou o extrato de gastos da filha no mês de maio do seu ano de formatura, que demonstra tais movimentos.

Sapatos e brincos para formatura — $40,00
Vestido de chiffon iridescente da Neiman Marcus — $439,50

"Isso é quase o orçamento anual dela!", exclamei.

"É verdade. Basicamente, ela passaria o ano comprando apenas camisetas."

"E qual foi a reação dela?"

"Ótima. Ela passou uma noite maravilhosa!"

"E qual foi a sua reação ao vê-la gastar tanto dinheiro?"

"Tudo bem. O dinheiro é dela. As decisões são dela."

Eu fiquei impressionado com tamanha determinação. Em vez de fazer com que os filhos pensassem apenas no presente, ele tentava prepará-los para o futuro. A atitude de Bill diante dos hábitos de compra dos filhos fez com que eu me lembrasse de algo que Eleanor Starr havia me dito meses antes, em Boise: "O meu objetivo é fazer dos meus filhos adultos funcionais."

Bill, que concordaria com ela, disse:

"Quando Peyman me disse que não sabia 'se contratar um seguro para o iPhone era uma atitude inteligente' ou quando Quentin disse não acreditar 'que a World Wildlife Fundation (WWF) gasta o dinheiro das minhas doações enviando-me e-mails', temos conversas de adultos. Quando os nossos filhos foram para a universidade, fiquei surpreso com as histórias que eles nos contaram sobre a relação disfuncional dos seus amigos com dinheiro.

"Eu guardo uma mensagem de Haley no meu celular", contou Bill. "É a seguinte: 'Obrigada, pai.' Ela teve uma amiga com sérios problemas com o pai, e essa mesma amiga sofreu ao aceitar um relacionamento de abusos por parte de um namorado. Com essa frase, Haley me agradecia por ter estado ao lado dela." Bill fez uma pausa para secar uma lágrima no olho. "Vou te dizer uma coisa: não existe nada melhor do que isso."

Livrando-se das rodinhas

Byron Trott é uma espécie de banqueiro das estrelas. E as estrelas, nesse caso, não são de Hollywood, mas sim as mais ricas famílias norte-americanas. Trott, um homem tão bonito que se parece com os atores de Hollywood dos anos 1950, cresceu no que ele descreve como "o lado errado de uma minúscula cidade do Missouri". Hoje, ele mora em uma casa de quase 3 mil m² às margens do lago Michigan. Ex--vice-presidente do banco de investimentos Goldman Sachs, resolveu criar sua própria empresa, que se dedica a aconselhar as cem famílias mais ricas do país. Warren Buffett o chamou de "o único banqueiro em quem confio".

Trott, gentilmente, concordou em se encontrar comigo em uma sala de conferências revestida de madeira em Manhattan. Eu, claro, sempre imaginei que os clientes dele fossem bem-versados na arte de transmitir administração financeira aos filhos, mas ele acabou rapidamente com a minha ingenuidade. "Eu diria que grande parte deles não sabe fazer isso. E é aí que eu entro. Estou aqui para transmitir habilidades capazes de manter as famílias unidas."

O que ele dizia era surpreendente:

1. *Mostre-lhes o dinheiro.* Segundo Trott, a maioria dos pais demonstra uma relutância instintiva na hora de serem honestos com os filhos sobre dinheiro — como ganham, perdem, investem e gastam. Ele me disse que 80% dos estudantes universitários jamais conversaram com os pais sobre administração de dinheiro. Trott aconselha seus clientes a serem completamente honestos.

"Eu digo aos meus clientes que forçar os filhos a aprender a lidar com as finanças é uma das coisas mais importantes que eles podem fazer", explicou ele, citando estatísticas que dizem que, quanto mais os pais conversam sobre dívidas com os filhos, menos dívidas geram; quanto mais escutam falar em poupança, mais poupam.

"O que acontece com muitas famílias é que elas dependem demais da osmose", disse Trott. "Eu me reuni com uma das mulheres mais ricas dos Estados Unidos recentemente e avisei que ela deveria conversar abertamente com os filhos. Ela me disse que não queria sobrecarregá-los com a verdade. Mas sobrecarregá-los com a ignorância é muito pior."

2. *Livre-se das rodinhas.* "Um dos maiores problemas que eu vejo nas famílias é uma relutância em deixar os filhos tomarem decisões sozinhos." Como exemplo, citei a história de Jack Taylor, fundador da Enterprise Rent-A-Car, que, sendo proprietário de uma rede que supera nove bilhões de dólares em faturamento, é tido como o oitavo homem mais rico dos Estados Unidos. Quando o filho de Taylor fez 32 anos, ele lhe entregou a empresa nas mãos e nunca voltou atrás na sua decisão. "Grande parte dos pais se intromete", comentou Trott.

Ele reclamou comigo por eu não permitir que as minhas filhas tomassem muitas decisões sozinhas. Segundo Trott, por exemplo, Linda e eu não deveríamos forçá-las a dividir o dinheiro da mesada igualmente em quatro partes. Deveríamos permitir que elas decidissem as porcentagens, ainda que isso significasse uma distribuição desigual. "Elas continuam com as rodinhas nas bicicletas; chegou a hora de se livrar das rodinhas e deixá-las seguir seus próprios caminhos."

"E se elas acabarem no atoleiro?", perguntei.

"É muito melhor se atolar com uma mesada de seis dólares do que com um salário de sessenta mil anuais ou uma herança de seis milhões. As suas filhas de seis anos podem ter razão ao não querer deixar escapar nem um centavo, investindo tudo ao melhor estilo Warren Buffett, transformando o dinheiro em milhões, antes de começar a gastá-lo. Se Warren Buffett tivesse gastado dez milhões de dólares no meio do caminho, em vez dos cinquenta bilhões que tem hoje, teria dez. E não poderia ter doado quarenta bilhões para a Gates Foundation."

3. *Aceite as suas paixões, sejam elas quais forem.* Buffett é famoso por não querer mimar os filhos. Muito pelo contrário: após a esposa ter dado cem milhões de dólares a cada filho, e vendo que eles não foram destruídos pelo dinheiro, Buffett deu a cada um deles uma fundação de um bilhão de dólares. Trott estava a par dessa decisão, e eu perguntei qual era a opinião dele. O dinheiro sempre estraga as crianças?

"Eu acho que não", respondeu ele. "Já vi muitas crianças realmente ricas que são ótimas pessoas. Por experiência própria, sei que essas pessoas cresceram porque encontraram a sua paixão. Para algumas pessoas, a paixão são os negócios. Para outras, a filantropia. Um dos filhos de Warren é fazendeiro; outro, é músico. Grande parte das famílias não permite que seus filhos sigam suas paixões. Elas acreditam que os gostos dos pais são os mesmos dos filhos, e normalmente não é isso o que acontece. Deveríamos permitir que os nossos filhos desenhem os próprios sonhos."

4. *Coloque-os para trabalhar.* Há muita imprecisão nos círculos acadêmicos sobre crianças e dinheiro, mas os resultados das pesquisas são claros: trabalhos em tempo parcial são ótimos para as crianças. O Youth Development Survey, em St. Paul, Minnesota, seguiu os passos de vários jovens, dos 14 aos trinta e poucos anos, para determinar se a infância deveria ser um santuário de brincadeiras e aprendizado, ou

se o trabalho deveria ser parte integrante dela. Eles descobriram que as crianças que trabalham não perdem o interesse pela escola e não se afastam da família, das atividades extracurriculares nem de voluntariados. Aliás, elas desenvolvem melhor a sua administração do tempo.

O principal responsável pela pesquisa, Jeylan Mortimer, observou que quanto mais "planejados" frente ao futuro forem os adolescentes, maior sucesso e satisfação serão alcançados quando adultos.

Trott está de acordo. "Os adultos de maior êxito que eu conheço começaram a se envolver no mundo dos negócios ainda muito jovens", revelou. "Warren acredita que esse seja o segredo do sucesso. Os nossos filhos devem estar envolvidos nos negócios. Warren diz que eu tenho êxito porque estive envolvido em uma empresa especializada em corte de grama, em uma loja de roupas, em várias coisas diferentes ainda criança, de modo que comecei a entender o que é o dinheiro, embora nunca tenha estudado economia. Segundo ele, o necessário para que alguém tenha êxito financeiro é uma exposição aos negócios no início da vida. Portanto, se você realmente quer que as suas filhas entendam o que é o dinheiro, ajude-as a montar uma barraquinha para vender limonada."

Seu, meu, nosso

Ensinar responsabilidade financeira às crianças é tarefa dura, certo? Mas tente fazer o mesmo com a sua esposa ou com o seu marido!

Para começo de conversa, aquele velho clichê de que o dinheiro é um dos assuntos mais controversos nos relacionamentos é a mais pura verdade. Pesquisadores de Framingham, Massachusetts, pediram a quatro mil homens e mulheres que ranqueassem as suas razões de discussão com a esposa ou o marido. As três respostas mais frequentes foram:

Mulheres	Homens
1. Filhos	1. Sexo
2. Tarefas domésticas	2. Dinheiro
3. Dinheiro	3. Lazer

O dinheiro é o único assunto sobre o qual os dois lados concordam ser alvo de desacordo.

Apesar de seu efeito explosivo, formar parte de uma família é algo positivo. Jay Zagorsky, pesquisador da Ohio State, seguiu o status financeiro de 9.055 pessoas casadas e solteiras durante 15 anos, começando quando elas estavam com vinte e poucos anos. As pessoas que permaneceram solteiras apresentaram um crescimento de riqueza lento, mas gradual, acumulando uma média de 11 mil dólares durante o período. Os que se casaram (e permaneceram casados durante dez anos) acumularam em média 43 mil dólares. Com o passar do tempo, concluiu o estudo, estar casado duplica a riqueza de uma pessoa, enquanto que se divorciar corta a riqueza em 75%.

Os casais têm um claro incentivo financeiro para permanecerem juntos. Mas qual é a melhor maneira de organizar a sua vida financeira para que os ganhos surjam verdadeiramente? John Davis, autor de vários livros, é professor na Harvard Business School e guru na arte de desemaranhar assuntos como família, riqueza e emoções. Dois terços dos negócios mundiais pertencem a famílias. Portanto, trabalho é o que não falta para ele.

Vestindo blazer azul e calça de flanela cinza, Davis fala com autoridade, em um discurso minucioso. "Uma das regras básicas das famílias", ele me disse, "é que 'a estrutura é nossa amiga'. As famílias conhecem muito bem a arte de evitar conversas sobre dinheiro, mas não são tão boas na hora de enfrentá-las. Vocês precisam de um plano."

Davis tem certas regras básicas que passa aos casais:

- Todos os casais devem agendar reuniões trimestrais para conversar sobre assuntos financeiros. A frequência deve ser maior caso estejam passando por dificuldades. (O mesmo se aplica a outros membros da família, caso tenham interesses financeiros em comum.)
- Evite conversar sobre dinheiro em festas de aniversário, jantares em família ou feriados. Tais ocasiões devem ser reservadas à diversão.
- Mantenha um terceiro membro ou uma voz neutra sempre à mesa. Ao fazer isso, vocês manterão o equilíbrio, farão mais perguntas e evitarão o surgimento de rancores.

Porém, o seu conselho mais sutil tem a ver com transpor as diferenças entre esbanjadores e mãos-fechadas, ou seja, ostentadores e econômicos. Ao longo dos anos, vários autores tentaram analisar e classificar as diferentes maneiras de as pessoas lidarem com o dinheiro, mas nenhum desses sistemas se demonstrou certeiro. Independentemente da tendência, Davis disse que as pessoas preferem parceiros com interesses opostos. O normal é haver tensão, e isso pode ser uma coisa boa. Para orientar essa tensão, Davis começa com um simples conselho: divida o seu dinheiro.

"Quando as famílias se tornam muito coletivas, quando os negócios são de todos, a história fica confusa e altamente emocional", explicou ele. "Assim como na sua casa você precisa de um espaço privado que seja só seu, no orçamento você também precisa desse espaço. Você precisa de um dinheiro para dizer: 'Isto é meu; vou fazer o que quiser com ele.'" E, não importa quem leve o dinheiro para casa, uma maneira prática de fazer isso é dividindo os recursos em três compartimentos: seu, meu e nosso.

Uma abordagem similar funciona com as crianças, segundo Davis. Elas devem ser capazes de seguir os seus interesses particulares, ainda que os custos não sejam igualitários. Os Dwight pareciam seguir esse caminho com os seus filhos, mas a situação não é tão simples. "Desde o momento em que saem da barriga da mãe, as crianças devem ser tratadas de forma igualitária", revelou ele.

"Como pai de gêmeas idênticas, sei muito bem disso!", comentei.

"Mas esse não é objetivo correto", disse ele. "O objetivo não deve ser a igualdade, mas a justiça. E a justiça não quer dizer necessariamente igualdade, e a igualdade não é necessariamente justa."

Ele mencionou dois exemplos. "Vamos dizer que um dos seus filhos adore futebol e o outro, arte." Você resolve enviar um deles a uma escola de futebol, mas não existe nenhuma escola de arte na sua região. E aí? "Você deveria anotar cada centavo que gasta com o primeiro? Não, pois o que você está fazendo é responder aos interesses dos seus filhos, não igualá-los. Caso você foque naquilo de que as crianças realmente precisam, e não em quanto está gastando, os dois ficarão satisfeitos."

O segundo exemplo aconteceu com um dos seus clientes. Uma de suas filhas era ótima aluna e chegou à Ivy League. Outro, um menino, era um ótimo atleta, e resolveu ir para uma universidade estadual. Esse menino se aproximou do pai e disse: "Eu já fiz as contas. Você vai investir 15 mil dólares a mais na educação dela do que na minha. Quero um cheque com essa diferença. Vou investir esse dinheiro. Depois veremos onde eu e a minha irmã chegaremos."

"E o que o seu cliente fez?", perguntei.

"Ele disse: 'Nada disso. Estamos ajudando cada um para que vocês prossigam os seus sonhos, mas os seus interesses têm custos diferentes. Vocês fizeram suas escolhas, e foram escolhas justas e honestas.'"

Os conselhos de Davis ajudaram a formar essa colcha de retalhos que eu tricotava com as conversas que estava tendo. As famílias que administram bem o dinheiro compartilham coisas com as famílias que administram bem o tempo, o espaço, os conflitos e o sexo: elas conversam muito, se reúnem com frequência, encontram um terreno em comum e mantêm alguns assuntos em terreno privado. Importante: elas não se esquecem da diversão. Um dos benefícios comprovados do dinheiro é que ele nos permite comprar presentes. Como Davis mencionou, são várias as pesquisas que demonstram que gastar dinheiro com outras pessoas nos traz uma felicidade muito maior do que gastá-lo conosco.

Eu perguntei a ele que objetivos deveríamos tentar alcançar com os nossos filhos. Matriculá-los em uma universidade ou pavimentar o caminho para que eles tenham relacionamentos saudáveis parecem ser objetivos tangíveis. Mas qual é o objetivo quando o assunto é dinheiro?

"Na minha opinião, o que devemos tentar criar em família são pessoas responsáveis, autoconfiantes e criativas", explicou ele. "Ser autoconfiante significa que elas serão responsáveis pelas próprias ações. E ser criativo significa que perseguirão os seus sonhos e farão de tudo para alcançá-los. Ter dinheiro não é o objetivo em nenhum desses casos, mas é um fator necessário para alcançá-los."

6

Conversando sobre bolinhos de chuva

Como conduzir conversas complicadas

Eu já viajei de Nova York a Savannah muitas vezes — para apresentar Linda aos meus pais, para me casar, para levar as nossas filhas pela primeira vez à minha terra.

Mas aquela era a minha primeira viagem com o objetivo expresso de cuidar dos meus pais, que estavam envelhecendo.

O meu pai, que sofre de Parkinson, estava se recuperando de uma cirurgia. Durante semanas, a minha mãe cuidou dele seguindo um elaborado ritual de banhos, refeições e fisioterapia. Porém, algumas horas antes de ele ser levado para um procedimento médico, ela caiu e deslocou o ombro. Resultado: o meu pai estava a caminho de um hospital e a minha mãe, de outro.

Eu e meus irmãos, que vivemos em estados diferentes, telefonamos uns para os outros. Em pouco tempo, eu estava a caminho da casa deles.

A tensão era alta quando cheguei. O meu pai ficou aliviado ao me ver. Era longa a lista de coisas que ele já não conseguia fazer: de atualizar o celular a encontrar um lugar para apoiar os óculos. Mas ele não queria sobrecarregar a minha mãe, por isso se emocionou quando eu me ofereci para organizar a mesa dele.

A minha mãe se sentiu invadida. Ela insistiu, dizendo que tinha tudo sob controle, que não queria me ver organizando os móveis da casa. Além do mais, por que a minha irmã não parava de ligar para os amigos, pedindo que levassem o jantar? O que ela pensava que os seus pais eram, uns inválidos?

Eu fiquei lá menos de uma hora.

Estávamos sentados em um quarto quando essa conversa surgiu, no mesmo local das conversas mais importantes da época em que eu crescia naquela casa. Os meus pais costumavam nos chamar para conversar lá. Naquele momento, o responsável pela reunião tinha sido eu, mas a verdade é que eu ainda não sabia o que dizer. Respirei fundo.

"Queria deixar essa conversa para mais tarde", eu disse, "mas vamos em frente, vamos conversar agora mesmo."

Converse sobre os bolinhos

As conversas difíceis não existem apenas para as famílias infelizes; as famílias felizes também precisam delas. Mas o que tínhamos aprendido nos últimos anos para que tais conversas tivessem êxito?

Três das pessoas que melhor abordaram esse tópico foram os autores de *Conversas difíceis: como argumentar sobre questões importantes*. Se alguém fosse capaz de pedir ao vovô que ele parasse de dirigir, se alguém pudesse insistir para que a mamãe parasse de tomar vodca com tônica, se alguém pudesse se certificar de que nossa irmã não falaria demais no jantar anterior ao casamento, esse alguém eram eles: Sheila Heen e Doug Stone, que escreveram o livro (com Bruce Patton). Os dois me convidaram para jantar, com John Richardson, marido de Sheila e pai dos seus três filhos.

Mas por que essas conversas são tão complicadas para as famílias? De onde vem tanta hostilidade? Eis as respostas.

Quando eu cheguei na casa de Sheila e John, em Concord, Massachusetts, os filhos deles estavam brigando. Ben, de nove anos, não havia comprado um presente de aniversário para Pete, de 12. "Mas você não comprou nada para mim", retrucou Ben. "Comprei, sim", respondeu Pete. "Mas você não gostou do presente."

"Quando foi o seu aniversário?", perguntei a Pete, embora, na verdade, eu quisesse perguntar: "Há quanto tempo vocês discutem isso?" "Foi há cinco meses e uma semana", respondeu ele.

Essas crianças não são um caso isolado; claro que não. Enquanto eu saía para esse jantar, as minhas filhas estavam sentadas, tomando chocolate quente. A avó delas separara seis bolinhos de chuva para cada uma. No entanto, dois dos bolinhos de Eden estavam colados, e ela, de um salto, roubou outro da irmã. "Você sempre rouba as minhas coisas!", reclamou Tybee. "Você é sempre tão perfeita!", retrucou Eden. Em questão de segundos, as duas estavam chorando.

Antes de entrar no terreno dos adultos, eu estava curioso para saber como Sheila e John, que também trabalham com resolução de conflitos, lidavam com esse tipo de briga entre os seus filhos.

Os problemas entre irmãos são os mais comuns em qualquer família. Segundo estudiosos do assunto, quando irmãos entre três e sete anos estão juntos, eles entram em conflito em média três vezes e meia a cada hora. Somados, esses conflitos duram cerca de dez minutos. Hildy Ross, da Universidade de Waterloo, no Canadá, descobriu que apenas uma de cada oito dessas brigas termina em acordo ou reconciliação. As outras sete terminam quando uma das crianças desaparece após ter apanhado ou sido intimidada pelo irmão ou irmã.

A razão que leva os irmãos a brigar tanto costuma ser o fato de levarem um ao outro muito a sério, e esse é o mesmo motivo que os faz brigar quando crescem. Os irmãos sabem que continuarão ligados uns aos outros, não importando o que aconteça. A socióloga escocesa Samantha Punch disse: "Na relação entre irmãos, as fronteiras da interação social podem ser levadas ao limite. A raiva e a irritação não precisam ser contidas, enquanto a educação e a tolerância podem ser negligenciadas."

Laurie Kramer, professora de estudos familiares aplicados na Universidade de Illinois, devotou sua carreira ao tema dos irmãos. Ela criou um programa chamado "Mais diversão com irmãs e irmãos", que oferece habilidades para eles lidarem com suas frustrações e reconstruírem relacionamentos desgastados. Ela acredita que os conflitos entre eles, quando jovens, não necessariamente os afetarão a longo prazo. É bem possível que tudo esteja solucionado quando crescerem. O importante é que se divirtam juntos, para equilibrar com os maus momentos. Essa "rede positiva" é o que pode gerar bons relacionamentos quando eles forem adultos.

Kramer diz que os pais podem ajudar ao reclamar menos dos maus comportamentos e celebrar melhores comportamentos. Alguns exemplos práticos:

- Para reduzir as brigas durante as refeições, faça com que os irmãos passem ao menos vinte minutos juntos, envolvidos em alguma atividade que reforce suas conexões.

- Para aumentar o companheirismo, dê aos irmãos tarefas para fazerem juntos, o que construirá confiança e um sentimento de realização.
- Para aumentar a confiança, passe dez minutos junto com cada um dos seus filhos, todas as noites, fazendo algo que tenha a ver com eles: lendo um livro, conversando sobre os esportes que praticam, contando histórias.

Mas a principal dica de Kramer me atingiu em cheio: envolva-se na briga dos seus filhos. Isso parece óbvio, mas eu costumava fazer o oposto com as minhas filhas. Quando uma delas se aproximava de mim reclamando da irmã, dizendo que ela tinha "roubado" um brinquedo, pisado no pé ou chamado-a de não sei o quê, eu dizia: "Eu não sou juiz. Resolvam isso sozinhas." E sempre imaginei que fosse uma estratégia moderna de criação de filhos, que deveríamos ensiná-los a ser independentes, e não a se acomodarem, esperando sempre que os pais resolvam problemas.

"Mas a gente não vai conseguir resolver nada!", reclamavam elas.

Talvez elas tivessem razão. Segundo Kramer, crianças com menos de oito anos costumam ser "incapazes" de resolver sozinhas os seus conflitos com os irmãos. "A pesquisa que eu fiz com alguns colegas", revelou ela, "demonstrou claramente que, para crianças que não têm habilidades na arte de administrar conflitos, é *muito* importante que os pais interfiram para ajudá-las." Ela recomenda que ajudemos as crianças oferecendo "kits de ferramentas" para a resolução de difíceis conflitos.

Mas o que deveria haver nesses "kits de ferramentas"? Sheila e John me deram alguns conselhos. A primeira coisa que comentaram foi sobre uma técnica que utilizam com adultos, mas que poderia ser empregada com crianças. A técnica consiste em três passos:

1. *Pensar primeiro em si.* "Quando um dos meus filhos se aproxima de mim", relatou Sheila, "ele quer uma resolução. Seja por conta de presentes de aniversário ou de bolinhos de chuva, o que eles querem é saber quem está com a razão. Eu e John costumamos evitar esse papel."

O passo mais imediato é tentar acalmar ambas as partes, segundo ela, ou "ir ao camarote do teatro", como costuma dizer Bill Ury. As crianças talvez devam passar alguns minutos cada uma em seu quarto, ou lendo um livro.

Depois você poderá se aproximar dos dois lados para tentar entender o que aconteceu. "Com crianças", explicou John, "normalmente surge uma briga para decidir quem começou o problema. Eu sempre digo que não quero saber quem começou, mas sim quem fez o que para que a briga não terminasse logo."

"Ainda que um deles esteja errado", completou Sheila, "eu pergunto ao outro: 'O que você estava fazendo antes da briga?'. E ele fica manso e diz: 'Eu... bem...'"

2. *Sentir curiosidade pela outra pessoa.* Depois que a criança resolve pensar em sua própria responsabilidade, o passo seguinte é fazer com que ela explore a motivação da outra pessoa. "Uma boa maneira é induzir certa curiosidade sobre o que o outro está pensando", disse Sheila. "Se ensinamos uma criança a pensar na pessoa com a qual ela entrou em conflito, esse aprendizado será ótimo para o resto da vida dela."

3. *Desculpar-se.* Eu já li opiniões bem diferentes sobre forçar uma criança a pedir desculpas. Alguns dizem que é um passo necessário, enquanto outros pensam que se trata de uma bobagem. Sheila acredita no arrependimento: "Pedir desculpas tem dois significados: um é descrever o que realmente sentimos; outro é assumir a responsabilidade pelo impacto que causamos na vida de alguém. Estou mais interessada no segundo significado, em aceitar a responsabilidade pelas nossas escolhas, ainda que na verdade não nos sintamos tão culpados. E isso porque, mais tarde, quando a adrenalina baixar, a culpa virá." Além do mais, segundo ela, as pesquisas demonstram que é raro entrar em conflito após um pedido de desculpas.

"A chave é manter os olhos atentos ao cenário geral", revelou John. "O nosso primeiro instinto, quando as crianças estão brigando, é pensar: 'Eu não aguento mais! Quem liga para bolinhos de chuva?!'"

Eu concordei, empolgado.

"Mas elas ligam", continuou ele. "Superficialmente, o tema pode parecer serem os bolinhos, mas na verdade a situação tem a ver com: 'Eu estou sendo tratado de forma justa pelo mundo?' E as crianças arrastam esse questionamento durante toda a vida, até que um dia não podem mais brigar por bolinhos e passam a brigar por quem cuidará dos pais, quero dizer, de vocês."

A maior lição que aprendi com essa troca de ideias foi: *conversem*. A conversa não resolverá todos os conflitos, mas construirá possíveis comportamentos para resolução de conflitos que serão benéficos mais tarde. Esse conselho me fez lembrar as palavras de Byron Trott sobre dinheiro: é muito melhor permitir que uma criança cometa um erro com uma mesada de seis dólares do que com um salário de sessenta mil ou uma herança de seis milhões. O mesmo se aplica às conversas difíceis. Converse sobre o bolinho de hoje, ou você terá que conversar sobre ele durante o resto da vida.

Crie uma terceira história

Sheila, John e Doug são muito íntimos entre si. Trata-se de uma reminiscência dos anos que passaram juntos na universidade. Sheila tem cabelos castanhos à altura dos ombros, além de um tipo de esperteza elegante muito comum em velhos filmes franceses. Ela é casada com John, ex-advogado que hoje é um negociador profissional. Um homem moreno com sorriso sarcástico. Sheila fundou uma empresa de consultoria com Doug, o mais alto e robusto dos dois homens. Profissionalmente, Doug trabalhou em crises no Chipre e na Etiópia.

A ideia central do livro de Sheila e Doug sobre conversas difíceis é tentar não enxergá-las como incidentes isolados, mas como parte integrante da grande narrativa de um relacionamento. Para fazer isso, são necessários quatro passos:

1. *Em primeiro lugar, demonstre interesse pelo outro lado da história.* Essa é a versão adulta do seu conselho para as crianças. Tente entender o que motiva o outro. As conversas difíceis quase nunca envolvem o lado certo dos fatos, mas sim a forma como as pessoas os percebem. Tente primeiro entender o ponto de vista do outro.

2. *Conte a sua história depois.* Após conhecer a versão do outro, tente entender os sentimentos não verbalizados por trás da sua própria versão e, só depois, *conte ao outro como você se sente.* Se você não lhe contou como se sente de verdade, não pode ficar bravo por não ser ouvido.

3. *Criem uma terceira versão da história juntos.* Quando as duas histórias foram contadas, não escolha entre uma delas; aceite as duas. Como vocês estão lidando com uma diferença de percepção, ambos os lados têm razão. Quando uma "terceira versão da história" emerge, vocês poderão começar a esboçar um acordo.

4. *Lembrem-se: esta não será a última história entre vocês dois.* Especialmente no caso de famílias, saiba que vocês terão muitas outras conversas como essa juntos. A história não termina aqui. Converse sobre maneiras de manter os canais de comunicação abertos no futuro.

Mas como isso funciona na vida real? Cada um dos três me ofereceu um exemplo de coisas que aconteceram com eles. (A pedido deles, evitei alguns detalhes.)

- Um homem de oitenta e poucos anos, frágil, com a doença de Alzheimer em estado avançado, entra em uma sala de emergência. Os médicos dizem que ele precisa passar por uma cirurgia invasiva que poderia aumentar a sua sobrevida em algumas semanas. Três dos seus quatro filhos acreditam que chegou a hora de dizer adeus ao pai. Mas um deles, o mais jovem, não concorda, dizendo: "Nós precisamos fazer de tudo para salvar a vida do papai."
- Um homem de quarenta e poucos anos quer confessar uma coisa que poderia dividir sua família. Ele e a esposa vivem afastados um do outro. Não fazem amor há anos. O tormento e a vergonha que sentem são implacáveis. Ainda assim, todos os enxergam como o casal ideal, e ninguém da família jamais se separou. Ele teme que os pais lhe virem as costas e que seus irmãos se afastem. No Dia de Ação de Graças, ele passa cinco horas na praia para não ter que contar a verdade a todo mundo.
- Uma mulher de quase cem anos, ainda saudável, vive sozinha na casa onde criou seus dois filhos. Certo dia, ela sofre uma queda em seu adorado jardim. O filho, que mora em outro estado, acha que já é hora de ela ir viver com a filha, sua irmã, que mora perto. Mas a filha se recusa. Os netos temem que esse impasse cause uma cisão na família.

O que aconteceu em seguida, nessas três situações, revela como expectativas fora de lugar descarrilam esse tipo de conversa antes mesmo que elas comecem.

A mulher de cem anos que mora sozinha personifica a lição número 1 (*Em primeiro lugar, demonstre interesse pelo outro lado da história*). Os filhos dessa mulher entraram em um impasse sobre se ela deveria continuar morando sozinha ou se mudar para a casa da filha. Durante anos, ninguém fez nada. Finalmente, uma das netas não aguentou a situação e resolveu se meter. Ela ligou para a tia. Porém, em vez de entrar em confronto, demonstrou curiosidade. "Estou querendo saber por que você não quer que a vovó more aí."

"Porque ela vive em função do jardim dela", respondeu a tia. "Ela cuida daquelas plantas desde a década de 1940, e não para nem no inverno. Se sair de lá, tenho medo que perca a vontade de viver."

"A resposta foi muito persuasiva", disse Doug, e imediatamente alterou toda a dinâmica. "Agora eu entendi!", disse a neta. Eis um lembrete de que devemos estar abertos à possibilidade de não termos todas as informações.

Melhor ainda: quando o tema sobre onde a vovó deveria morar foi esclarecido, o restante das decisões tomadas foram muito menos dolorosas. A vovó permaneceu onde morava e hoje, aos 104 anos, vive feliz ao lado da filha.

A segunda história, do homem de quarenta e poucos anos que tinha medo de contar à família a sua decisão de se divorciar, personifica as lições número 1 e número 2. No mesmo dia em que foi à praia, ele acabou não tendo escolha e foi obrigado a contar aos pais que o seu casamento estava chegando ao fim. Ele esperava reprovações, esperava ouvir: "Você é um fracasso."

No entanto, o que a mãe dele disse foi: "Filho, eu sinto muito." E o pai dele foi igualmente compreensivo.

"Ele não tinha entendido bem as regras da família", explicou Sheila. "Ele não traiu a esposa. Eles não tinham filhos. Ser um marido leal é importante, mas tem as suas limitações."

O erro dele foi não entender exatamente o que ele significava para a outra parte interessada — sua própria família. Isso nos leva à lição número 1: ele não demonstrava interesse pela outra parte, pois imaginava saber o que eles sentiam. "Algumas vezes, a história que contamos para nós mesmos é falsa", explicou Sheila.

Mas esse homem cometeu outro erro ao não expressar claramente a dor que sentia. Eis a lição número 2: ele não analisou a própria versão da história.

Após sua confissão, a família se reuniu. Ele foi convidado a morar com um dos irmãos durante o processo de separação. Os pais dele perguntaram como ele estava se sentindo. Em vez de se sentir um peso para a família, ele se sentiu protegido.

Os irmãos que não chegavam a um acordo sobre a cirurgia do pai ilustram a lição número 3 (*Criem uma terceira versão da história juntos*). Após a discussão na emergência do hospital, quando eles não concordaram em dar sinal verde à operação, a situação piorou. O irmão a favor da operação gritou com os demais.

"Não podemos fazer isso com o papai!", reclamou ele.

A irmã retrucou: "Você está perdendo a cabeça. Deixe que ele descanse."

Finalmente, um terceiro irmão se aproximou e disse: "Quero entender o que você está sentindo." E o irmão contrariado começou a chorar. "Eu acho que podemos trazê-lo de volta. O papai não pode resolver por si mesmo; alguém precisa decidir no lugar dele." Tal conversa durou mais de uma hora.

Perto do final, o filho contrariado se sentiu respeitado e certo de que havia ajudado o pai. O irmão reafirmou que o que fariam seria decidido por todos, e juntos chegaram a um consenso.

"A conversa resolveu completamente o problema", disse John. "No entanto, o mais importante foi que conversar fez diferença na relação entre os irmãos. Todos ficaram em paz com a decisão. Ninguém se sentiu negligenciado. Em vez de se dividir, a família se aproximou ainda mais."

No dia seguinte, os quatro irmãos se reuniram para estar ao lado do pai no momento da sua morte.

A Lei das Duas Mulheres

Esses três exemplos começaram por conta de crises, o que não é estranho. John DeFrain, psicólogo de Nebraska, entrevistou famílias que ele chamou de "fortes". Dessas famílias, 25% citaram doenças sérias ou cirurgias como as causas das mais complicadas crises que tiveram que enfrentar nos últimos cinco anos. Outros 20% disseram que o pior havia sido uma morte na família.

Mas esses tipos de crises não são os únicos detonadores de conversas difíceis. Às vezes, o problema é apenas um dilema que se arrasta há muito tempo — uma decisão financeira ou qualquer escolha multifacetada que impacte muita gente. Sheila e Doug me apresentaram uma maneira de lidar com tais conversas, mas essa não é a única técnica que existe. A maneira complexa pela qual as equipes tomam decisões duras é uma das arenas mais ativas na ciência social contemporânea. Eis quatro sugestões que emergiram da minha pesquisa e que podem ser aplicadas às famílias:

1. *Muito general para pouco soldado*. Nos últimos tempos, foi devotada muita atenção à superioridade do poder de decisão dos grupos frente aos indivíduos. *A sabedoria das multidões*, de James Surowiecki, é um livro essencial sobre o assunto. Ele começa a sua narração com a história do cientista britânico Francis Galton, que em 1906 visitou uma feira de animais. Galton chegou a um local em que os visitantes tinham que adivinhar o peso de um boi gordo. Oitocentas pessoas tinham tentado chegar à resposta correta.

Galton não acreditava que uma "pessoa normal" pudesse determinar a resposta com exatidão, e isso lhe pareceu um ótimo veículo para provar "a estupidez e a cabeça-dura de muitos homens e mulheres". Após a competição, ele calculou o significado de todas as respostas. Coletivamente, a multidão calculara que o boi, já abatido, pesaria pouco menos de 543 quilos. Na verdade, ele pesava pouco mais de 543. A multidão, em outras palavras, calculara perfeitamente. Como Surowiecki escreveu: "O que Francis Galton percebeu naquele dia, na feira de Plymouth, foi uma verdade simples, mas poderosa: sob circunstâncias corretas, os grupos são incrivelmente inteligentes, e ainda mais espertos que as pessoas mais espertas que deles fazem parte."

Muitas evidências sustentam tal visão. Brian Uzzi, sociólogo da Universidade de Northwestern, reuniu dados dispersos em 21 milhões de trabalhos científicos publicados em todo o mundo, de 1945 a 2005, e descobriu que os esforços em equipe costumam ser vistos como de maior qualidade que os esforços individuais. E que tipos de grupos são mais eficientes? Uzzi analisou 321 musicais da Broadway e descobriu que os grupos de pessoas que nunca se encontraram antes não funcionam bem e produzem maiores fracassos. Ao mesmo tempo, grupos de pessoas que trabalharam juntas anteriormente também não alcançam tanto sucesso, pois tendem a repetir ideias e não trazem nenhum conceito novo. O melhor é a mistura de novos e antigos laços, onde existe confiança, mas também espaço para que novas ideias possam fluir.

Famílias grandes, com a sua mistura de pais, irmãos, tios, idosos, pessoas de vinte e poucos anos, além dos ocasionais parentes irresponsáveis, são uma mistura perfeita para delinear as vantagens heterogêneas dos grupos.

2. *Primeiro vote; depois converse*. Fiquei surpreso ao saber que os grupos costumam se sair melhor na tomada de decisões quando os participantes expressam sua visão sobre um assunto no início de um encontro, *antes* de escutar os demais. Inúmeros estudos demonstram que, quando uma discussão começa, as pessoas que falam antes tendem a persuadir as demais, mesmo quando estão equivocadas.

Daniel Kahneman nos ofereceu uma ideia útil: "Uma regra simples pode ajudar: antes de um assunto ser discutido, todos os membros devem escrever um breve resumo da sua posição." Esse procedimento assegura que o grupo tirará proveito da ampla gama de conhecimento e opiniões que existem entre os seus membros. "A prática mais comum da discussão aberta dá um peso muito grande às opiniões dos que falam antes e são assertivos, fazendo com que os demais permaneçam à sombra deles", completou Kahneman.

Quando a visão de todos está clara, a conversa é muito mais produtiva.

3. *Lance mão do* premortem. Quando a conversa atinge um clímax, é importante incentivar as pessoas a expressar suas verdadeiras opiniões, especialmente se estão em desacordo com o grupo. Uma forma de fazer isso é conduzindo o que o psicólogo Gary Klein chama de *"premortem"*. Quando os grupos passam a pensar no passado — imaginando que um acontecimento já chegou ao fim —, eles aumentam sua habilidade de identificar corretamente o que pode ter dado errado.

Um *premortem* facilita esse processo. Quando o grupo estiver a ponto de chegar a uma decisão importante, mas ainda não estiver oficialmente comprometido, um membro diz: "Vamos nos imaginar daqui a um ano: estamos seguindo esse plano, mas ele não funciona. Vamos escrever o que parece ter dado errado."

Segundo Klein, o principal valor de um *premortem* é legitimar as dúvidas e deixar que as vozes céticas sejam escutadas. Como ele escreveu: "No final, o *premortem* pode ser a melhor maneira de contornar a necessidade de um doloroso *postmortem*."

4. *A Lei das Duas Mulheres*. A minha dica favorita para facilitar conversas complicadas em família é o que chamo de "A Lei das Duas Mulheres". Certa noite, eu estava jantando com um executivo do Google e perguntei qual havia sido a mudança mais significativa que ele já vira na maneira como as reuniões eram conduzidas na empresa onde trabalha. Sem hesitar, ele me respondeu que a empresa exige a presença de mais de uma mulher na sala. Logo em seguida, resumiu o estudo que gerou tal princípio.

Em 2010, um grupo de pesquisadores da Carnegie Mellon, do MIT e do Union College publicou um estudo na revista *Science* chamado "Evidências para um fator de inteligência coletiva na performance de grupos humanos". Os cientistas analisaram cuidadosamente 699 pessoas, que trabalharam em grupos de dois ou cinco, tentando determinar se existia a "inteligência coletiva". E, em caso positivo, qual seria a sua causa. Após descobrir que os grupos tomavam melhores decisões do que os indivíduos isoladamente, os pesquisadores partiram para uma segunda questão, e ficaram surpresos com os resultados.

Dois fatores tiveram maior destaque. Primeiro: os grupos nos quais poucas pessoas dominam a conversa são muito menos eficientes do que aqueles onde todos têm voz. Segundo: os grupos com uma alta proporção de mulheres são mais eficientes. Tais grupos se demonstraram mais sensíveis às informações de todos, mais capazes de chegar a um acordo e mais eficientes na tomada de decisões.

Esses pesquisadores não estão sozinhos. Um crescente corpo de evidências de várias disciplinas diferentes demonstrou que uma maior quantidade de mulheres nos grupos faz com que eles funcionem melhor. Em 2006, cientistas da Wellesley levaram a cabo uma extensa pesquisa sobre as mulheres que formavam parte da direção das empresas presentes na lista da revista *Fortune*. O trabalho, intitulado "Massa crítica sobre conselhos de administração: por que três ou mais mulheres melhoram a governança corporativa", descobriu que uma única mulher em um conselho administrativo pode fazer uma contribuição significativa, mas que duas são melhores do que uma. Chegando ao número de três mulheres, no entanto, é ainda mais fácil que elas sejam ouvidas. Por quê? Como o pesquisador Sumur Erkut resumiu: "As mulheres apresentam um estilo de liderança colaborativa que beneficia a dinâmica da sala de reuniões, potencializando a escuta, o apoio social e as dinâmicas de resolução de problemas ao estilo 'ganhamos todos'."

Resultados similares foram demonstrados entre juízes. Um estudo da Universidade da Califórnia, em Berkeley, descobriu que a presença de pelo menos uma mulher em um painel de três juízes federais rompe o instinto de polarização dos homens e deixa o grupo mais deliberativo. Quando duas mulheres estão sentadas no comitê, o efeito é ainda maior.

Tais estudos podem ser considerados exemplos isolados, mas dizem o mesmo que um crescente corpo de pesquisa surgido nos últimos anos, e tal corpo demonstra que as mulheres costumam ser mais cooperativas, mais sensíveis às emoções alheias e mais interessadas em construir um consenso, e todas essas habilidades são extremamente úteis em conversas complicadas envolvendo grandes famílias. Se você está tomando uma decisão complexa, quanto mais mulheres estiverem envolvidas, mais fácil será chegar a uma decisão final que deixe todo mundo contente.

Cuidando dos pais

A situação que fez os meus pais encararem um problema médico ao mesmo tempo ocorreu poucos dias após o meu encontro com Sheila, Doug e John. Essa crise me forçou a testar tudo o que eu havia aprendido sobre conversas difíceis.

Sentado no recanto dos meus pais, eu estava nervoso. Tinha pouca experiência em conduzir conversas como aquelas, nas quais era eu o responsável por cuidar deles, e não o contrário. O meu pai, que havia testemunhado a própria mãe lutar contra o Alzheimer, certa vez resumiu muito bem isso: "Cuidar dos pais é muito mais complicado do que cuidar dos filhos."

Comecei lentamente. Como eu já tinha percebido os sentimentos deles (o medo do meu pai, a sensação da minha mãe de estar sendo invadida), senti-me obrigado a "demonstrar interesse pelo outro lado". Agora havia chegado a hora de contar a minha versão da história. Ou melhor, nesse caso, a versão era minha e dos meus irmãos. Para nós, era uma tristeza não morar perto deles, eu disse. Não queríamos tomar conta da vida deles dois, e nem poderíamos fazê-lo se quiséssemos. Queríamos apenas dar algum apoio, da mesma maneira como eles nos deram quando éramos jovens. Certamente, de alguma maneira, poderíamos ajudar. "O nosso corpo está longe, mas vocês podem continuar contando com a nossa mente", eu disse. "Deixem que a gente cuide daquilo que pode ser terceirizado."

A conversa foi um sucesso, e aquele fim de semana foi o momento mais decisivo que eu passei ao lado dos meus pais em muitos anos. No entanto, havia um assunto pendente: a minha mãe estava pensando em contratar um seguro de enfermagem, para o caso de sofrer uma doença que a debilitasse. O meu pai não poderia cuidar dela, e todos nós morávamos longe. Mas um seguro desse tipo é caro.

Como muitas pessoas que se preocupam com pais que envelhecem, eu e meus irmãos estávamos cada vez mais envolvidos com as finanças deles dois. Nós monitorávamos as contas e as despesas deles. Após anos resolvendo tudo isso sozinhos, eles não gostavam muito dessa intromissão.

Mas a situação era outra. Quando o meu pai mudou de celular, por exemplo, eu rapidamente descobri que ele estava pagando duzentos dólares por um plano mensal, e era cliente da mesma empresa havia dez anos. Em pouco tempo, consegui reduzir essa conta para menos de quarenta dólares. Tal experiência me fez revisar todas as contas dos meus pais: eletricidade, água, televisão a cabo e seguro. A boa notícia é que eles passaram a economizar centenas de dólares por ano. A má notícia foi que isso gerou conversas complicadas quando eu fui obrigado a interrogá-los sobre as despesas e, gentilmente, sugerir que já não precisavam de certas coisas.

Alguns especialistas sugerem a exigência de uma "carteira de motorista financeira" aos idosos norte-americanos, para que possam provar suas habilidades. Se a minha experiência serve de ajuda para alguém, eu diria que essa "carteira de motorista" parece uma boa analogia: vocês podem tomar suas próprias decisões, mamãe e papai, mas, por favor, garantam que os seus filhos estejam a bordo.

Com um ponto a seu favor, a minha mãe entendeu que não deveria tomar a decisão de contratar um seguro sozinha, e pediu que eu estudasse as opções. Quando chegou a hora de tomar uma decisão, sugeri que fizéssemos uma reunião familiar, ainda que virtual. Ninguém concordou. O meu pai disse que a carga emocional daquele assunto era muito grande para ela. A minha irmã disse que ela não entendia nada sobre seguros. O meu irmão disse estar muito ocupado com outros assuntos familiares.

Mas eu insisti. Nós precisávamos ouvir todas as opiniões, eu disse, incluindo as mais emocionais e as menos informadas. Ainda que de maneira relutante, todo mundo aceitou. Durante a conferência, eu perguntei a todos as opiniões de cada um sobre o caso. Dois eram contrários ao plano (inclusive eu). Três estavam a favor. Um não votou. Logo depois, a minha mãe começou a chorar: "Eu não quero ser um fardo para os meus filhos", lamentou-se ela. A minha irmã se aproximou, oferecendo consolo. Eu fiquei impressionado. A minha reação teria sido muito mais impaciente. Porém, com a mamãe sendo ouvida (por conta da ajuda de uma segunda mulher, claro!), continuamos a estudar as propostas.

Discutimos os vários prós e contras. Em um dado momento, o meu pai entrou na conversa com algumas questões interessantes. Eu sentia uma mudança no ambiente. Resolvi tentar um *premortem*. Se contratássemos o seguro e depois nos arrependêssemos, quais seriam as razões para isso? O gasto de dinheiro, todos concordaram. E se não contratássemos, do que poderíamos nos arrepender? Se a mamãe ficasse doente, talvez a gente não pudesse pagar os cuidados de que ela viesse a precisar.

Finalmente, votamos. A resposta foi unânime: contrataríamos o seguro.

A nossa conversa complicada teve um ponto crucial em comum com as conversas relatadas por Sheila, Doug e John: todas envolviam membros de família, de gerações diferentes, com agendas conflitantes e emoções não verbalizadas; pessoas que tentavam seguir em frente em situações delicadas. E todas sublinhavam uma importante característica das famílias: a dinâmica do poder está em constante mudança.

Os pais devem cuidar dos filhos quando eles são pequenos, mas os próprios filhos ficam surpresos quando são chamados para cuidar dos pais quando estes envelhecem. Os irmãos costumam brigar quando crianças, mas se sentem obrigados a trabalhar juntos quando adultos.

Nós pensamos na família como uma entidade enraizada em velhos hábitos. Pensamos no nosso papel nessa família como algo fixo. No entanto, são duas ideias equivocadas. Uma coisa que aprendemos com as conversas difíceis é que as famílias são mutáveis. As dificuldades estão em qualquer lugar, assim como as soluções. Quem hoje nos rouba um bolinho de chuva pode, algum dia, nos oferecer um chocolate quente.

7

Lições da Mamãe do Sexo

O que a sua mãe nunca contou sobre sexo (mas deveria ter contado)

"Vai começar!", uma das meninas gritava. "A conversa sobre sexo! Pessoal, vocês têm que escutar isso!"

Era um domingo à noite, no início de setembro, e duas dezenas de meninas adolescentes, do grupo de natação da Newtown High School, no noroeste de Connecticut, almoçavam na casa de madeira branca de Kate e Brad Eggleston. Havia espaguete, cachorro-quente, refrigerantes, saladas e brownies. Dali a quinze segundos, elas receberiam uma lição sobre felação, camisinha e como dizer "não".

Kate Eggleston se autointitula "Mamãe do Sexo". Ela é uma orgulhosa dona de casa, representante da classe média norte-americana. Kate oferece carona, prepara *chili* sem carne, além de maçã assada que parece batata frita, e vai a todas as competições das quais participam suas três filhas adolescentes e seu filho de 12 anos. Além disso, ela gosta de tomar uma taça de vinho com o marido, que está ficando careca, mas ainda é muito bonito, ao final de um longo dia, com a porta do quarto fechada. E também adora conversar com os próprios filhos e com os filhos dos seus amigos sobre sexo.

Tudo isso começou quando a filha mais velha dela, Brady, na época com mais ou menos dez anos, voltou do colégio falando em "boquete". Kate ficou sem saber o que fazer. "O que é boquete?", ela perguntou à filha. "Sexo oral", respondeu Brady. "Todo mundo faz isso." "Sério?", perguntou Kate. "O que você quer dizer?" "Bem, *oral* quer dizer conversar", respondeu a menina, "então isso significa conversar sobre sexo."

Kate sorriu. "De certa maneira, foi uma resposta muito inteligente", ela me disse. "Quando expliquei à minha filha o que exatamente significava aquilo — colocar um pênis na sua boca —, ela me disse: 'Meu Deus! Não pode ser!' E ficou arrasada. Esse linguajar é comum nos dias de hoje, mas as crianças não têm a menor ideia do que significa. Foi então que percebi que elas precisam de mais informações."

Em um primeiro momento, ela começou com calma; depois passou a ter mais confiança, ajustando suas palavras à idade dos ouvintes. Após um jantar, ela sempre se aproximava de um grupo de meninas. Também aproveitava para conversar com os meninos quando eles ligavam para conversar com as suas filhas. Ela conversou muito durante caronas, o que lhe parecia particularmente eficaz, porque ninguém poderia se afastar. Chegou a deixar uma caixa de camisinhas no balcão da cozinha, com o cuidado de antes retirar algumas delas para que ninguém pudesse rastrear quem ou quando as havia usado. Todo mundo começou a chamá-la de "Mamãe do Sexo", a valente mulher que tentava livrar os conhecidos da ignorância.

Mas nenhum pai pediu que ela se afastasse dos seus filhos?

"Não", respondeu ela. "Muito pelo contrário. Eles pediam ajuda. Uma amiga certo dia me procurou dizendo: 'Eu não consigo! Não consigo! Não sou capaz de conversar sobre sexo com o meu filho!' E eu respondi: 'Você precisa conversar.' Até que um dia ela entrou na minha casa como se fosse Rocky Balboa, e disse: 'Eu consegui! Consegui conversar!' Eu fiquei olhando para ela. 'Chegou ao tema do pênis e da vagina?', perguntei. Ela foi embora, mas voltou no dia seguinte. 'Pronto!' 'Sério?', questionei. 'Mas o que ele disse?' 'Ele disse que não acreditava em mim, que chamaria o pai.'"

Naquela noite, com tudo preparado, ninguém do time de natação ficou surpreso quando a senhora Eggleston caminhou em direção à mesa, sem pestanejar, e fez a sua breve palestra. Eram quatro as suas regras:

1. *Boquete também é sexo.* ("Você não acredita na quantidade de meninas que pensam que sexo oral não conta.")
2. *Use sempre camisinha.* ("Eu costumo fazer breves demonstrações com os meus dedos, mas a enfermeira da escola não permitiu.")
3. *Quando não somos maduros o suficiente para comprar uma camisinha, não somos maduros o suficiente para fazer sexo.* ("Eu digo aos jovens:

enquanto a sua mente não seguir o ritmo do seu corpo, o melhor a fazer é esperar.")

4. *Só faça sexo quando não tiver nenhuma dúvida.* ("Se você é capaz de conversar sobre qualquer coisa com seu namorado, se você é capaz de dizer *não*, isso significa que está começando a entender.")

E o que as meninas costumam pensar dessas breves palestras?

"Por que você não pergunta a elas diretamente?", sugeriu ela. "Você já esteve em um quarto com adolescentes? Não tem ideia de tudo o que escutará!"

Quem tem medo dos pássaros e das abelhas?

Chegou a hora de conversar sobre o bicho-papão para os pais: o sexo. Para grande parte das famílias, é o assunto mais difícil de ser abordado. Pensar no sexo no âmbito familiar (de como conversar com as crianças até como conseguir o melhor resultado possível com os adultos) foi simplesmente o tópico mais complicado que encontrei.

A sexualidade nunca foi discutida abertamente na minha casa quando eu era mais novo, e isso, de certa maneira, fez com que eu permanecesse um pouco perdido na hora de tocar no assunto com as minhas filhas. Também parece impossível descobrir o que fizeram as famílias que tiveram êxito no assunto. Por fim, quando comecei a mergulhar no tema, percebi que Linda e eu já tínhamos cometido vários grandes erros.

Vamos começar com a pesquisa, que por si só já derrubou alguns mitos. A primeira revelação é que os adolescentes são muito mais castos do que imaginamos. Eles pisam na bola algumas vezes, se é que se pode dizer assim, mas não fazem isso com tanta frequência. O Guttmacher Institute, autoridade mais respeitada no âmbito da sexualidade adolescente, diz que apenas 13% dos adolescentes têm experiências sexuais antes dos 15 anos. Grande parte dos adolescentes faz sexo pela primeira vez por volta dos 17 anos. O mais incrível é que, em sessenta anos, esses números pouco mudaram. Aliás, a idade até subiu um pouco recentemente. A razão mais comum dada pelos adolescentes para não fazer sexo é que isso é contrário à sua religião ou à sua moral. Em segundo lugar, principalmente para as meninas, está o fato de que elas "não querem engravidar" e "não encontraram a pessoa certa". Portanto, para começo de conversa, podemos vencer o nosso pânico. Há muito mais sexo nos programas de televisão assistidos pelos nossos filhos do que no sofá onde eles estão sentados.

Eis a notícia positiva. Agora vamos à negativa: os pais são uns fracos na hora de conversar sobre sexo com os filhos. Os adolescentes com vida sexual ativa — mãos, bocas, genitais, você sabe como é — não têm muita informação sobre o assunto. Quando eles atingem o clímax, 40% o faz sem nunca terem conversado com os pais sobre controle de natalidade nem doenças sexualmente transmissíveis. No caso dos meninos, esses números são particularmente preocupantes. Um estudo da Universidade de Nova York descobriu que 85% das meninas conversa com os pais, contra apenas 50% dos meninos. Pesquisadores da Universidade da Califórnia descobriram que quase 70% dos meninos nunca conversou sobre como usar uma camisinha ou qualquer outro tipo de controle de natalidade antes do ato sexual.

Até mesmo pais que conversam sobre sexo com os filhos tiram o corpo fora antes de chegar aos assuntos mais espinhosos, como coerção ou como dizer "não". Se você acha que isso não faz diferença, pense na Europa, onde, segundo as pesquisas, o sexo é discutido mais abertamente nas famílias: os adolescentes começam a vida sexual em média dois anos mais tarde, e a taxa de gravidez na adolescência é oito vezes menor.

Outro dado que ficou claro nas pesquisas: as famílias fazem uma diferença enorme não apenas no que os filhos sabem sobre sexo, mas na idade em que começam a ter vida sexual ativa. Vários estudos demonstraram que as crianças que vivem com os dois pais biológicos têm a sua primeira experiência sexual mais tarde do que as demais. Além disso, o nível de afeto dos pais com os filhos e a ligação que os filhos sentem com os pais também interferem no tempo de início da vida sexual.

As mães são especialmente influentes. Jessica Benjamin, da Universidade de Nova York, descobriu que as meninas assumem o seu código genético nos dois primeiros anos de vida, identificando-se com a mãe. Conforme elas crescem, se a mãe desvaloriza o próprio corpo, não para de falar em dietas e não se sente desejável, desvalorizando a sua sexualidade, as filhas farão o mesmo. E isso também vale para os meninos. A mãe é tão importantes como portão de entrada à sexualidade que um estudo do Girl Scout Institute descobriu que 61% dos jovens procura a mãe para tais conversas, e apenas 3% deles procura o pai.

No entanto, ainda assim, o pai é importante. Um famoso estudo da Add Health, com noventa mil adolescentes, demonstrou que as meninas que mantêm uma relação mais próxima com o pai são mais propensas a atrasar o início da sua vida sexual. O envolvimento do pai também gera maior confiança nas filhas e nos filhos, aumentando sua sociabilidade e autoconfiança. A ausência do pai, por outro lado, gera vários efeitos negativos, de menstruação prematura nas meninas à agressão entre os meninos. A mensagem deixada por tudo isso tem muitos pontos em comum com outras áreas da minha pesquisa. O sexo, como vários outros aspectos da vida, é um assunto de família.

"Eu adoraria que os meus pais tivessem me contado"

A primeira vez que notei que Linda e eu estávamos seguindo um caminho errado sobre o assunto com as minhas filhas foi quando li *Your Daughter's Bedroom* [O quarto da sua filha], de Joyce McFadden. Joyce é uma psicanalista e havia tido o seu primeiro bebê, em Nova York, no momento do ataque terrorista de 11 de setembro. Preocupada com sua segurança, ela se mudou com a família para Long Island. No entanto, ao se sentir distanciada dos amigos, ela desenvolveu uma nova forma de se encontrar com outras mulheres, passando a pedir que elas descrevessem seus mais íntimos sentimentos pela internet. Joyce escreveu 63 perguntas abertas que cobriam todos os aspectos, de tristeza ao nascimento de filhos e beleza, e postou tais perguntas com o título "Estudo sobre as realidades das mulheres", convidando-as a responder a tudo que quisessem.

Em pouquíssimo tempo, três mil questionários foram respondidos, e os resultados foram surpreendentes. As três perguntas mais populares versavam sobre sexo — e não sobre qualquer aspecto do sexo. Os tópicos sobre os quais as mulheres mais queriam conversar eram aqueles que não eram discutidos em casa quando elas eram jovens: menstruação, masturbação e a vida romântica da mãe delas. McFadden escreveu sobre tudo isso em seu livro, reunindo dados de pesquisas, entrevistando especialistas e também mulheres comuns.

Certo dia, nós nos encontramos para tomar um café e ela me contou o que considerava as maneiras mais eficientes de abordar a sexualidade com meninos e meninas.

Lição 1: *Nunca é cedo demais para começar.* Tenho uma confissão a fazer: quando eu dava banho nas minhas filhas ou me sentava ao lado delas enquanto estavam aprendendo a usar o penico, eu nunca mencionava os genitais. Eu me sentia constrangido ou com medo. "Lave as suas partes íntimas", eu dizia, ou "Lave o lugar de onde vem o xixi". Aparentemente, não estou sozinho nessa história. Pesquisas demonstram que 50% das meninas de dois anos e meio conhecem o nome correto dos genitais masculinos, mas não o dos seus. Na nossa cultura, os meninos têm pênis, mas as meninas tem "lá embaixo".

McFadden ficou assustada com isso. "Como pretendemos fazer com que as nossas filhas estejam confiantes com seu corpo se não somos capazes nem sequer de mencionar o nome de certas partes?", perguntou ela. "Quando a minha filha tem assaduras por causa da fralda, eu pergunto: 'Os seus lábios vaginais estão machucados?', ou 'Quer passar creme na sua vagina?', e nunca: 'Está doendo ali?'

"Nós temos tanto medo de dizer a coisa errada", continuou ela, "ou que eles nos perguntem sobre sexualidade, que não contamos nada. Na minha opinião, tudo é uma questão de linguagem: nariz, lâmpada, cadeira, mamilo. Nós não trocamos o nome de orelhas, costas, unhas. Por que trocar o nome dos órgãos genitais?"

A Academia Norte-Americana de Pediatria concorda com isso. Em um texto da academia publicado em 2009, foi recomendado conversar com crianças a partir dos 18 meses sobre sexualidade. Nessa idade, "é importante ensinar às crianças o nome real das partes do seu corpo. Inventar nomes pode passar a ideia de que existe algo ruim com o nome correto". Para o momento em que os seus filhos começarem a fazer perguntas, o texto da Academia de Pediatria recomenda respostas cuidadosas:

- Não sorria nem dê risadinhas, mesmo que a pergunta soe engraçadinha. O seu filho não deve sentir vergonha da própria curiosidade.
- Seja breve. O seu filho de quatro anos não precisa conhecer os detalhes de um relacionamento sexual.

- Perceba se ele precisa ou quer saber algo mais. Pergunte: "O que eu falei responde a sua pergunta?"

Lição 2: É mais fácil conversar com uma criança de nove anos do que com um adolescente de 13. As histórias sobre menstruação descritas em *Your Daughter's Bedroom* [O quarto da sua filha] são de partir o coração. As meninas sentem horror, vergonha, culpa, nojo. Algumas mulheres relatam que suas mães as insultaram quando elas menstruaram pela primeira vez; outras, que seus pais se afastaram e nunca mais as abraçaram. O livro de McFadden inclui frases memoráveis ditas por tais mulheres:

Eu adoraria que os meus pais tivessem me contado todos os detalhes antes que acontecesse, e não depois.

Eu adoraria que a minha mãe se sentisse mais confortável com o próprio corpo e que tivesse sido capaz de transmitir isso para mim.

Eu adoraria ter aprendido tudo isso de uma maneira que me deixasse animada e orgulhosa, em vez de ansiosa.

Segundo McFadden, tais respostas lhe revelaram que é importante começar a conversar sobre menstruação quando as meninas estão no seu período latente, entre os sete e os oito anos. "Nós fazemos isso depois", disse ela. "Esperamos até chegarem à adolescência, quando elas se afastam de nós, e tentamos conversar. Se você começar quando elas forem mais jovens, elas vão absorver tudo e se sentir felizes com o aprendizado."

Eu contei tudo isso a Linda, e ela aparentemente absorveu tais ideias. Poucas semanas mais tarde, eu estava dando banho nas meninas, tentando encontrar coragem para seguir esse conselho, e disse a Tybee: "Lave a sua va... va... vagina." "Ah, claro", respondeu ela, animada. "Não está muito vermelha agora, papai. Mas não se preocupe: logo eu vou ficar menstruada e ela vai ficar muito vermelha."

Lição 3: Um pouco pode ser bastante. Se eu disser à minha filha de oito anos que um bebê é produzido introduzindo um pênis em uma vagina, o que acontecerá quando ela descobrir que essa não é a única razão para introduzir um pênis em uma vagina? Esse assunto parece complicado de ser abordado.

"Mas nós não temos esse problema com outros assuntos", explicou McFadden. "Quando matriculamos os nossos filhos na escolinha de futebol, não costumamos dizer: 'Agora você está jogando entre os grandes' ou 'Precisamos conversar sobre esteroides'. O mesmo acontece quando dizemos às crianças: 'Isso é a letra *A*'; e quando mais tarde comentamos: 'Aqui está ela, na palavra *MAÇÃ*'; e depois: 'Esse é um livro sobre maçãs'. O simples fato de apresentarmos aos nossos filhos a letra *A* não significa que devamos contar a eles a história de *Anna Karenina*."

Não se trata "daquela conversa"; são várias conversas

E o que os filhos pensam de os pais ficarem conversando com eles sobre sexo? Eu perguntei isso às meninas do grupo de natação da Newtown, na casa de Kate e Brad Egglestone. As três filhas deles estavam presentes: Brady (de 19 anos), hoje no segundo ano da universidade, Zoe (de 16) e Eliza (de 14). O irmão mais novo delas estava espiando, mas foi colocado para dormir. As meninas queriam liberdade para conversar.

Elas receberam a sua primeira lição sobre sexo entre os oito e os dez anos. "Acho que eu tinha oito", disse Eliza. "Eu escutei a minha mãe conversando com a minha irmã sobre o pênis ser introduzido na vagina, corri para o quarto e perguntei: 'Sobre o que vocês estão conversando?'"

A mãe explicou tudo às duas filhas, e naquela noite a notícia correu solta. Eliza, deitada na cama, disse às irmãs: "A família Johnson... nove filhos! Nossa! A família Coffee, cinco! Nossa!" E começaram a pensar nos professores: "O sr. Bircher. Nossa!" No dia seguinte, ela ligou para os avós. "Vovó, você fez sexo?" "Sim, Eliza, eu fiz sexo."

"Nossa!"

E alguma das meninas achava que havia uma idade em que se é muito jovem para aprender sobre sexo?

"Eu acho que não", respondeu uma delas. "Nós aprendemos sobre o nosso corpo na banheira, porque era natural. Por volta dos oito anos, é natural começar a ouvir expressões como 'comer', pois é assim que os meninos falam."

"É importante entender que já não se trata 'daquela conversa'", comentou Brady. "São várias conversas. Uma delas acontece quando somos mais jovens. Outra, quando somos mais velhos. Quando a gente entende isso, está tudo resolvido. Quando somos crianças, aprendemos coisas novas todos os dias!"

Em seguida, perguntei: "Vocês queriam *mesmo* ouvir isso dos seus pais?"

"Quando ouvimos essas coisas dos nossos amigos, ficamos com uma visão muito distorcida", disse uma das meninas. "A mesma coisa acontece quando vemos na internet. Quando ouvimos dos nossos pais, pelo menos sabemos que é a verdade."

"Às vezes, eu fico perdida", disse outra menina. "Sou obrigada a fingir, dizendo: 'Sim, eu sei o que é.' Mas não sei sobre o que estão falando. Quando estou com a minha mãe, sei que ela não vai rir de mim."

"Mas vocês fazem perguntas aos seus pais ou ficam caladas, esperando que eles se aproximem?", perguntei.

"Eu fico mais à vontade se não precisar perguntar", disse Zoe. "Para mim, funciona assim." Ela então colocou os dedos nos ouvidos e em seguida os afastou um pouco. "Eu finjo não escutar, mas na verdade estou escutando."

Em seguida, eu disse a elas que queria conversar sobre menstruação. "Sendo homem, não me sinto bem falando sobre isso", confessei, "mas, sendo pai, estou começando a perceber que preciso falar sobre o assunto."

"Em primeiro lugar", disse Zoe, "não use a palavra menstruação. Prefira ciclo menstrual."

"O termo técnico para a primeira vez é menarca", expliquei.

"Se continuar usando essa palavra, assunto encerrado."

As primeiras menstruações são acompanhadas de muita ignorância, choro e trauma, elas disseram. Mas também mencionaram algo que eu nunca tinha ouvido antes: satisfação. Eis a maneira como as famílias felizes resolvem essa situação, segundo McFadden.

"Eu estava muito nervosa", disse Brady. "A minha mãe prometeu que eu poderia colocar um piercing na orelha. Ela me levou para jantar com a minha tia-avó em um restaurante caro. Eu pedi cappuccino. Coloquei um quilo de açúcar no café, mas o gosto continuava horrível."

Kate Eggleston chama isso de "festa do ciclo", e passou por ela com cada uma de suas filhas. Ela chegou a preparar kits com absorventes, chocolates, coisas salgadas e um CD com músicas apropriadas, como "I Am Woman", de Helen Reddy. Ofereceu o mesmo kit a todas as meninas da vizinhança. A Mamãe do Sexo se transformou na Mamãe do Ciclo.

Por último, fiquei imaginando se essas meninas não teriam dicas para dar aos homens sobre como conversar com filhos de ambos os sexos sobre assuntos relacionados ao sexo. Elas foram muito diretas.

- *Seja honesto.* "Você ama o seu pai e tudo o mais", disse uma delas, "então por que esconder as coisas dele? Mas o seu pai não pode julgar, caso você surja com uma pergunta."
- *Não sinta nojo.* "O meu pai odeia quando o lixo está cheio de absorventes", disse uma das meninas. "Ele fica fora de si. Certa vez, nem sequer foi capaz de comprar absorventes para mim em uma farmácia. Mesmo que fique sem graça, finja estar tudo bem, pois dessa maneira os seus filhos se sentirão mais à vontade."
- *Nunca se chateie.* "Eu disse ao meu pai que não faria nenhuma grande besteira, sexualmente falando, se ele prometesse não gritar comigo quando eu fizesse alguma besteira pequena, sem sentido."
- *Relaxe.* "Conversar com os seus filhos sobre sexo não significa dar carta branca", disse Brady. "Nós sabemos a diferença."

A fórmula da felicidade conjugal

Construir um diálogo saudável com seus filhos sobre sexualidade é apenas uma das questões. Para os pais, existe também a complicada questão de manter uma relação saudável como casal... e eu imaginava que o pior seriam os filhos!

Como sempre, vamos começar com as mais recentes pesquisas, e algumas são ótimas surpresas. São várias as evidências de que o sexo é uma dádiva para as famílias. O sexo melhora a nossa saúde, o nosso humor e aumenta a conexão que sentimos com nossos parceiros (quando praticamos sexo com eles, claro). Os homens são particularmente sortudos. Um estudo inglês descobriu que homens que chegam a três ou mais orgasmos por semana têm uma possibilidade 50%

menor de morrer por conta de uma doença cardíaca. Pesquisadores australianos descobriram que a ejaculação frequente reduz o risco de câncer de próstata. Por outro lado, cientistas de Belfast acompanharam um grupo de cem homens de meia-idade durante uma década, e os homens que disseram chegar a um número maior de orgasmos apresentaram uma taxa de mortalidade 50% mais baixa que os preguiçosos. Força, homens, a sua vida depende disso!

As mulheres também se beneficiam. Os orgasmos femininos aprimoram o sistema imunológico, ajudam a dormir melhor, tranquilizam a vontade de comer porcarias ou fumar e chegam a reduzir a depressão. Em 2002, um estudo da Universidade de Nova York descobriu que as mulheres cujos parceiros não usam camisinha são menos sujeitas à depressão. Certos pesquisadores acreditam que o hormônio protaglandina, encontrado no sêmen, pode agir como antidepressivo.

Ainda mais significativo é que a monogamia, mesmo repleta de defeitos, aparenta ser uma instituição confiável. Noventa por cento das pessoas casadas dizem ser fiéis, segundo a General Society Survey, da Universidade de Chicago. Após uma vida inteira juntos, 28% dos homens admitem ter traído a esposa, contra 15% das mulheres.

Todas essas novidades sobre a sexualidade tornam as informações sobre sexo no casamento ainda mais difíceis de serem ouvidas: com o passar do tempo, os casais fazem cada vez menos sexo. Pesquisadores da Universidade da Geórgia estudaram mais de noventa mil mulheres de todos os continentes e concluíram que "quanto mais tempo as pessoas estão casadas, menos sexo praticam". Os casais fazem 52 vezes menos sexo no segundo ano de casamento do que no primeiro. No terceiro ano juntos, diminuem mais 12 vezes. E a taxa vai caindo progressivamente.

O casamento parece diminuir a qualidade do sexo. Uma pesquisa com noventa mil pessoas, feita por David Schnarch, diretor do Marriage & Family Health Center, no Colorado, descobriu que metade dos casais diz que o sexo que praticam é bom, mas previsível. Outros 17% foram além, dizendo que o seu sexo era desprovido de paixão, mecânico e nada erótico.

Tais realidades podem afetar a qualidade da vida familiar. Em um estudo muito elegante, o especialista em comportamento Robyn Dawes examinou a satisfação matrimonial e desenhou uma fórmula simples e inegável:

Felicidade matrimonial = frequência de sexo – frequência de discussões

Portanto, o que um casal com problemas na cama deveria fazer? Durante anos, o conselho mais comum era tentar se aproximar do parceiro. Tudo, de sessões de terapia a programas matinais de televisão, diz aos casais que eles devem "consertar" o relacionamento, pois dessa forma "consertarão" o sexo. Essa ideia nasceu de uma teoria: a noção de que, quanto mais próximos somos dos nossos pais quando crianças, mais sucesso teremos nos nossos relacionamentos adultos. A questão seria encontrar nos nossos amantes a mesma segurança e os cuidados que recebíamos dos nossos pais. Sem intimidade, o sexo não pode florescer. É por isso que recebemos conselhos como: tenham noites em casal, passem um tempo juntos, tentem suprir os desejos e as necessidades dos seus parceiros... e imediatamente a libido surgirá, junto com faíscas.

Acabando com a tirania das 11 da noite

De que maneira essa teoria funciona no seu quarto? Para responder a essa pergunta, eu me encontrei com uma das vozes mais interessantes do movimento "novo sexo". Esther Perel é inteligente, atraente e pode ser uma mulher bem dura. Nascida na Bélgica, ela fala nove idiomas, e todos em um tom de voz sexy e inflexível (além disso, ela é casada com uma pessoa nascida em Tybee Island, Geórgia). Perel é autora do best-seller internacional *Sexo no cativeiro*, a bíblia desse novo movimento. Eu lhe pedi que me ajudasse a entender como os casais de famílias altamente funcionais mantêm aceso o fogo do sexo.

"Eles sabem o que o sexo significa para eles", disse ela. "O sexo não é algo que fazemos; é um momento que temos. Quem é bom no sexo sabe o que quer expressar nesse momento. Trata-se de um lugar de escape? Um lugar de rebelião? Um lugar para ser seguramente agressivo? A chave da questão é nunca se esquecer de que se trata de prazer. O assassino do sexo é a obrigação.

"Eu sou filha de sobreviventes do Holocausto", revelou Perel. "Na minha comunidade, existem dois grupos: os que não morrem e os que voltam à vida." Os que não morrem, explicou ela, permanecem atados ao passado; não voltam a assumir riscos, não brincam. São pessoas casadas há anos, que praticam o sexo sem sentir nada.

"As pessoas que voltam à vida são as que reivindicam a sua capacidade de sonhar, imaginar, viver. São casais que vivem descobrindo coisas novas com seus parceiros."

Quando os casais reclamam sobre a chatice da sua vida sexual, segundo Perel, eles às vezes querem mais sexo, mas *sempre* querem melhor sexo. "E o tipo de sexo a que se referem tem a ver com renovação, com brincadeira, com conexão. Esse tipo de sexo é um antídoto à morte."

Existem várias maneiras de renovar tal conexão, explicou ela. O que funciona para algumas pessoas pode não funcionar para outras. Ainda assim, ela me deu algumas sugestões, que misturei com outras dicas, colhidas de outras pessoas, e reuni neste roteiro para o sexo em relacionamentos longos.

Onde
- *Esqueça a cama*. A palavra *fracasso* está escrita em toda a sua extensão. Procure outras superfícies da casa.

Quando
- *Acabe com a tirania das 11 da noite.*
- *Seja espontâneo*. Cancele um almoço com um amigo e marque um encontro no meio da tarde. Acorde cedo, antes de as crianças despertarem. Faça qualquer coisa que pareça um pouco transgressora.

Como
- *Use um vocabulário pornográfico*. Criem e-mails privados de onde possam enviar mensagens secretas um para o outro. Use o iChat, o Skype, ou envie uma mensagem de texto antes de uma grande noite de prazer, para criar excitação.
- *Pratique o sexo com as luzes acesas ou com os olhos abertos*. Tente ver "além dos olhos" do seu parceiro.

- *Seja egoísta.* Em primeiro lugar, preocupe-se com você; depois, com o seu parceiro.
- *Não reprima os gemidos.* As pesquisas não cansam de repetir que os "sons copulatórios femininos" são muito importantes. Um especialista identificou 550 sons unicamente femininos. Até o *Kama Sutra* comenta a importância do gemido, recomendando que as mulheres escolham entre "sons de pombas, cucos, papagaios, abelhas, rouxinóis, gansos, patos ou perdizes".

Eu fiquei chocado pela coincidência das ideias de Perel com as que ouvi em outros momentos da minha pesquisa sobre famílias felizes. O sexo, assim como a negociação, é algo que devemos praticar e aperfeiçoar. O sexo, a vida sexual, não pode seguir uma rotina. Ele precisa ser ágil.

Durante o nosso encontro, Perel sugeriu que fizéssemos uma brincadeira rápida. Cada um de nós deveria terminar a frase: "Eu perco a vontade quando...".

Ela começou: "Eu perco a vontade quando checo os meus e-mails antes de ir para a cama."

Eu: "Eu perco a vontade quando demoro muito escovando os dentes, tomando remédios e indo para a cama."

Ela: "Eu perco a vontade quando não tenho tempo de ir à academia."

Eu: "Eu perco a vontade quando tenho que tirar vinte travesseiros da cama."

"Como você pode ver", disse ela, "90% das respostas não têm nada a ver com o sexo em si. Elas têm a ver com a sensação de estar desestimulado. Mas vamos ver o oposto: eu fico com vontade quando saio para dançar."

"Eu fico com vontade quando digo o que quero."

"A questão é", explicou ela, "o fato de que cada um de nós é responsável pelo próprio desejo. Somos responsáveis por ter ou não vontade de fazer amor. Eu perguntei a pessoas de 24 países a mesma coisa: o que aproxima você do seu parceiro? E as respostas foram parecidas em todos os lugares. As mais repetidas: quando ele está longe, quando ela volta, quando estamos separados e nos reencontramos. Em segundo lugar: quando vejo essa pessoa no trabalho, no palco, surfando, cantando; quando vejo o meu parceiro fazendo algo que adora. E em terceiro: quando ele me faz rir, quando me surpreende, quando ela se veste de maneira diferente, quando me apresenta algo desconhecido."

Segundo Perel, o mais próximo a uma verdade universal sobre casais felizes é: eles combinam o familiar e o não familiar em uma tensão controlável. "Os casais com vida sexual feliz", segundo ela, "gostam do que fazem. Eles aproveitam o que acontece naquele momento. E fazem o possível para seguir reinventando o que acontece por lá."

Existe outra coisa que os casais podem fazer, comentou ela, e que pode ajudá-los em sua vida sexual e na futura vida sexual de seus filhos. "Seja sexual na frente dos seus filhos." Isso não significa dar beijos ardentes, trocar carícias nem nada mais explícito, revelou ela. A discrição dos pais é aconselhável, mas vocês podem oferecer aos seus filhos um exemplo positivo e saudável do que é a sexualidade em uma família cheia de amor. Quando vocês se censuram, passam tal censura às gerações seguintes. Quando mantêm os seus desejos escondidos, ensinam os seus filhos a fazer o mesmo.

"Em um primeiro momento, eles vão estranhar os flertes na frente deles", disse Perel. "Depois, quando ficarem mais velhos, vão dizer: 'Vocês poderiam fazer isso no quarto?'. Já adolescentes, eles se sentirão confortáveis para segurar na mão do namorado na frente de vocês. Quando essas coisas acontecem, podemos ter certeza de que a nossa atitude sexual em família é saudável."

Segundo ela, tanta conversa sobre sexualidade enquanto nossos filhos são pequenos não é tempo perdido, pois, dessa maneira, poderemos criar um ambiente aberto, integrando a sexualidade à nossa família.

8

O que o amor tem a ver com tudo isso?

Um teste simples que salvou milhares de famílias

Finalmente, Susanne Romo conseguiu se sentir feliz. Ela e o marido, Ernie, viviam em uma casa banhada pelo sol, próxima ao oceano Pacífico, em Chula Vista, bem perto de San Diego, Califórnia. A casa tinha um quintal espaçoso para a cadela da família, Maggie, adotada em um canil. Os dois trabalhavam juntos, vendendo Seguros Farmers, e alcançaram o nível *platinum elite*. Além disso, eram voluntários em colégios locais. Após uma infância complicada, Susanne, com seus trinta e poucos anos e um eterno sorriso aberto no rosto, encontrou a vida que sempre quis ter.

Se não fosse pelo seu casamento...

"Eu sofri a crise dos sete anos", disse ela. "Disse ao meu marido que a culpa não era falta de amor, pois eu ainda o amava; eu simplesmente não me sentia conectada a ele.

"O Ernie adora ficar vendo televisão. Adora mesmo", explicou ela. "Ele é um homem caseiro, tem centenas de DVDs, uma tela plana de 52 polegadas e um sistema de som surround." Após o jantar, ele retorna à sua caverna e fica vendo programas de esporte ou discussões políticas. Ela o acompanha para passarem um tempo juntos. Mas Susanne logo fica entediada, ressentida.

"Nos primeiros anos de casamento, nós fazíamos muitas coisas. Caminhávamos na praia, tomávamos uma taça de vinho, e até corríamos juntos, sem rumo", revelou ela. "Ele fazia coisas incríveis pelo nosso relacionamento. Mas agora, tudo o que fazemos é sentar no sofá."

Às vezes, ela fica no quintal durante as noites, brincando com o cachorro.

Certo dia, porém, Susanne foi a uma conferência sobre o mundo das finanças. "A palestrante falou sobre o seu casamento, sobre quanto ele havia sido sólido, feliz. Mas disse que os dois começaram a entrar em uma rotina. Essa história me pareceu tão familiar...", contou ela.

A palestrante recomendou um livro chamado *As cinco linguagens do amor*, do dr. Gary Chapman. Susanne, que não estava acostumada a receber conselhos matrimoniais em conferências sobre seguros, ficou intrigada. E encomendou um exemplar do livro.

"De repente, o eixo da minha vida mudou de posição", revelou ela. "Não apenas o meu casamento, mas a minha vida familiar por completo, e isso despertou aquilo de que eu precisava para me sentir amada e para amar os demais."

Certa tarde, ela terminou de ler o livro e saiu correndo em direção à "caverna do marido".

"Querido, eu quero te mostrar uma coisa", disse ela. "Acho que isso pode ajudar o nosso casamento."

Casamento e amor

Casamento. Eis a pedra fundamental de tantas famílias. Seja um primeiro casamento, um segundo, um casamento arranjado pela família, uma união estável ou simplesmente um relacionamento comprometido que envolva a criação de filhos. Uma parceria entre adultos é o ponto central de grande parte das famílias. Porém, também é uma das situações mais complicadas de ser ajustada.

E qual é a última tendência sobre a melhor maneira de lidar com isso?

O casamento foi o tema de uma onda de novas pesquisas, grande parte delas encorajadora. Ainda que você tenha ouvido (ou sentido) coisas contrárias, o casamento é um dos caminhos que, comprovadamente, levam à felicidade. Alguns desses caminhos podem ter uma correlação reversa. Como Jonathan Haidt escreveu em *The Happiness Hypothesis* [A hipótese da felicidade]: "As pessoas felizes se casam antes e permanecem casadas por mais tempo do que aquelas com nível de felicidade mais baixo."

Porém, como Haidt e vários outros estudiosos demonstraram, o casamento promove várias mudanças que deixam as pessoas mais felizes. As pessoas casadas fumam e bebem menos, pegam menos resfriado, dormem mais horas e comem em horários mais regulares (este último fato também tem um lado negativo, já que as pessoas casadas tendem a engordar, como qualquer um que tenha estado em uma reunião escolar poderia comprovar). O resultado de todos esses benefícios à saúde é: as pessoas casadas simplesmente vivem por mais tempo. Não é de estranhar que uma pesquisa feita com 59.169 pessoas, de 42 países, determinou que as pessoas casadas alcançam maior satisfação na vida do que as solteiras.

O casamento, aliás, é uma instituição com muito mais êxito do que as pessoas pensam. A tão citada estatística de que 50% dos casamentos terminam em divórcio é assustadoramente enganosa. O casamento passou por enormes mudanças nas décadas de 1960 e 1970, como resultado da emancipação feminina e da revolução sexual. No entanto, para os pobres coitados que se casaram antes dessas mudanças, a taxa de divórcios realmente chega aos 50%.

Mas vem diminuindo desde então. Hoje, nos Estados Unidos, o divórcio alcançou sua menor marca em trinta anos, e o seu pico foi em 1979. A razão principal para isso é o fato de as pessoas estarem se casando mais tarde. O maior risco de divórcio é casar antes dos 24 anos. E o maior prognosticador de êxito matrimonial é casar após a formatura da universidade. Em seu livro *Felizes para sempre*, Tara Parker-Pope demonstrou que a taxa de divórcio em dez anos, para mulheres diplomadas e casadas na década de 1990, é de meros 16%.

Todas essas notícias são boas para as famílias. Quanto mais felizes as pessoas se sentem no casamento, mais feliz será a família delas. Mas isso levanta uma séria questão: se o casamento é tão importante para a família, por que eu sou mais feliz fora dele?

Os americanos se perguntam isso há mais de um século, desde que o casamento deixou para trás a sua aura de instituição baseada, sobretudo, na estabilidade econômica e na criação dos filhos, e passou a ser uma instituição baseada na felicidade pessoal e na "busca da alma gêmea". Os resultados são variados. Como Rebecca L. Davis registrou em seu livro, *More Perfect Unions* [Uniões mais perfeitas], o negócio do enriquecimento matrimonial passou por muitas modas, da análise freudiana à hipnose, sem contar os treinamentos de sexo tântrico.

Recentemente, grande parte dos caminhos tradicionais da assistência matrimonial esteve sob mira. A terapia de casal foi atingida por uma crítica interna. Em 2011, o editor da principal publicação da área escreveu uma história de destaque sobre a frustração crescente nesse campo. Os profissionais se sentem "confusos, perdidos com pelo menos um dos [seus] pacientes, ou fora de controle", escreveu ele.

Abordagens mais populares, por outro lado (de acender velas a reservar um tempo para o parceiro), também foram atingidas. Outras ideias, como escutar atentamente, repetir o que a esposa diz e responder em tom suave são encaradas como utópicas, irritantes, ou as duas coisas. (Um amigo meu, após uma aula de escuta ativa, estava caminhando na praia com a esposa, repetindo respeitosamente o que ela dizia. "Então você não está feliz com a maneira como eu reagi?" "Você se desapontou com o meu comportamento." Após um tempo, ela o encarou, perguntando: "Pelo amor de Deus, por que você não para de repetir tudo o que eu digo?")

Sendo assim, o que um casal deve fazer? Não existem novidades por aí?

Claro que existem, mas elas surgem em lugares inesperados.

Poção do amor número 5

Pouco depois das nove, em uma perfeita manhã de verão, Gary Chapman subiu no altar da Igreja de Cristo de Brentwood Hills, nos arredores de Nashville. Era o início de um seminário de seis horas intitulado "O casamento que você sempre quis". O evento foi inspirado no livro do dr. Chapman, *As cinco linguagens do amor*, que vendeu oito milhões de exemplares nos Estados Unidos e foi traduzido para quarenta línguas.

Quase mil pessoas lotaram o local. Alguns homens vestiam blazer; outros, jeans e camiseta. As mulheres usavam vestidos leves ou blusas de cores fortes. Uns poucos casais estavam de mãos dadas, e outros, de braços cruzados, como quem diz: "Estou aqui contra a minha vontade."

"Isto parece a Arca de Noé", murmurou Linda. "Todo mundo em pares."

Aos seus 73 anos, o dr. Chapman não parece ser o guru que é. Ele usa calça cáqui e um suéter. Mas o seu poder de atração é o seu estilo direto, comportando-se como alguém da nossa família. "O meu objetivo hoje é que o casamento de vocês melhore", disse ele. "O casamento melhora ou piora; nunca fica estagnado. E eu espero que o casamento de vocês não piore por terem vindo aqui." Risadas tomaram conta do salão.

"A chave para um casamento de sucesso se resume a uma palavra: *amor*", disse ele. "Mas nós não somos amantes por natureza. Somos seres autocentrados. Eu quero demonstrar que o amor não é simplesmente um sentimento; é uma forma de pensar, de se comportar. Isso poderá exigir uma mudança importante para alguns de vocês, mas eu sei que serão capazes. Vamos começar."

Gary Chapman não decidiu se tornar um especialista em casamento. Ele nasceu em China Grove, Carolina do Norte (local com uma população de duas mil pessoas). O pai dele, que abandonou a escola secundária, era o dono de um posto de gasolina Shell. O dr. Chapman foi o primeiro membro da família a frequentar a universidade e o Moody Bible Institute, em Chicago. "Quando estava terminando a escola secundária, eu senti um forte chamado, como se Deus quisesse que eu seguisse uma espécie de missão", foi o que ele me disse, na noite anterior àquele seminário, em uma de suas raras entrevistas. "Eu só conhecia duas coisas que poderia fazer no âmbito cristão: uma delas era ser pastor de igreja; a outra, missionário. Eu não gosto muito de cobras, por isso imaginei que deveria ser pastor."

De volta à Carolina do Norte, após sua ordenação, ele começou a oferecer breves lições sobre casamento e família, e ficou assustado com o número de casais que pediam para visitá-lo em seu escritório para conversar. Chapman também se sentiu atraído por todas as novas pesquisas que envolviam tal teoria, especificamente sobre a experiência de estar "apaixonado". O divórcio era cada vez mais comum, e vários estudiosos tentavam descobrir por que o amor surgia tão de repente e desaparecia com ainda maior velocidade. Em 1977, a psicóloga Dorothy Tennov cunhou o termo "limerência" para descrever o sentimento compulsivo de sentir-se atraído por alguém e desejar, obsessivamente, a reciprocidade. Esse estado não dura mais do que dois anos, concluiu ela.

O dr. Chapman descreveu essa teoria à sua plateia de Nashville: "Você não conseguirá fazer nada quando estiver apaixonaaaaaaado. Estar apaixonado é um caminho para a insanidade. Eu chamo de entorpecimento. No entanto, ninguém nos avisa que esse entorpecimento desaparece. Quando voltamos ao normal, surgem as diferenças. Nós começamos a discutir. Conhecemos outra pessoa no trabalho. Somos entorpecidos por essa pessoa. Pouco depois, ficamos loucos por essa pessoa e começamos a pensar: 'Não posso continuar casado. Eu não amo você. Aliás, acho que nunca amei.'" Ele fez uma pausa. "Precisamos interromper esse ciclo, e eu quero lhes mostrar como."

Nos anos 1980, o dr. Chapman começou a vascular mais de uma década das suas próprias anotações, pois queria identificar os diferentes caminhos utilizados pelas pessoas para expressar o amor. "Todos os adultos têm um reservatório de amor", comentou ele. "Quando nos sentimos amados pela nossa esposa, tudo vai bem. Quando o reservatório está vazio, o mundo começa a parecer um lugar obscuro." E, nesse momento, os desafios surgem, porque cada indivíduo tem uma maneira diferente de preencher os seus reservatórios.

Para ilustrar essa ideia, ele nos contou a história de um casal que o procurou. O marido estava cismado. Ele cozinhava todas as noites para a esposa. Após o jantar, ele lavava a louça e levava o lixo para fora. Todos os sábados, ele cortava a grama e lavava o carro. "Eu não sei mais o que fazer", disse o homem. "Ela continua repetindo que não se sente amada."

A esposa concordou. "Ele faz tudo isso", disse ela, irrompendo em lágrimas. "Mas nós nunca conversamos, dr. Chapman. Em trinta anos, nunca conversamos." Segundo a análise do dr. Chapman, os dois falavam diferentes linguagens de amor. Ele gostava de mostrar serviço para a esposa, mas ela queria um tempo ao lado do marido.

"Cada um de nós tem uma linguagem de amor que se sobressai", explicou o dr. Chapman, dizendo que também costumamos ter linguagens secundárias ou mesmo terciárias. Segundo ele, a maneira de identificar a nossa linguagem é focar na nossa forma de expressar o amor. O que oferecemos costuma ser o que queremos. "Em um casamento, marido e esposa quase nunca compartilham a mesma linguagem", disse ele. "A chave é aprender a falar a linguagem do outro."

O dr. Chapman chama esses diferentes estilos de expressar e receber afeto de "as cinco linguagens do amor".

1. *Palavras afirmativas*. Use elogios ou expressões de apreciação como: "Você é o melhor marido do mundo" ou "Eu admiro o seu otimismo".
2. *Presentes*. Leve flores para casa, escreva bilhetes de amor ou compre pequenas coisas que demonstrem afeto.
3. *Ajuda*. Faça algo para o seu parceiro que você sabe que ele ou ela gosta que você faça, como lavar pratos, levar o cachorro para passear ou trocar uma fralda.
4. *Um bom tempo juntos*. Ofereça atenção ao seu parceiro desligando a televisão, jantando ou caminhando juntos.
5. *Toques físicos*. Segure as mãos, dê o braço ou acaricie os cabelos do seu parceiro.

Ele descreveu essas ideias em *As cinco linguagens do amor: como expressar um compromisso de amor a seu cônjuge*. O livro vendeu 8.500 exemplares no primeiro ano, quadruplicando a expectativa da editora. No ano seguinte, vendeu 17 mil cópias. Dois anos mais tarde, 137 mil. Em um feito raro para a história editorial, durante vinte anos (com exceção de um) o livro sempre vendeu mais cópias a cada novo ano. (O dr. Chapman acabou publicando outros títulos derivados deste, como *As cinco linguagens do amor das crianças*.)

Um amigo que mora no estado da Geórgia me deu o livro de presente quando Linda e eu nos casamos. A fotografia da capa (um casal caminhando de mãos dadas em uma praia, ao pôr do sol) fez com que eu imaginasse que ele havia ganhado o livro de presente em um posto de gasolina de estrada. Eu guardei o exemplar em uma estante. Não o li. Alguns anos mais tarde, abri o livro e fiquei impressionado. Ele analisava um problema particular do nosso relacionamento com incrível precisão.

Eu trabalho sozinho o dia inteiro, por isso sempre tento me sentar com Linda à noite para conversar sobre vários assuntos. Mas ela trabalha em um escritório cheio de gente, e tudo o que quer é tranquilidade. Quando eu deixo que ela durma até mais tarde ou levo as roupas à lavanderia, eu sou (ainda que por pouco tempo) o melhor marido do mundo. Ela gosta de receber ajuda. Quando ela me oferece atenção total e reserva um tempo para conversar comigo, eu me sinto especial. Eu gosto de passar um bom tempo com ela.

A família Romo, de San Diego, teve uma revelação parecida. Susanne aprendeu que a sua principal linguagem de amor era "um bom tempo juntos". Em um primeiro momento, o marido dela não entendeu nada. "Nós passamos muito tempo juntos!", disse Ernie. "Nós trabalhamos juntos. Comemos juntos. Vemos televisão juntos."

"Não é a mesma coisa", retrucou ela. "Isso é passar um tempo juntos, mas não um bom tempo juntos." E lhe mostrou o livro.

"Nesse momento, eu entendi", ele me disse. "Finalmente, entendi o que ela estava querendo dizer."

A primeira linguagem de Ernie era o toque físico. "Em um primeiro momento, isso me deixou chateada", disse Susanne. "Eu nunca estive envolvida em uma relação amorosa que não significasse sexo, sexo, sexo, exigências, exigências, exigências."

Porém, lentamente, eles se ajustaram. "Eu aprendi a tocar Ernie várias vezes ao dia", disse ela. "Comecei a lhe dar abraços." E ele, por sua vez, passou a avisar à esposa com antecedência sobre um jogo importante e resolveu abrir espaço para mais caminhadas à beira-mar. "Agora, quando ela pergunta: 'Tem um evento acontecendo em Little Italy, quer ir?', em vez de responder: 'Não, prefiro ficar em casa', pergunto: 'Para você, é importante que eu esteja presente?'." Quando ela diz sim, ele esquece o jogo na televisão. Quando ela diz não, ele fica em casa.

Susanne sorriu. "São pequenos passos, mas importantes", disse ela. "São esses os passos que podem levar o amor de volta às alturas." E funcionou. Recentemente, eles festejaram bodas de prata.

Claro que o livro do dr. Chapman recebeu algumas críticas. Certas pessoas reclamam do seu tom moralizador; outras dizem que é simplista. Porém, uma das razões do sucesso do livro é a honestidade do autor quanto aos seus próprios sentimentos. O seu casamento com Karolyn, uma companheira de paróquia, aos 23 anos, foi tão conturbado nos primeiros anos que ele procurou a ajuda de Deus, desesperado. "Caso não tivesse feito um acordo com Deus", disse ele, "eu teria desistido."

Eu me encontrei com Karolyn poucos meses após o seminário, quando ela visitou Nova York e fez um convite para Linda e eu tomarmos um café. Ela é o oposto do marido, sempre tão discreto: Karolyn gosta de se destacar, de vestir blusas com estampa de leopardo, calças com estampa de zebra e cultiva uma cabeleira longa, ao melhor estilo texano. Trata-se de um furacão de um metro e meio de altura. Não é de se estranhar que o marido dela ganhe a vida explicando ao mundo que os amantes falam linguagens diferentes!

Quando se casaram, Karolyn, como Chapman mais tarde descobriu, gostava de receber ajuda, e esperava que o marido limpasse os banheiros da casa e aspirasse o pó. Ele, que gosta de palavras afirmativas, sempre precisou ouvir coisas maravilhosas sobre si mesmo. Cinquenta anos mais tarde, nada mudou. Recentemente, ele contou à sua plateia que estava limpando a casa com a esposa, certa manhã, quando ela avisou: "As persianas estão ficando cheias de pó." "É verdade", respondeu ele. Dois dias mais tarde, às seis e meia da manhã, ele começou a limpar as persianas. Karolyn apareceu e, com um sorriso no rosto, disse: "Isso é como fazer amor! Você é o melhor marido do mundo." Chapman abriu um sorriso ainda maior, dizendo: "Repita o que você acabou de dizer, minha querida. Repita!"

Acabe com as brigas noturnas

De certa forma, o êxito do dr. Chapman não foi uma surpresa. Nos Estados Unidos, a religião está ligada à família há muito tempo. Uma verdade que aparece repetidas vezes nos estudos científicos é a persistente correlação entre religiosidade e famílias felizes. Há cinquenta anos, as pesquisas são unânimes quanto a isso. Quanto mais comprometidas com uma tradição religiosa ou espiritual, mais felizes são as famílias. Pesquisas recentes sustentam tal correlação. Um estudo da Universidade da Virgínia, de 2011, demonstrou que as mães que frequentam cultos religiosos semanalmente são mais felizes do que as que não frequentam. Um estudo de 2008 demonstrou que os homens que frequentam cultos religiosos têm um casamento mais feliz e se envolvem mais com os filhos.

O estudo mais amplo sobre o assunto, feito em 2010, nos oferece algumas dicas de por que funciona assim. Após examinar pesquisas feitas com mais de três mil adultos, Chaeyoon Lin e Robert Putnam descobriram que a religião que você professa ou a maneira como se refere a Deus não fazem nenhuma diferença na sua satisfação pessoal; o que importa é o número de amigos que você faz na sua comunidade religiosa. Dez é um número mágico. Se você tem dez amigos, será mais feliz. As pessoas religiosas, em outras palavras, são mais felizes porque se sentem conectadas a uma comunidade de pessoas que pensam de forma parecida.

No entanto, a religião oferece algo mais às comunidades. Uma marca registrada dela, que existe há milênios, é o seu auxílio para que as pessoas registrem ciclos de vida, felizes ou tristes. Grande parte desses ciclos é familiar. Eu perguntei ao dr. Chapman o que poderíamos aprender com a religião que fosse capaz de melhorar a nossa vida em família. Ele mencionou três coisas.

Em primeiro lugar, a felicidade. Shelly Gable, da Universidade da Califórnia, destacou a importância de se alegrar com os êxitos do seu parceiro. Em um estudo lindamente intitulado "Você estará ao meu lado quando tudo der certo?", ela pede aos casais que compartilhem boas notícias com os seus parceiros. Os que simplesmente dizem "Bom trabalho, querida", estão no caminho errado. Quem faz mais do que isso não apenas felicita o êxito do parceiro, mas também atribui a ele características únicas. "Você conseguiu esse aumento porque só uma pessoa com a sua força de vontade e clareza poderia ter conquistado esse cliente."

A religião cultiva um sentimento de generosidade. Como dr. Chapman disse, ela potencializa as ocasiões de alegria, transformando-as em celebrações em grande escala, e oferece às pessoas a oportunidade de exercitar a presença "do outro" em sua vida. Até os menos observadores percebem isso. Como concluiu Gable no seu estudo, se você quer mais felicidade em casa, tire mais proveito dos momentos positivos. No final das contas, isso é mais importante do que oferecer apoio nos momentos negativos.

Em segundo lugar vem o perdão. "Nas relações humanas, nenhum de nós é perfeito", disse dr. Chapman. "Todos ferimos as pessoas que amamos em algum momento. Se não soubermos lidar com isso, ergue-se uma barreira entre nós e a outra pessoa."

São várias as pesquisas que confirmam tal fato. Tanto em casa como no local de trabalho, os estudiosos demonstraram que o pedido de desculpa gera muita empatia, estabiliza crises e melhora os relacionamentos antigos. Para pessoas como eu, que não conseguem engolir isso facilmente, eis uma boa notícia: as desculpas podem nos ajudar a economizar. Pesquisadores da escola de economia de Nottingham descobriram que os consumidores são mais propensos a desculpar uma empresa que pede perdão em vez de lhes devolver o dinheiro. Como disse um coautor da pesquisa, "conversar é mais barato". Esqueçam as flores, meninos! A *mea culpa* é igualmente positiva.

Por último, está a complacência. O mais veterano entre os cientistas sociais, Erving Goffman, certa vez disse que os "rituais corretivos" são vitais ao sucesso dos relacionamentos. A religião aperfeiçoou a redenção. Em várias tradições, a linguagem da fé nunca deixa de afirmar às pessoas que elas podem se recuperar dos sofrimentos.

A coisa mais memorável que o dr. Chapman disse no seminário a que assisti foi que as pessoas ficam presas a situações dolorosas, mas que os envolvidos em relacionamentos de sucesso sempre encontram um caminho de recuperação. Um deles é "acabar com as brigas noturnas", afirmou Chapman. Eu adoro isso, e gosto ainda mais do seu conselho sobre como conseguir tal objetivo. "Pessoal, vou dizer uma frase e incentivá-los a escrevê-la em seus cadernos", disse ele. "Garanto que essa frase mudará a vida de vocês para sempre: *Meu amor, o que você está dizendo faz todo o sentido*. Repetindo isso, deixamos de ser o inimigo e passamos a ser um amigo — alguém que entende o parceiro."

Caçando borboletas

O negócio do enriquecimento matrimonial gerou uma grande quantidade de livros, e eu resolvi mergulhar no assunto. A minha esposa, Linda, saía para trabalhar vestindo suas roupas de negócios. Eu ficava sentado em casa, de pijama, lendo sobre a técnica de comprar novas almofadas ou sobre quem deveria passar a roupa. Isso fazia de nós um casal estranho nas reuniões escolares. Os homens se aproximavam dela em busca de dicas para investimentos, e as mulheres de mim em busca de dicas para aliviar as pressões do casamento.

Grande parte do que li foram páginas entediantes. Porém, de vez em quando, encontrava uma ideia legal, algo que fugia à intuição comum e parecia inteligente — e que eu queria colocar em prática. Comecei a reunir algumas ideias. Embora todos os itens se baseassem em pesquisas, a minha lista não pretendia ser rigorosa. O único critério era que fosse "uma ideia tão interessante que me deixasse louco de vontade de contar à Linda no final do dia". Não acredito que eu seja um candidato ao prêmio Nobel por conta desse parâmetro, mas eu poderia conseguir uma ou duas noites de ótimo sexo.

1. *Coloque-se em primeiro lugar*. O clichê é que os bons casamentos giram em torno do "nós", mas recentes pesquisas demonstraram que os relacionamentos de sucesso também envolvem uma boa carga de "eu". Os psicólogos Arthur Aron e Gary Lewandowski estudaram como os indivíduos usam seus relacionamentos para se autoaprimorar: eles descobrem coisas novas sobre os parceiros, conhecem pessoas novas, experimentam coisas novas.

Quando os casais se apaixonam, por exemplo, cada um dos envolvidos usa uma grande variedade de palavras para descrever a si próprio. Os novos relacionamentos aumentam a percepção que temos de nós mesmos. Com o passar do tempo, porém, começamos a adotar traços do outro, crescendo individualmente enquanto crescemos como casal. Como concluiu Lewandowski: "Nós temos uma motivação fundamental para o autoaprimoramento: se o nosso parceiro nos ajuda a sermos uma pessoa melhor, nós nos sentimos mais felizes e mais satisfeitos no relacionamento."

2. *Repensando os encontros marcados*. Um conselho comum dado aos casais é que eles devem manter uma rotina regular de encontros amorosos. Os "encontros marcados" são a resposta mais corriqueira a grande parte dos problemas dos casamentos modernos. E as pesquisas apoiam essa ideia. Um estudo do National Marriage Project, feito em 2012, demonstrou que casais que dedicam um tempo semanal para eles mesmos têm 3,5 mais chances de ser felizes, inclusive no campo sexual.

Mas não serve qualquer encontro. Pesquisas demonstram que uma simples saída para jantar e ir ao cinema tem pouco impacto nos relacionamentos. Se você quer melhorar a sua vida em casal, experimente fazer algo novo com o seu parceiro. Segundo Helen Fisher, da Rutgers University, os casais que praticam atividades pouco usuais ou diferentes (aulas de artes, passeios a áreas desconhecidas da cidade ou experimentar um prato novo em casa, por exemplo) alimentam o corpo com as mesmas químicas que levam os novos casais a se apaixonar.

3. *Encontro duplo.* Uma maneira surpreendente de conseguir alguns pontos extras no campo da novidade é marcando um encontro com outro casal. Richard Slatcher, da Universidade de Wayne State, fez um estudo excelente chamado "Quando Harry e Sally encontram Dick e Jane". Ele dividiu seis casais em dois grupos, e cada casal passou um tempo com outro casal. Um dos grupos foi levado a conversas muito interessantes; outro, a bater um papo fútil. Os resultados foram incríveis. Os casais que revelaram maiores detalhes sobre sua vida acabaram se sentindo mais próximos dos demais, e também de si mesmos. Segundo Slatcher, a experiência de ganhar intimidade com outro casal é suficientemente nova para despertar a mesma reação química que um encontro amoroso exótico.

4. *Marque encontros noturnos em família.* A ideia mais difundida entre estudiosos e leigos é que as pessoas casadas e com filhos são menos felizes do que as que não têm filhos. Aliás, são várias as evidências que sustentam tal visão, e muito se conversa sobre o assunto, que foi capa da revista *New York* em 2010, em uma matéria intitulada "Muita alegria e nenhuma diversão: por que os pais odeiam criar filhos".

Inspirado nessa matéria, o Institute for American Values encomendou um abrangente estudo para examinar o tema. O estudo foi chamado "Quando os bebês somam três", e os resultados foram surpreendentes. Na verdade, a transição para a criação de filhos é tão estressante que deixa os pais de primeira viagem menos felizes, e isso acontece de um dia para o outro (ou da noite para o dia, dependendo do caso). No entanto, os casais sem filhos também experimentam um declínio da felicidade. E isso acontece com o passar do tempo. "Após oito anos juntos", concluiu o estudo, "a qualidade matrimonial de representantes dos dois grupos não é muito diferente."

O estudo revelou informações ainda mais intrigantes. Casais com filhos claramente superam seus amigos sem filhos em uma categoria importante: significado de vida. Tanto mães quanto pais — mas, sobretudo, as mães — costumam dizer: "A minha vida ganhou um propósito importante."

Isso revela o paradoxo da criação de filhos: a curto prazo, os pais costumam ficar exaustos, sem dinheiro e loucos por novos estímulos; porém, a longo prazo, eles desenvolvem um sentimento de objetivo na vida. Como todos os pais bem sabem, algumas vezes, os momentos mais satisfatórios de um casamento surgem quando, em uma sexta--feira à noite, erguemos o olhar de um tabuleiro de jogo, encaramos a nossa esposa e a corrigimos no exato momento em que ela, distraída, tenta enfiar um pedaço de pão no nariz do nosso filho, ou então quando nos aproximamos e apertamos a mão dela, observando juntos um filho que dorme tranquilamente. Isso parece mais ou menos a mesma coisa que os exploradores do passado devem ter sentido ao adentrar uma floresta e encontrar Shangri-La. Talvez por isso os autores de "Quando os bebês somam três" ficaram ainda mais assombrados ao descobrir que os pais de muitos filhos (quatro ou mais) são os mais felizes de todos.

Algumas vezes, a melhor maneira de conseguir o casamento que sempre sonhamos é ficando em casa e brincando com os nossos filhos.

9
Cuidando dos avós

Como driblar a vontade de nos livrarmos da vovó

Eis o que Debbie Rottenberg faz às segundas-feiras: ela vai ao supermercado mais perto de casa, em Waban, Massachusetts, e compra mantimentos. Entre as suas compras estão os dois tipos de massa preferidos do seu neto (parafuso e gravatinha), seus dois legumes favoritos (vagem e cenoura), suas duas frutas favoritas (melão e uva), e seus dois sabores favoritos de sorvete (de biscoito Oreo e baunilha). Debbie também compra pão para cachorro-quente e batatas fritas, que esconde na despensa para que o seu marido não coma.

"É um problema", disse ela. "Algumas vezes, vou à despensa e vejo que o Alan acabou com as batatas fritas! Quando isso acontece, o que posso oferecer de lanche ao Nate? Ele sempre quer a mesma coisa."

Na manhã seguinte, Debbie dorme até mais tarde, pois pretende descansar para o resto da semana cuidando de uma criança, Nate, o mais velho dos seus cinco netos. Por volta do meio-dia, ela pega o carro e percorre os dez minutos de caminho até a escola onde o neto está matriculado.

"Gosto de chegar cedo por lá, para conseguir uma boa vaga", disse ela.

Quando estaciona, Debbie retira o seu audiolivro do rádio e escolhe outro mais adequado a Nate. Depois caminha em direção à porta da escola.

Aos 66 anos, Debbie está em forma e se veste de maneira moderna, com calça capri cáqui e camiseta branca de mangas compridas. Às vezes, é confundida com uma das mães dos alunos. Ela troca algumas palavras com as mães na porta da escola, depois fica olhando para a porta de entrada, animada, da mesma maneira como fazia na época em que o seu querido marido estudava em uma escola secundária perto de sua casa, em Woonsocket, Rhode Island. Debbie se casou com ele aos 21 anos, e, 45 anos mais tarde, praticamente nunca passaram uma noite separados.

"Eu gosto de vir à escola", revelou Debbie. "Gosto de dizer *oi* à linda professora de Nate e ver todos os amiguinhos dele. E gosto de ficar por dentro das coisas."

Finalmente, Nate aparece e olha a multidão. Ele tem cabelos castanhos, lisos e os mesmos olhos expressivos da avó, também castanhos. Em um dos braços, uma tala é a prova de sua recente caída de um sofá. Ao ver a avó, sai correndo na direção dela.

"Oi, vovó!", disse o menino, abraçando as pernas da avó.

"Oi, meu querido", respondeu ela. "Como foi na escola hoje?"

Ele dá um passo atrás e abre um sorriso, ignorando a pergunta.

"Alerta! Alerta!"

"Sim, eu sei", disse ela, sorrindo. "Você quer brincar com o meu iPad. Vamos, você precisa almoçar."

Os dois seguiram de mãos dadas em direção ao carro. Nate pulava como se fosse a criança mais feliz do mundo. Debbie tinha uma expressão similar. "Daqui a pouco ele estará mais alto que eu", pensou a avó.

"Vó, posso comer o de sempre?", perguntou ele.

"Espero que o seu avô não tenha comido todas as batatas fritas!"

O efeito avó

Avôs e avós. Eles são considerados personagens secundários nas famílias, mas uma recente linha de pesquisa garante que são as principais razões que levam as pessoas a querer viver em família. Como Sarah Blaffer Hrdy, antropóloga evolucionista e arquiteta de grande parte desse pensamento, certa vez me contou: os avós são o "ás escondido na manga" da humanidade.

Mas o que existe por trás dessa história? E por que certas pessoas, como eu, adoram quando os avós vêm cuidar dos seus netos — mesmo que, no final das contas, eles acabem aproveitando essa oportunidade para nos criticar?

Vamos começar com a pesquisa. Nos últimos quinhentos anos, a cultura ocidental sempre acreditou que o poder do indivíduo impulsiona a sociedade. O foco no individualismo nasceu de várias fontes. Uma delas foi a Reforma Protestante, que sublinhava a responsabilidade individual frente à salvação. Outra foi o Iluminismo, que celebrava a liberdade individual. Mas a assinatura final dessa visão de mundo provavelmente veio das mãos do filósofo inglês Thomas Hobbes, que, em 1651, escreveu que a vida, em seu estado natural, é "solitária, pobre, desagradável, selvagem e curta".

Trezentos e cinquenta anos mais tarde, os maiores pensadores do início do século XXI apontam para um novo entendimento da natureza humana: "Hobbes não estava equivocado ao dizer que os nossos ancestrais podem ter sido uns brutos", escreveu John Cacioppo, em *Solidão*, "mas ele estava certamente fora de prumo ao descrever a existência deles como solitária." Cacioppo, diretor do Center for Cognitive Neuroscience, da Universidade de Chicago, nos oferece uma visão mais comum dos seres humanos: "A força motriz do nosso avanço como espécie não foi a nossa tendência à brutalidade para ganhos próprios, mas a nossa habilidade para sermos socialmente cooperativos." Nós ansiamos por outras pessoas, afirmou ele.

Uma das razões pelas quais os humanos gostam de estar com outras pessoas é por termos algo praticamente único no reino animal: personagens que não são nossos pais biológicos, mas que ajudam na nossa criação. O termo oficial para tais indivíduos é "aloparental". Qualquer um pode ser um aloparente (uma babá, um irmão mais velho, uma tia). Porém, ao longo da história dos primatas, os principais aloparentes sempre foram as avós. Sem elas, explicou Hrdy, "a espécie humana nunca teria existido como tal".

As avós, em outras espécies, dificilmente assumem o papel de cuidar dos netos, pois as fêmeas não vivem tantas décadas além dos seus anos reprodutivos, ao contrário das fêmeas humanas. Enquanto os homens (incluindo os idosos) estavam caçando e as mulheres estavam à procura de alimentos, as avós e outros aloparentes cuidavam das crianças. Sua influência na hora de criar envolvimento é tão forte na sociedade humana que foi chamada de "o efeito avó".

Mas o impacto das avós não se limitou aos primeiros humanos; ele persiste até hoje. Vários estudos demonstraram os extraordinários benefícios que as avós geram nas famílias contemporâneas. Uma meta-análise de 66 estudos, completada em 1992, descobriu que as mães que recebem mais apoio de suas mães sofrem menos estresse e têm filhos mais ajustados. Quanto mais envolvidas são as avós, mais envolvidos são os pais dessas crianças.

Agora podemos entender por que Hrdy classificou as avós como "secretas benfeitoras" da humanidade.

E o que essas avós estão fazendo hoje? Elas ensinam às crianças habilidades sociais indispensáveis, como cooperação, compaixão e consideração. Pesquisadores da Brigham Young University, de Utah, entrevistaram 408 adolescentes sobre a relação que eles mantêm com as avós. Segundo o estudo, quando as avós estão envolvidas na vida desses adolescentes, eles são mais sociáveis, mais envolvidos na escola e mais propensos a demonstrar preocupação com os demais. Além disso, como disse o cientista Jeremey Yorgason, os pais estão na linha de frente na hora de recriminar os comportamentos negativos, deixando os avós livres para estimular os positivos.

Terças com a vovó

Quando chegaram, Nate correu para dentro da casa da avó e começou a procurar o iPad dela. Enquanto ele brincava com seus aplicativos preferidos, Debbie preparava o almoço. Cachorro-quente (um com pão, outro sem pão), batatas fritas, cenouras e uvas. Ela pegou uma cadeira de criança de madeira no porão e colocou-a junto à mesa, de frente para a televisão. A arrumação deu ares de trono à cadeirinha. Durante o almoço, Debbie perguntou se ele queria ver episódios gravados de *Dino Dan, Toot e Puddle* ou *Ônibus mágico*.

"Esses programas são educativos", disse ela. "Além do mais, eles me trazem assuntos para conversar com o meu neto."

Como sobremesa, ela costumava oferecer ao neto dois pacotes de ursinhos de goma Disney, mas o pai dele reclamava que o doce ficava colado nos dentes do filho. Durante algum tempo, ela escondeu os ursinhos na despensa (junto com as batatas fritas), "mas finalmente o Dan diminuiu a pressão e eu dei um ursinho para o meu neto".

Após o almoço, Debbie levou Nate a uma aula de matemática perto da casa dela, depois jogou beisebol com o neto no computador, deu banho e jantar ao menino. De muitas maneiras, Debbie é parte de um movimento maior. Em 2004, o National Survey of Families and Households descobriu que metade dos avós oferece algum tipo de cuidado regular aos netos. Enquanto alguns dedicam poucas horas semanais, outros chegam a quarenta horas. E isso não inclui os 5 milhões de crianças que moram com os avós. Como disse Yorgason, "os avós são como a Guarda Nacional": estão prontos para entrar em ação quando necessário; caso contrário, aparecem nos finais de semana.

São claros os benefícios desse tipo de relacionamento. No caso da família Rottenberg, Nate passa uma tarde por semana bem colado com a avó, como ela mesma define. Além do mais, os pais de Nate acabam economizando alguns trocados. Porém, também existem certos desafios. Debbie sente que a sua força como avó surge da prática de escutar os netos para poder oferecer o que eles querem. Nate gosta de suco concentrado de maçã, e ela lhe oferece suco de maçã. Mas a mãe de Nate, Elissa, não gosta que o filho tome suco industrializado. As duas passaram alguns anos discutindo o assunto, o que acabou com Debbie levando uma caixa de suco de maçã à casa do neto, mesmo contra a vontade dos pais. Ainda que tenha perdido essa batalha, Debbie continua oferecendo um copo de suco de maçã misturado com água ao neto de vez em quando.

Eu conheço muito bem esse tipo de tensão. Debbie tem cinco netos, e Tybee e Eden são duas delas. Linda e eu já nos beneficiamos muito com a ajuda de Debbie, com o seu comprometimento em ser uma avó ativa. Mas também temos as nossas diferenças. Sabe aquela tendência natural dos adolescentes de se rebelar contra os pais? Debbie assume a mesma atitude diante da maneira como organizamos a nossa casa, das listas matinais à rotina na hora de ir para a cama. Por isso, é normal que os netos a adorem. Ela não para de apoiar os atos de rebeldia deles diante dos pais!

Eis o que ela gosta de fazer: "Eu imponho alguns limites, sim", justificou Debbie. "Tento respeitar os limites impostos por Elissa e Dan, e também os que você e Linda impõem às suas filhas. Mas, ao mesmo tempo, é bom saber que as crianças encontram em mim um porto mais tranquilo. Dessa maneira, eu me sinto mais à vontade, e eles também ficam mais à vontade."

Por volta das sete da noite, Dan vai pegar o filho na casa da avó. O menino está de banho tomado, alimentado e de pijama. Debbie pega as coisas do neto, beija a bochecha dele e dá tchau enquanto ele sai pela porta de sua casa. Depois sobe as escadas e desmaia na cama.

"Estou trabalhando muito mais como avó nos últimos vinte anos desde que os meus filhos saíram de casa", disse ela. "De certa forma, é mais complicado ser mãe. Quando criamos filhos, a nossa vida segue em frente e temos que dar conta de múltiplas tarefas. Quando estou com meus netos, posso interromper a minha vida para simplesmente estar com eles. Durante aquelas horas, é esse o meu trabalho."

E Debbie não gostaria de poder passar mais tardes com Nate?

"Ah, não", respondeu ela, sem hesitar. "Isso seria demais!"

A resposta de Debbie me fez lembrar a frase mais interessante que já ouvi de um avô, e ela foi dita em um avião: "Eu gosto ainda mais quando vejo as lanternas do carro se afastando."

Por que os avós são mais felizes?

Será que Debbie tem razão? Trata-se de amor incondicional, algumas horas sem tensão e um copo de suco de maçã contrabandeado o que os avós oferecem aos netos? Para responder a isso, procurei uma das maiores especialistas em envelhecimento dos Estados Unidos.

Laura Carstensen, diretora do Centro de Longevidade de Stanford, também é avó. Com um enorme sorriso no rosto, uma expressão amigável e fios de cabelos brancos na sua cabeleira negra e lisa, ela personaliza a avó que todos os pais sonham ter. Carstensen é conhecida por ter tido uma dessas ideias que mudam para sempre a maneira como a sociedade encara uma parte da sua população. Segundo ela, os idosos são mais felizes.

Entre 1993 e 2005, Carstensen e vários colegas acompanharam 180 americanos de 18 a 94 anos. A cada cinco anos, os participantes da pesquisa carregavam *pagers* durante uma semana. Quando os aparelhos os chamavam, eles tinham de responder se estavam felizes, tristes ou frustrados.

Os resultados foram incríveis. Quanto mais velhos ficavam, eles reportavam sentir menos emoções negativas e mais emoções positivas. O estudo descobriu vários fatores que contribuem para esse aumento da felicidade. Em primeiro lugar, os indivíduos mais velhos não se preocupam tanto com as pessoas que conhecem, mas com as quais não se sentem particularmente próximos (como os pais dos amigos dos seus filhos), e concentram-se nas pessoas com as quais realmente se preocupam, como a sua família. Esse círculo reduzido costuma ser formado por cinco pessoas, segundo descobriu Carstensen — um número bem distante das 150 pessoas com as quais, segundo Robin Dunbar, podemos manter relacionamentos sociais.

"Quando somos jovens, tendemos a fazer escolhas que expandem os nossos horizontes", disse Carstensen. "Vamos a festas, nos inscrevemos em clubes, aceitamos encontros às cegas. Quando envelhecemos, somos menos tolerantes às chateações. As pessoas mais velhas não vão a encontros às cegas!"

A segunda maior razão que faz das pessoas mais velhas mais felizes, segundo ela, é que, enquanto os jovens adultos enfrentam mais ansiedade e desapontamento diante dos seus objetivos de carreira, na hora de encontrar sua alma gêmea e na hora de ganhar dinheiro, os mais velhos costumam fazer as pazes com seus ganhos e perdas. Isso permite que eles desfrutem melhor a vida.

"Quando envelhecemos, ficamos mais atentos à nossa natureza mortal", disse Carstensen. "Portanto, quando passamos por coisas maravilhosas, elas normalmente chegam acompanhadas da noção de que a vida é frágil e chegará ao fim. Daí a lágrima nos olhos quando observamos um neto brincando com um cachorrinho. Nós sabemos que não será assim para sempre, sabemos que aquela pequena menina um dia será uma mulher idosa. E sabemos que, provavelmente, não a veremos se transformar em uma pessoa mais velha. Tais influências participam dessa experiência, transformando-a em algo mais rico e complexo."

Carstensen acredita que essa população de idosos mais tranquilos e emocionalmente equilibrados é um recurso extraordinário e inexplorado. "Na sociedade moderna, nunca tivemos famílias tão longevas", relatou ela. "Existe a impressão de que, nos tempos das fazendas, vivíamos com nossos avós e bisavós, mas isso não é verdade. Eles estavam mortos. Há cem anos, a expectativa de vida era tão curta que as pessoas costumavam nem ter os dois pais biológicos. Vinte por cento das crianças eram órfãs aos 18 anos. Órfãs!"

Hoje, ao contrário, avós e bisavós são cada vez mais comuns. Ela percebeu que, mesmo com alguns casais tendo filhos mais tarde, aos trinta e poucos anos, os demógrafos preveem que, por volta de 2030, a vasta maioria das crianças americanas não terão apenas os dois pais biológicos vivos, mas também os seus avós e os bisavós. "Que família espetacular!", disse ela. "Seria ótimo se pudéssemos criar uma cultura que incluísse os avós e os bisavós na família."

Mas como esses membros mais velhos e mais felizes podem deixar a família ao seu redor ainda mais feliz? Carstensen me ofereceu três sugestões:

1. *Cuide dos irmãos.* Um amigo meu era editor da grandparents.com e me contou um detalhe memorável sobre os seus leitores: os pais estão mais interessados em páginas sobre os problemas dos recém--nascidos até os três anos, enquanto os avós costumam demonstrar maior interesse sobre os problemas relacionados às crianças de cinco a nove anos. A pesquisa de Carstensen aponta na mesma direção: "O que acontece", segundo ela, "é que, quando o primeiro filho nasce, os avós não têm muito o que fazer. Claro que eles sempre podem ajudar de alguma maneira, mas os pais assumem o trabalho duro. Porém, quando chega o segundo filho, o envolvimento deles aumenta muito."

Carstensen tem uma neta de oito anos, Jane. "Eu me lembro de quando ela nasceu", contou ela. "Senti uma incrível conexão com o meu primeiro neto, Evan. Fiquei preocupada com ele, que sempre recebeu a atenção total da família, mas agora se tornava um intruso. Eu percebi que o meu papel era protegê-lo e demonstrar que ainda era amado. Uma forma que eu e o meu marido encontramos foi afastando-o dos pais quando a situação ficava pesada."

2. *Atue como válvula de escape.* Todas as famílias passam por momentos complicados, e é durante esses momentos que as pessoas mais velhas podem ser especialmente úteis. Segundo Carstensen: "Houve épocas em que o meu filho e a esposa dele estavam mal, e o Evan ou a Jane se aproximavam de mim no sofá e diziam: 'O papai grita às vezes', ou 'A mamãe está chateada'. E eu dizia: 'É verdade, às vezes o papai e a mamãe brigam', ou 'É verdade, todo mundo fica chateado às vezes'. E isso era tudo o que eu precisava dizer. Eles se aproximavam ainda mais de mim e tudo ficava bem.

"O que eu quero dizer é que seria ótimo para as famílias se os avós pudessem oferecer essa estabilidade que os pais às vezes não podem. É muito duro ser mãe e pai. Não podemos estar calmos o tempo todo. Não podemos evitar todas as brigas. Recentemente, perguntei ao Evan: 'O seu pai fica chateado?' 'Sim!', respondeu ele. 'E a sua mãe, fica chateada às vezes?' 'Fica!' 'E a sua avó, ela fica chateada às vezes?' 'Nãããããão!' Claro que não! A vovó nunca ficaria chateada."

3. *Fique por perto.* Os pais de hoje em dia não gostam de ficar por perto, especialmente quando os filhos crescem. Mas os avós deveriam fazer isso, segundo Carstensen. "São várias as pesquisas que preveem como seria bom para os adolescentes se um adulto presente na sua vida, mas que não sejam os pais, estivesse louco por eles", comentou ela. "Na minha opinião, perguntas como: 'Você fez o dever de casa?', 'Você recebeu o seu boletim?' ou 'Você está sendo responsável?' ajudam a demonstrar que nos preocupamos com eles."

Os pais nem sempre gostam que os avós se envolvam tanto. De acordo com Carstensen, "em algum momento você vai querer gritar: 'Sai de perto do meu filho!' Mas é bom assumir a perspectiva de que existem muitas maneiras de criar os filhos. São várias as maneiras de sermos uma família. E os pontos negativos de ter os avós por perto são muito menores que os positivos".

A melhor defesa contra os rabugentos

Toda essa história sobre como os avós fazem dos seus filhos e netos pessoas mais felizes levanta uma questão: o que acontece quando esses mesmos avós deixam os filhos loucos por serem tão rabugentos, reclamarem tanto ou simplesmente criticá-los o tempo inteiro? Alguém sabe como driblar os rabugentos?

Não se trata de um fenômeno muito conhecido. Diana Boxer, professora de linguística na Universidade da Flórida, fez um dos mais abrangentes estudos sobre o assunto e descobriu que os rabugentos prevalecem nas famílias porque as pessoas não acham que deveriam ser tão educadas em casa quanto o são entre amigos ou colegas. Quase metade das causas que levam as pessoas a se comportar de forma rabugenta envolve tarefas ou preguiça, ela descobriu. Por outro lado, 25% envolve pedir que alguém faça (ou não) alguma coisa. O restante dos casos envolve pedidos para que alguém entre em contato. As mulheres são responsáveis por dois terços de todos os atos de "rabugice".

"Acredito que exista o estereótipo de uma mulher infeliz e velha", disse Boxer. "Porém, quando os homens fazem a mesma coisa, não são considerados rabugentos, mas sim insistentes. E quando as crianças o fazem, os atos delas são considerados outra coisa completamente diferente: chatice."

Eu queria reunir certos hábitos utilizados pelas pessoas para lidar com avós irritantes. Em um primeiro momento, liguei para alguns amigos que têm problemas de relacionamento com as sogras. Três deles me responderam: "Morda a língua", dois: "Aproveite para lavar roupa quando ela chegar à sua casa", e outro disse: "Instale um termostato extra no quarto de visita". Outro amigo também disse ser interessante oferecer à avó uma longa lista de afazeres quando ela chegar, privilegiando coisas que ela goste de fazer. Outro citou o dr. Phil: "Boas cercas fazem bons vizinhos. Você deve construir uma boa cerca."

Mas com um detalhe todos concordam: quando surge um problema, o parente de sangue deve confrontar a mãe ofendida.

Em seguida, liguei para Cliff Nass, um velho amigo que hoje é uma autoridade em "máquinas de falar". Nass, professor de Stanford, costuma ser o responsável por ensinar ao seu GPS, ao seu telefone e também à máquina que nos atende quando ligamos para um banco a falar. O trabalho dele é criar vozes computadorizadas que não deixem que os humanos se sintam incomodados. Será que ele nos poderia dar algum conselho sobre como lidar com um ser humano real que esteja falhando nesse ponto?

O desafio, segundo Nass, é que o cérebro humano não foi projetado para processar as críticas construtivas. "A parte destrutiva sempre vence a construtiva." Assim que escutamos uma crítica, nós revidamos ou queremos sumir de tanta vergonha. "Exatamente o que não devemos fazer com a nossa sogra", disse ele.

Para contrabalançar tais impulsos, Nass aconselha tentar conter as partes instintivas do nosso cérebro, reordenando a parte racional. "A minha mente está a mil por hora nesse momento. Antes de conversarmos sobre a sua crítica, gostaríamos de saber se você tem algo positivo a dizer sobre a forma como criamos os nossos filhos."

"Nesse momento, a sua sogra fará de tudo para responder à sua pergunta", disse ele. "Você talvez imagine que ela o considera um fracasso como pai." Porém, o que realmente acontece é que ela escutará o lado racional do seu cérebro, e isso demora um pouquinho. "Se isso acontecer, peça a ela que explique o motivo que gerou a crítica. Ao fazer isso, poderá surgir uma novidade no seio do comentário da sua sogra; algo que você será capaz de entender."

Vovó é demais

Por fim, Linda e eu nos sentamos para definir as nossas próprias regras. Estávamos na clara posição de imaginar que Debbie era mais tolerante no seu papel de mãe e avó, e nós, mais rigorosos — enquanto minha mãe é rígida e nos considera liberais. Independentemente da situação, sempre recebemos uma crítica oposta. Por isso, registramos uma série de guias que aplicamos às duas sogras.

1. *Nossa casa, nossas regras. Casa delas, regras delas.* Quando vamos à casa delas nos fins de semana, elas definem os parâmetros; quando elas vêm à nossa casa, pedimos que, por favor, não interrompam a nossa rotina.
2. *Você poderá dizer o que quiser, desde que não se ofenda caso não acatemos o seu conselho.* A minha mãe e a minha sogra têm ao menos uma coisa em comum: não são boas atrizes. Aquela velha história de "prefiro manter a minha opinião para mim mesma" não funciona com elas duas. Melhor não fingir. Nós lhes dissemos: queremos que nos contem o que pensam; a gente vai gostar de escutar, mas a decisão final será nossa.
3. *Sejam avós dos seus netos, não pais.* Quando vocês nos criticam por causa do que as nossas filhas estão comendo ou por conta do comportamento delas, talvez pensem que estão fazendo um simples comentário sobre as nossas meninas, porém, na verdade, estão fazendo um comentário sobre o nosso casamento. Sendo pais, entramos em desacordo nesses assuntos, e ainda temos vocês no meio de campo. Não importa quanto vocês nos amem, nós não queremos a sua intromissão nesse ponto.

Mesmo com todas essas regras, de vez em quando as estrelas colidem, o vento sopra mais forte e as nossas mães resolvem achar que estamos fazendo algo terrível com as nossas filhas. A vantagem, pelo menos, é que Linda e eu sabemos que estamos fazendo a coisa certa.

Ainda assim, a lição para os pais que estão perdidos é que os avós lançam tantos dividendos que vale a pena criar as próprias regras e construir o próprios limites (mesmo gerando mágoas). Os avós são a carta na manga dos seres humanos desde o momento em que surgiu a humanidade, mas a única maneira de conseguir um real benefício disso é usando-os a nosso favor.

10

A coisa certa

Reordenando os móveis para aprimorar a sua família

Como parecia uma ótima ideia, eu convidei um bisbilhoteiro à nossa casa — mas não qualquer bisbilhoteiro, e sim o Thomas Edison do assunto. Sam Gosling é um inglês de temperamento ameno, com pinta de jovem skatista, bigode vitoriano e guarda-roupa de violinista alternativo de Austin, onde dá aula de psicologia.

A arte de bisbilhotar, segundo Gosling, é a ciência de observar a casa das pessoas e outros espaços íntimos para descobrir como elas e o ambiente onde vivem influenciam um ao outro. Eu queria que Gosling entrasse na nossa casa, pois viver sob o mesmo teto é uma das maiores dificuldades enfrentadas pelas famílias. As guerras internas estão entre os problemas mais intricados dos casamentos. Os quartos bagunçados marcam as maiores trincheiras entre pais e filhos. Se eu pudesse desvendar o código de como as famílias inteligentes dividem o espaço, poderia aprimorar a minha vida em família.

Claro que, após aceitar a minha ideia, Linda passou a semana anterior arrumando freneticamente as coisas e metendo bolsas de roupas lavadas dentro dos armários — o que foi uma espécie de injeção de Botox na nossa vida diária. Linda tinha um bom motivo para se preocupar, pois, quando Gosling tinha dado apenas dois passos no interior da nossa vida, nós levamos um susto! Ele começou fazendo comentários sobre o nosso tambor birmanês de quase dois metros de altura.

"Esse tipo de coisa é, sem dúvida, uma identidade", comentou Gosling, em voz pausada e inquietante. "Ter vários artefatos culturais costuma ser um indicador de franqueza. Mas tenho a sensação de que, se eu movesse esses tambores ligeiramente, eles logo seriam recolocados à posição inicial. Isso seria um ato de atenção aos detalhes, algo que resvalaria na neurose."

Quando ele disse tudo isso, eu nem tinha fechado a porta!

E ele deu um passo para a direita, onde temos uma estante repleta de livros escritos por amigos.

"O fato de vocês terem isto aqui sugere que estão tentando enviar uma mensagem", disse Gosling. "Você é escritor, mas ao mesmo tempo está conectado a todas essas pessoas. Além do mais, a diversidade de livros é grande; não são seiscentos títulos sobre química. Eis um sinal de extroversão."

Dos cinco maiores traços de personalidade, três (franqueza, atenção aos detalhes e extroversão) são claramente vistos nos espaços ocupados pelas pessoas, disse ele. Os outros dois (amabilidade e neurose) são mais internos.

"Pensamos que as pessoas estão tentando nos enganar e fingir ser algo que não são", disse Gosling. "Mas a verdade é que as pessoas querem ser conhecidas. É por isso que os espaços passam tanta informação. Eu posso aprender mais coisas sobre você e a sua família observando essa casa do que conversando com vocês."

Quando Linda apareceu, eu convidei Gosling a entrar em nossa sala de estar.

"Esperem", disse ele. "Ainda não terminei por aqui. Às vezes, os espaços mais reveladores são os que as pessoas não querem que a gente veja." Ele olhou para os nossos armários. "Ainda não dei uma olhada aqui dentro..." E percebi que Linda prendeu a respiração. Ele abriu as portas.

"Meu Deus", disse ele. "Agora estamos vendo a verdade sobre vocês."

Sabe quem vêm nos visitar, querida? O Sigmund Freud da arte de bisbilhotar.

Um lar mais feliz

Para mim, é impossível separar família de lar. O meu pai era construtor, e isso significa que, quando eu era criança, nunca passávamos por uma casa em construção sem "dar uma olhada na sujeira", como ele costumava dizer. A minha mãe era professora de arte e artista. Isso significa que nós estávamos constantemente pintando as portas de casa de cores diferentes, fazendo mesas com caixotes ou colando casinhas do Banco Imobiliário, soldadinhos de brinquedo e dados em um peixe-espada ornamental.

Linda cresceu em uma cidade nos arredores de Boston, em uma casa muito mais tradicional, com cortinas rendadas nas janelas, papel de parede com flores e móveis pesados. A minha mãe mantinha um morteiro e um pilão na mesa da sala de estar repleto de pistache. A mãe de Linda mantinha um recipiente de cristal com biscoitinhos. Foi uma espécie de choque quando Linda e eu nos casamos e percebemos que teríamos que construir um lar juntos. Quando as nossas filhas nasceram e o nosso apartamento no Brooklyn ficou repleto de berços, cadeiras de balanço e manchas, o desafio tornou-se ainda maior.

Como fazer com que duas pessoas com visões tão diferentes do que é uma casa convivam sob um mesmo teto? Como integrar as crianças nessa mesma casa e ensiná-las a respeitar o ambiente onde vivem? O que eu poderia fazer para transformar a minha casa em um lar mais feliz para a minha família?

Larry Wente é uma das pessoas mais inteligentes envolvidas nessas questões. Arquiteto de Manhattan que desenhou de tudo, de igrejas a hospitais, Larry nos ajudou a reformar o nosso apartamento antes de nos mudarmos para lá. No início do processo, ele nos enviou um questionário e pediu que nos concentrássemos em três perguntas:

1. Descreva a sua imagem de um novo lar usando três adjetivos.
2. Qual é o seu edifício preferido? Por quê?
3. Existe alguma característica memorável ou um importante espaço vital relativo ao seu passado?

O primeiro passo para construir uma casa juntos, explicou Larry, é identificar o tipo de espaço em que cada pessoa se sente mais confortável (em outras palavras: identificar a personalidade do seu lar). "Todos temos um desejo primário de organizar e criar o nosso próprio ambiente", explicou ele quando lancei uma pergunta sobre o tema há pouco tempo. "Nós somos assim." E tais ideias nascem na infância. Questões como onde você brincou, onde se escondia dos seus pais e onde surgiram suas lembranças mais vívidas nos ajudam a articular em que espaços costumamos estar. "Quando conseguimos recuperar tais lembranças", disse Larry, "somos capazes de encontrar os espaços onde gostaríamos de estar."

Linda e eu descobrimos importantes diferenças. Ela raramente colocava os pés na sala de estar quando criança. A família dela se reunia na cozinha, transformando esse espaço no centro de segurança e intimidade de Linda. Eu, por outro lado, enxergava a cozinha como um mero local de preparação de comidas. A minha família se reunia na sala de jantar ou na de estar. É nesses espaços que me sinto mais confortável.

E o que acontece quando identificamos tais diferenças?

"Vocês começam a se comprometer", disse Larry. "E tentam determinar quem cozinha, e constroem esse espaço à sua medida. Quem gosta de ver televisão e precisa de um espaço perto da tela? Quem prefere se sentar para ler? A chave da questão é oferecer a todo mundo uma sensação de propriedade de certos espaços."

As ideias de Larry são inspiradas em um influente designer dos anos 1970, um homem chamado Christopher Alexander. Em 1977, esse professor de Berkeley publicou (ao lado de vários colegas) um excêntrico livro chamado *A Pattern Language* [Padrão de linguagem], que identificou 253 "padrões" compartilhados por todos os espaços eficazes. A lista para as residências privadas inclui luz solar no interior da casa, escadarias teatrais, tapeçaria clara e escura, cozinha em estilo rural, área para o casal, espaço infantil, caramanchão, diferentes alturas de teto, prateleiras abertas, vários lugares para sentar. Mas isso parece um delírio!

No entanto, segundo Larry, são várias as aplicações práticas dessa abordagem que podem aprimorar o lar de pessoas com os mais variados orçamentos. E ele me ajudou a identificar alguns:

Privacidade

Alexander me ajudou a definir a ideia de que todas as casas de êxito compartilham três tipos de espaços:

1. *Individual.* Um espaço que pertence a cada pessoa.
2. *Compartilhado.* Um espaço que pertence a um subgrupo, como pais ou filhos.
3. *Público.* Um espaço que pertence a todos.

Para quem, como nós, mora em um local com espaço limitado, Alexander diz que devemos criar pequenos refúgios no interior de espaços maiores. As mulheres, segundo as pesquisas, preferem áreas aconchegantes, e os homens gostam de varandas e espaços abertos. Grande parte das casas é projetada por homens, e isso explica os tetos altos, as portas grandes, os "cômodos maravilhosos" que parecem cavernosos ou impessoais à maioria das mulheres. (Um "cômodo maravilhoso" é um espaço que combina duas ou mais funções, tais como cozinha e sala familiar.)

A solução: compartimentar esses espaços grandes. Use estantes de livros, plantas ou cortinas para criar um cantinho do computador ou escritório, por exemplo. Pegue duas cadeiras confortáveis e crie um espaço privado ao lado de uma janela. Encontre o espaço mais original da casa, jogue algumas almofadas no chão e crie uma "fortaleza para os adultos".

As crianças, principalmente, precisam dos seus próprios espaços. Elas adoram criar esconderijos "secretos", como clubes, calabouços ou casinhas. Pense nos clássicos da literatura infantil, como *O leão, a feiticeira e o guarda-roupa* ou *O jardim secreto*. Todos incluem passagens secretas. Se os seus filhos, como as nossas meninas, dormem juntos no mesmo quarto, você poderá delimitar espaços com tapetes, lâmpadas de leitura individuais ou travesseiros personalizados, para que cada criança possa controlar o que é seu.

Cor

É vasta a literatura sobre as cores focando em como os matizes, os tons e a saturação podem afetar o humor das pessoas. No mundo inteiro, e não importa a idade, o sexo nem a classe social, o azul é a cor preferida. O azul lembra às pessoas o mar e o céu, e é considerada uma cor sem limite, tranquila, serena. O verde, o vermelho, o preto e o marrom também são muito queridas, enquanto o amarelo e o laranja são muito menos populares. O cinza, a cor dos dias chuvosos, costuma ser vista como uma das cores mais feias.

Portanto, que cor poderia melhorar a sua vida em família?

- *Use cores vibrantes nos quartos das crianças.* Para as crianças, as cores mais luminosas, mais saturadas, são associadas a emoções positivas, enquanto as mais escuras estão ligadas a emoções negativas.

- *Use apenas uma cor nos quartos de adultos.* Os quartos que incorporam várias intensidades da mesma cor são relaxantes. Mas evite o branco, pois essa cor remete a doenças.
- *Use tons suaves na cozinha.* Se você, como Linda, quer que as pessoas se encontrem na cozinha e tenham suas interações familiares nesse espaço, use tons mais fortes: vermelho-tomate, verde--maçã ou laranja (finalmente!). Mas cuidado, pois essas cores estimulam o apetite. O preço da proximidade familiar pode ser o surgimento de cinturas mais redondas.

Luz

Por último, diminua a intensidade das luzes. As pesquisas, desde a década de 1950, demonstram que as luzes mais baixas estimulam a interação social. O "pai da psicologia da iluminação", John Flynn, descobriu que a luz difusa deixa as pessoas mais relaxadas e sentindo-se mais seguras, permitindo que conversem de forma mais íntima e reveladora. Não importa se você está discutindo com a sua irmã sobre um vício, tentando ajudar a sua esposa a superar um dia ruim ou um adolescente a superar uma separação, criar atmosferas é importe. Quanto mais baixa a luz, mais amorosa tende a ser a conversa.

Uma bagunça enorme, gigantesca

Já vimos como projetar o seu espaço. Mas como você vive nele? Era isso o que gostaríamos que Sam Gosling nos revelasse.

Eis o que ele encontrou em nossos armários:

Linda, ao olhar para isso, viu restos de roupas antigas das meninas pelo chão, montes de máscaras de madeira no topo e vários cabides fora do lugar. Ela ficou sem graça. Mas Gosling teve uma reação oposta. "Eis um dos armários mais arrumados que eu já vi na vida!", disse ele.

Linda ficou chocada.

"Vocês têm um lugar para os guarda-chuvas", disse ele, "e eles estão lá. Têm um lugar para as bandejas. O material que as meninas levam para o colégio está preparado. Mas tem uma coisa que eu nunca vi: uma caixa de garrafas de água mineral. Armazenar as coisas antes que elas acabem é um clássico sinal de atenção aos detalhes."

"Eu achei que esse armário passaria a imagem de que somos desorganizados", disse Linda.

"A gente vê esse tipo de coisa o tempo inteiro", disse ele. "As pessoas não podem julgar a própria casa. Você pode dizer: 'Não entre! Isso está uma bagunça.' Mas o que você está querendo dizer, na verdade, é que o vaso não está posto no centro da mesa e uma das poltronas está fora do lugar. Grande parte das pessoas faria qualquer coisa para ter as coisas tão organizadas dessa maneira."

Ele apontou para um quadro de caligrafia japonesa e uma coleção de CDs de música country e salsa, tudo perfeitamente ordenado em nosso armário. (A música country era minha; a latina, de Linda.) Segundo ele, como estavam escondidos atrás de outras coisas, davam a impressão de não serem muito escutados. Ele estava certo. Os discos eram da época em que tínhamos vinte ou trinta anos.

"Tudo isso é parte da personalidade de vocês", disse Golsing, "mas são coisas que foram claramente deixadas para trás por conta de novas prioridades. Levar as meninas à escola a tempo é mais importante do que ouvir música."

Eu fiquei assombrado com tudo o que ele disse sobre nós simplesmente dando uma olhada no nosso armário. Seríamos tão óbvios? Os psicólogos são treinados para observar a personalidade das pessoas. Entender como a nossa casa afeta a nossa personalidade pode nos ajudar a melhorar a maneira como vivemos nesse espaço.

Uma das maneiras mais simples de fazer isso é por meio do que Gosling chama de "reguladores de sentimentos". São coisas que dispomos em nossa casa. De aquarelas compradas em nossa lua de mel a pinturas feitas pelos nossos filhos. Coisas que nos recordam bons tempos que passamos juntos. Esses objetos funcionam como um equivalente à comida caseira, um conjunto de imagens familiares que nos fazem sentir mais seguros.

O artifício mais poderoso, segundo ele, são as fotografias. As pesquisas sobre o cérebro sugerem que, quando vemos a imagem de uma pessoa, a nossa mente, de modo inconsciente, diz tratar-se de um "amigo" ou de um "inimigo". Caso se trate de um inimigo, o nosso instinto é nos mantermos alertas. Se for um amigo, relaxamos. As fotos de membros da família são particularmente poderosas. Para mães de recém-nascidos, o mero ato de ver uma foto do filho pode gerar a produção de ocitocina, o chamado hormônio do abraço, e, dessa forma, elas produzem leite. Segundo Gosling, as pessoas costumam distribuir fotos pela casa para o que ele chama de "lanche social": breves encontros que amenizam a dor da separação. Do total de adultos, 85% mantêm fotografias dos seus entes queridos sobre a mesa de trabalho, na carteira ou no telefone celular.

Quando Gosling entrou em nossa sala de estar, a primeira coisa sobre a qual ele comentou foram as fotografias. O espaço está decorado com um sofá e poltronas, duas estantes de livros, um carpete beduíno e uma mesa de centro feita a partir de uma antiga porta marroquina, além de um quadro de Tybee Island feito pela minha mãe. Mas nada de fotografias.

"É raro ver isso", disse ele. "Estou começando a pensar que vocês não são tão extrovertidos quando parecem."

Os extrovertidos, ele me explicou, tendem a se cercar de fotos com rostos amigáveis. Eles também preferem músicas cantadas, e nós não temos aparelhos de som visíveis na sala de estar (estão escondidos e raramente são usados).

"Claro que vocês têm poltronas", disse ele, "mas elas não parecem dispostas para acomodar muita gente. Eu diria que vocês são extrovertidos fora de casa, mas que em casa preferem ser vocês mesmos. Talvez passem um tempo lendo ou conversando um com o outro. Essa sala é utilizada para 'regulação interna'."

As observações de Gosling me levaram a enxergar a minha casa de forma diferente. Embora tenha muitos símbolos do mundo exterior, trata-se de um espaço nosso. Está projetada para a nossa família; não para os amigos. Aliás, os comentários de Gosling nos deixaram com vontade de transformá-la ainda mais para o nosso uso. Talvez fosse a hora de revelar mais fotografias dos nossos parentes — não apenas da família nuclear, mas também dos nossos pais e avós. Talvez devêssemos fazer um esforço mais consciente para deixar à vista coisas feitas pelas crianças. E talvez faltasse balancear melhor as lembranças compradas em nossas viagens como casal com as compradas em viagens com as meninas.

Sob a ótica de Gosling, esses tipos de objetos nos fazem sentir mais próximos positivamente. Mas e as coisas que nos fazem querer matar uns aos outros? Estou falando, claro, da bagunça. Para ter essa conversa, fomos ao andar de cima da casa.

A bagunça é um dos fatores que gera mais problemas nas famílias. O professor Eric Abrahamson, da Universidade de Colúmbia, e autor de *Uma bagunça perfeita*, descobriu que 80% dos casais diz que seus pontos de vista diferentes no que se refere à bagunça são uma causa de tensão no casamento. Um em cada 12 casais especificou esse tipo de tensão como causa de separação ou divórcio.

Parte dessa tensão pode ser explicada pelo gênero. Estudos demonstram que homens e mulheres se preocupam com coisas diferentes em casa. Os homens tendem a privilegiar áreas ligadas ao trabalho duro e à mestria. É por isso que eles adoram espaços com computadores, equipamentos estéreo e parafernália tecnológica. A "caverna masculina" realmente existe. As mulheres, por outro lado, costumam ter uma visão mais social da casa, de modo que prestam atenção em detalhes que incentivam a interação, como pratos de lanches ou travesseiros fofos — indícios de que se trata de um espaço para sentar e conversar. Para as mulheres, um espaço para desconectar não é um local onde elas possam fazer algo para os demais (o que seria a área de ferramentas dos homens, por exemplo), mas sim onde elas não precisem fazer nada para ninguém: a banheira, ou o "spa da mamãe", caso prefira chamar assim.

No entanto, o verdadeiro culpado parece não ter nada a ver com os gêneros: é o autoengrandecimento. Daniel Kahneman descobriu que homens e mulheres enfatizam exageradamente os seus papéis na hora de limpar a casa. Em *Rápido e devagar: duas formas de pensar*, ele cita um estudo no qual casais deveriam estimar quanto tempo passavam mantendo a casa limpa, levando o lixo para fora ou fazendo outras tarefas domésticas. Em todos os casos, tanto homens quanto mulheres disseram que a sua contribuição era maior do que a realidade. Essa informação é tão poderosa que, quando os casais viram os resultados, aconteceram algumas discussões. É bom lembrar que, segundo Kahneman, mesmo que você pense estar fazendo a sua parte, o seu parceiro pode imaginar estar fazendo a mesma coisa.

E essa informação poderia nos ajudar de alguma maneira?

Quando chegamos ao andar de cima, eu apontei para todas as pilhas de coisas de Linda, indicando-as a Gosling. Havia pilhas de papéis de trabalho ao lado do computador dela, sobre a mesa da sala de jantar, e pilhas de cartas pela escada. No nosso quarto, enquanto o meu lado era mais organizado (ainda que não perfeito), o de Linda estava repleto de pilhas. Uma delas, de revistas ainda envolvidas no plástico; outra, de livros por ler; outra, de contas a pagar. Claro que conviver com essas provas de desorganização fazia de mim um marido sofredor, certo?

Não exatamente. Gosling não se assustou com a quantidade de pilhas, mas com a organização delas. "Eu vi muita bagunça na minha vida", disse ele. "Isso não é uma bagunça. Linda tem um sistema para montar essas pilhas. Os livros que estão aqui são os que você quer ler. As contas estão presas com clipes, envoltas em elásticos. Há uma diferença entre pessoas acostumadas à bagunça e aquelas que, mesmo bagunceiras, tendem a ser ordenadas. Você está claramente no último grupo."

Linda ficou radiante, e eu mal podia respirar. "É isso mesmo", disse ela. "As minhas pilhas são uma aspiração. Eu vou ler esses livros algum dia! Vou pagar essas contas no fim de semana! O problema é que faço mais coisas do que poderia."

Gosling fazia que sim, e Linda pulava. "E ele?", perguntou ela. "Eu gosto das minhas pilhas, mas, para uma pessoa que gosta de superfícies limpas, ele nunca coloca o leite de volta na geladeira."

Voltávamos ao início.

"Isso é parte da arte de viver juntos", disse Gosling, em um tom melodramático. "Vocês são bem-organizados, mas ainda existe uma discrepância. O desafio na hora de compartilhar espaços é descobrir uma fórmula para que os dois satisfaçam suas necessidades psicológicas. Como já sabemos, é muito mais fácil mudar o seu espaço do que o seu companheiro."

No final das contas, essa noção de focar no espaço, e não nas pessoas, foi a principal ideia que eu retive da visita de Gosling. Hoje, em vez de criticar Linda por sua tendência a criar pilhas, eu critico as próprias pilhas. "Querida, você poderia ao menos pegar uma dessas pilhas tão bem-organizadas e colocá-las no seu lado da cama?"

Quanto à minha história com a cozinha, eu fui forçado a admitir que, como Linda passa mais tempo por lá, caberia a ela estabelecer as regras. Algumas vezes, tento tirar vantagem disso. "Sinto muito, mas eu não posso lavar a louça hoje à noite. Isso seria infringir o seu espaço." Mas é claro que isso não funciona, pois são várias as maneiras de mencionar um especialista em bisbilhotar casas na hora de levar o lixo para fora.

Comporte-se com os demais como eles se comportam com você

Mas nós podemos dar esse passo? Existem coisas específicas, sem custo, que poderíamos fazer em casa para aproximar ainda mais a nossa família?

Sally Augustin chama a si mesma de "instrutora de lugar". Sendo uma das cem psicólogas de prática ambiental do mundo, ela é a fundadora do Design with Science, baseado em Chicago, e uma famosa consultora de empresas. Além disso, tem quase dois metros de altura, está sempre muito bem-vestida e tem cabelos alaranjados.

"Quando entro em espaços novos, faço uma auditoria dos espíritos humanos", disse ela. "Eu tento avaliar se o ambiente está de acordo com as necessidades. Depois sugiro alterações."

Augustin costuma ser chamada para projetar espaços de trabalho onde as pessoas possam ser mais produtivas. Ela sempre pede aos empregadores que usem muito material natural, aproveitem ao máximo a luz do dia e permitam que as pessoas personalizem o seu ambiente. Em nossa casa, os nossos objetivos são ligeiramente diferentes, explicou ela. "Nós precisamos de privacidade, temos a necessidade de pensar no que aconteceu durante o dia. Mas também somos animais sociais, e até o mais introvertido dos humanos precisa socializar para viver."

E que alterações eu poderia fazer na minha casa para promover a interação familiar? Augustin me ofereceu algumas recomendações:

1. *Disponha os sofás em círculo.* Em 1957, um médico canadense chamado Humphry Osmond percebeu que os pacientes de um hospício de Saskatchewan eram mais amigáveis quando as camas deles eram postas frente a frente. Por outro lado, quando os móveis estavam alinhados próximo à parede ou dispostos em filas, as pessoas eram menos amigáveis. Ele chamou a primeira arrumação de "sociopetal" (radial) e a segunda de "sociofugal" (em forma de grade). Esses termos continuam a ser usados. Caso você esteja em busca de maior sucesso nas suas reuniões familiares, sentem-se em formato de O — não de U, de L nem de V.

2. *Sente-se como a Mona Lisa.* Quando reformamos a nossa casa, Larry Wente nos disse que estávamos dispondo os móveis da sala muito distantes uns dos outros. Eu o ignorei. Mas foi um erro. As pesquisas demonstram que os norte-americanos não gostam de se sentar a menos de 45 centímetros uns dos outros nem a mais de 1,5 metro de distância. Esse metro e meio é chamado de distância "retrato", pois é a medida que Leonardo da Vinci, Rembrandt e outros pintores empregaram para representar personagens. A essa distância, os olhos podem estar confortavelmente pousados no torso do interlocutor,

acompanhando também os movimentos das mãos e do rosto. Mais próximo do que isso, a cabeça do interlocutor parecerá grande demais e um poderá ser distraído pelos cheiros do outro. Mais longe, os olhos e os ouvidos terão de se manter atentos, e você terá mais chances de ser distraído pelo ambiente que os envolve.

3. *Coma como um parisiense.* Pesquisadores sentaram indivíduos em mesas retangulares e depois avaliaram a conversa que cada um tinha com as pessoas sentadas à frente, aos lados e na diagonal. Os que se sentaram frente a frente se dividiram em dois grupos: metade conversava e a outra metade se confrontava. Os que se sentaram em ângulos retos eram mais propensos a conversas, enquanto os que se sentaram lado a lado, como em um café parisiense, costumavam parecer mais colaborativos. Se você está a ponto de entrar em uma conversa importante, sente-se ao lado do seu interlocutor.

4. *Mantenha com os demais a mesma postura que eles mantêm em relação a você.* A sua mãe estava certa: a postura é importante. Nas minhas brigas das 19h42 com Linda, eu me sentava reto na minha poltrona, e ela ficava em uma posição um pouco mais baixa, sentada em uma cadeira barata. "Isso é péssimo!", disse Augustin. "A pessoa que está em um nível mais alto mantém claramente uma posição mais poderosa." Outras poses que demonstram poder são colocar os pés para cima, circundar uma mesa, cruzar as mãos atrás da nuca ou segurar algo rígido, como uma prancheta.

Vários estudos deixaram claro que as pessoas em posições que demonstram poder têm testosterona elevada, cortisona reduzida e uma sensação de superioridade fora do normal, enquanto as pessoas em posições inferiores (sentadas em nível mais baixo, com o corpo caído ou os braços cruzados) estão na defensiva, ressentidas. O conselho de Augustin foi que todos, em uma conversa importante, devem estar sentados no mesmo nível, mantendo a mesma postura. Não importa se você está sentado com as costas retas ou relaxado; o importante é que todos façam a mesma coisa.

5. *Cadeiras macias.* Quando eu disse a Augustin que fazíamos os nossos encontros familiares na hora do café da manhã, sentados em

cadeiras duras, ela ficou espantada. As pessoas costumam se sentir mais cômodas em cadeiras macias, disse ela. Um estudo fascinante, publicado em 2010 por professores do MIT, de Harvard e de Yale, demonstrou que, quando as pessoas se sentam em "cadeiras duras", ficam mais rígidas, austeras, inflexíveis. E, quando se sentam em "cadeiras macias", demonstram-se mais flexíveis, cômodas e generosas.

"Se você quer conversar com a sua filha sobre a hora de voltar para casa", disse Augustin, "o melhor seria fazê-lo sentados em cadeiras macias, porque, dessa maneira, ninguém se colocará em uma posição de doutrina, você estará mais aberto à opinião dos demais e a conversa será mais conciliatória, ou pelo menos mais tranquila."

Após ter ouvido todos esses conselhos, conseguimos fazer grandes mudanças em nossa casa. Linda e eu concordamos que não voltaríamos a conversar coisas importantes no meu escritório, mas sim no nosso quarto ou na sala de estar. Para evitar a ideia de que havia uma poltrona poderosa, começamos a nos sentar a cada dia em uma cadeira em nossas reuniões familiares. Finalmente, eu ouvi o que Larry me disse e coloquei toda a mobília da sala disposta em círculo. O custo de todas essas alterações: zero.

Coisas incríveis

Mas também fizemos outra coisa recomendada por Larry: incluímos as nossas filhas nas conversas sobre como melhorar a nossa casa.

Segundo Larry, crianças menores, de cerca de sete anos, também preencheram o questionário sobre os seus espaços físicos preferidos. "É incrível como a memória das crianças pode ser forte", disse ele. "Além do mais, elas desenvolvem uma sensação de posse diante do ambiente onde vivem."

Certo dia, levamos as nossas filhas para almoçar e distribuímos uma versão infantil das três perguntas de Larry. A primeira era: "Descreva a imagem da sua casa ideal usando dez palavras/frases." Eis as respostas:

Eden	Tybee
Piscina grande	Muitos livros
Colorida	Piscina para nadar
Sempre limpa	Sentir-se bem-vinda
Beliches	Quente no inverno/fresca no verão
Quarto com formato de coração	
Local para fazer atividades artísticas	Muitos doces
	Jogos de tabuleiro
Máquina de preparar sorvete	Limpa
Almofadas macias	Almofadas
Biblioteca	Com vista para o mar
Tybee morando lá	Eden morando lá

Eu fiquei assustado com a natureza da fantasia delas. Um quarto em formato de coração! Máquina de preparar sorvete! Almofadas macias! Parecia um quarto de lua de mel em Las Vegas. O mais incrível foi a semelhança das duas respostas. As duas queriam piscina e biblioteca, e queriam morar na mesma casa que a irmã. Quando comparamos essas listas com as que Linda e eu fizemos (e que também incluíam cor, luz e livros, além de algumas fantasias adultas, como o "banheiro japonês" de Linda e a "cozinha aberta, enorme, estilo Toscana"), certos padrões surgiram.

"Parece a nossa casa!", disse Tybbe, vendo as coincidências.

"Fora a piscina enorme", comentou Linda.

"Mas isso é o que nós mais queremos!", retrucou Eden.

Logo depois, perguntamos: "Qual é o seu prédio favorito? E por quê?" Linda respondeu a Sagrada Família, a catedral incompleta de Gaudí, em Barcelona. Eu respondi o Monastério de Santa Catarina, na península de Sinai, construído na base da montanha onde Moisés teria recebido os Dez Mandamentos. Tybee respondeu um hotel à beira-mar, perto da casa dos avós dela, em Cape Cod. "Tem duas piscinas e uma praia, e podemos fazer tudo o que queremos!", disse ela. Eden respondeu um hotel na Itália, onde nos hospedamos certa vez. "Nós todos dormimos no mesmo quarto, e as janelas eram enormes, com uma cortina branca transparente."

Eu pensei imediatamente na nossa missão familiar: "Que a nossa primeira palavra seja *aventura*, e a última, *amor!*" A resposta deixou claro o nosso sentimento de exploradores.

No entanto, a terceira pergunta ("Existe um local memorável da sua vida que você ama especialmente?") gerou as respostas mais reveladoras. Eu respondi Tybee Island. Linda respondeu a casa dos pais dela em Cape Cod, com vista para o porto. Tybbe respondeu a fazenda de uns amigos que visitamos em Vermont. Eden respondeu o parquinho perto da nossa casa. "Eu fui lá todos os anos da minha vida", disse ela. "Ele me lembra a época em que eu era bebê."

Os quatro locais eram aconchegantes, protetores, amorosos.

Vendo reforçada a ideia de que os lugares são essenciais ao nosso bem-estar, Linda seguiu para o principal motivo da nossa reunião. "Agora que já sabemos como seria a casa dos nossos sonhos", disse ela, "chegou a hora de conversarmos sobre a realidade." Nós temos que viver juntos na nossa casa atual, disse Linda, mas devemos assumir certos papéis para que ela se mantenha em ordem.

E finalmente revelamos um plano para que elas assumissem mais responsabilidades dentro de casa. Nós criamos duas listas, com tarefas de meia hora e de 15 minutos, e pedimos que elas completassem algumas daquelas tarefas a cada semana. Entre as tarefas de meia hora estavam: varrer a entrada e os degraus, dobrar a roupa lavada, fazer as listas semanais de compras. Entre as de 15 minutos: esvaziar as latas de lixo dos banheiros, colocar papel higiênico extra nos armários, esvaziar a lavadora de louça. Como elas duas disseram adorar almofadas, incluímos "arrumar as almofadas" entre as tarefas de 15 minutos.

Linda e eu esperávamos lágrimas e reclamações, mas não aconteceu nada disso — o que foi uma surpresa. A única alteração pedida pelas meninas foi relacionada à palavra *tarefa*, que elas odiavam. "Parece trabalho chato", disseram. E propuseram a frase "coisas que fazemos para deixar a nossa casa ainda mais incrível".

Em seguida, perguntamos que alterações elas gostariam de fazer em casa. Elas queriam mais almofadas, um lugar para guardar o colchão de fazer ginástica, espaço extra para guardar as melhores roupas e uma prateleira pessoal para que cada uma pudesse colocar os seus livros. Parecia razoável. Nós chegamos a concordar com a ideia de gastar o dinheiro compartilhado comprando as almofadas que elas escolhessem.

Uma das principais lições que aprendi ao tentar construir um lar feliz é que devemos ter três tipos de espaço: individual, compartilhado e público. Embora isso seja complicado para adultos, é muito mais complicado quando crianças estão envolvidas no processo. Na verdade, a situação é crítica mesmo quando elas crescem. Quando as crianças pedem mais e mais espaço privado, é cada vez mais importante mantê-las conectadas aos espaços familiares. Uma forma de conseguir isso é dando-lhes mais voz.

O questionário que fizemos é uma maneira de as crianças começarem a mapear o modo como sentem os locais onde vivem. Linda o comparou com a nossa missão familiar. Na missão, articulamos os nossos melhores *eus* possíveis. No questionário, identificamos a nossa melhor casa possível. Claro que ambos os casos dizem respeito a situações utópicas. Nós não alimentamos ilusões de que o nosso almoço em família faria com que elas mantivessem o quarto limpo para sempre. Porém, no mínimo, tínhamos uma prova escrita de que as duas *queriam* viver em uma casa limpa.

Para nós, o desafio era lhes oferecer a independência que elas queriam em nossa casa ao mesmo tempo que conseguíamos um comprometimento de que ambas ajudariam a mantê-la funcionando regularmente. Tal ideia foi testada poucas semanas mais tarde, quando nos sentamos para tomar café da manhã. "Nós pedimos uma reunião", disseram elas. "Não queríamos que o nosso quarto continuasse sendo amarelo. Queríamos que fosse verde."

Eu me lembrei de uma memorável frase de Randy Pausch. Após mostrar fotos do seu quarto de infância, coberto de fórmulas matemáticas, ele disse: "Se os seus filhos quiserem pintar o quarto, façam-me um favor: aceitem o pedido." Quando um novo bisbilhoteiro visitar a nossa casa, ele encontrará o quarto das nossas filhas com cor de sorvete de menta. E entenderá exatamente quem escolheu tal cor.

Parte três
Saindo para brincar

11
Checklist de viagens em família

Como fazer das viagens algo mais divertido

Era a noite do nosso encontro anual do Dia dos Namorados, como sempre na companhia de um casal de amigos, Campbell e Dan, que se sentaram sem olhar um para o outro. Nós tínhamos certas regras nunca verbalizadas sobre aqueles encontros. Não conversávamos sobre os nossos filhos. Não conversávamos (por muito tempo) sobre política. E conversávamos sobre o nosso casamento.

Naquela noite, no entanto, eles não estavam falando, então, de alguma maneira, o papo sobre casamento seria um desafio.

Uma semana antes, os dois tinham feito a primeira viagem em família às montanhas, para esquiar. "Eu cresci esquiando", disse Campbell, "e adoraria que os meus filhos gostassem de brincar na neve." Era um terreno conhecido para Campbell, por isso ela organizou tudo, comprou os equipamentos e preparou as malas. O que restou a Dan foi ser o responsável por acordar todo mundo a tempo, arrumar a própria mala e colocar tudo no carro. Mas ele falhou na primeira tarefa, atrasou a segunda e... quanto à terceira, chegando ao destino, Campbell percebeu que a bolsa que ela preparara com todo o cuidado, cheia de equipamentos de esqui recém-adquiridos para os seus filhos de três e quarto anos, ficou no quarto em Manhattan.

"Ela me entregou o telefone", disse Dan, "e eu não sabia se deveria ligar para o porteiro ou para o meu advogado, pedindo o divórcio."

Férias em família. Elas nos ajudam a romper duras rotinas, refrescar relacionamentos estremecidos e trazer a alegria de volta à nossa vida. A espinha dorsal das famílias altamente funcionais é fortalecida quando os membros passam um tempo juntos, ligados uns aos outros, e divertindo-se durante um fim de semana prolongado ou umas férias na praia. Para gerações de famílias, o momento Kodak era a perfeita manifestação da felicidade.

Porém, se a minha família serve de parâmetro (a família na qual cresci e a que formei com Linda), eu diria que as férias em família são os momentos em que surgem as mais ferozes e inimagináveis brigas. Por conta de dinheiro, planejamento e direção. "Vocês só querem fazer compras." "Temos que ir a outro museu?" Não se esqueça de somar a tudo isso voos cancelados, bagagens perdidas e um filho com a cabeça enfiada em um aparelho eletrônico dia e noite. Seria um milagre que essas pessoas continuassem se falando no segundo dia juntas.

Nem o momento Kodak continua a ser o que era. Quando alguém tira uma foto, todo mundo é obrigado a parar enquanto o fotógrafo retoca o cabelo da mamãe, aplica um filtro especial no Instagram e envia o resultado à vovó.

Mas eu acredito que exista um caminho melhor, por isso resolvi encontrar uma maneira de aprimorar as férias em família. Foquei em três aspectos: sair de casa de maneira mais eficiente, amenizar longas viagens de carro e criar lembranças no local de destino.

Conhecendo o checklist das férias em família

Peter Pronovost ganhou o prêmio "gênio" MacArthur. Ele foi tema de um best-seller e autor de outro. Pessoalmente, é responsável por ter salvado milhões de vidas. E Peter conseguiu tudo isso por ter sido o criador de uma simples ferramenta capaz de transformar a maneira como a medicina é praticada ao redor do mundo.

A invenção milagrosa de Pronovost não foi um remédio, um aparelho nem um procedimento; na verdade, não foi nada revolucionária. Trata-se de uma das coisas mais antigas e comuns da Terra: o checklist.

Como especialista no cuidado de doentes terminais no hospital universitário Johns Hopkins, em Baltimore, Provonost teve a ideia de que as salas de emergência deveriam usar um checklist baseado no modelo dos pilotos aéreos — tanque de combustível cheio, checado; motores ligados, checado. Adicionando itens absurdos e básicos como "lave as mãos com sabão" e "limpe a pele dos pacientes com antisséptico", além de oferecer oportunidade para que todos os presentes na sala pudessem falar, Provonost salvou vidas, economizou tempo e dinheiro. Pouco depois, hospitais de todo o mundo começaram a adotar suas listas.

Eu fiquei interessado em aplicar a sua técnica aos problemas familiares que surgem quando saímos de casa para viajar. Ele me deu várias recomendações:

1. *Crie listas diferentes para cada fase do processo.* "Os checklists devem estar conectados no tempo e no espaço", disse Provonost. "Eu, por exemplo, tenho um para admissões e outro para transfusões de sangue. Você deveria ter uma lista para a semana anterior à viagem. Para os dias anteriores à partida, outra. E, finalmente, uma terceira, para quando estiver saindo de casa. Mas sempre é necessário reservar um tempo para se refazer. Portanto, preparar uma lista para o momento da chegada ao aeroporto pode ser tarde demais."

2. *Seja específico.* "Um checklist deveria ser completado em menos de um minuto", disse ele. "Cada item deveria corresponder a um comportamento específico. Evite linguagem vaga."

3. *Apenas itens de vida ou morte.* "Foque a sua lista nos pontos em que você costuma falhar", disse ele. "Registrando coisas que costuma fazer bem, você deixará todo mundo louco. Isso aconteceu na aviação, quando acidentes foram causados por listas cansativas."

4. *A regra dos sete.* "Eu tenho uma regra: os checklists só podem conter sete itens", disse Provonost. "Por isso, o número de dígitos dos nossos telefones é limitado, já que ninguém conseguiria se lembrar de números maiores."

5. *Inclua as crianças.* "Eu me sentaria com elas e diria: 'Meninas, estou tentando melhorar a forma como viajamos, por isso preparei um checklist. Isso faz sentido para vocês? O que mais vocês incluiriam?'"

Armado com esses conselhos, preparei uma lista básica para os maiores erros das nossas viagens em família. Nós costumamos esquecer algumas coisas: protetor solar, carregadores de celulares, bichos de pelúcia. E outras coisas nos esquecemos de fazer: desligar o ar-condicionado, baixar as cortinas, esvaziar a lata de lixo. Outras coisas, imaginamos que mais alguém fará: separar um lanche para a viagem, imprimir endereços, cancelar o envio do jornal. Linda incluiu suas favoritas: programar o gravador de vídeo digital, levar as meninas ao banheiro antes da partida. As meninas também fizeram suas escolhas: levar livros suficientes, carregar o iPad.

Eu passei a lista a alguns amigos e eles me deram ótimos retornos. Algumas pessoas consideraram a ideia muito "programática"; outras, muito "rígida". Uma poucas pessoas disseram parecer desnecessária. "Eu coloco um bilhete ao lado da minha cama", escreveu um amigo. "Nunca me esqueço de nada." Não sei se os meus amigos são negligentes, perfeitos ou simplesmente cegos, mas resolvi me esquecer de tudo aquilo e guardei a lista na gaveta das ideias rejeitadas, ao lado da proposta de esculpir a nossa missão familiar em madeira e perguntar aos meus pais sobre a vida sexual deles.

Mais ou menos um mês mais tarde, nós saímos de viagem. Claro que nos esquecemos dos bichos de pelúcia, deixamos as meias das meninas para trás, bem como as raquetes de tênis. Tybee, chorando e incapaz de dormir no banco traseiro do carro, disse: "Nós deveríamos ter usado a lista!"

Eu voltei à gaveta. O nosso checklist de viagem em família talvez não sirva para todo mundo, mas para nós foi uma boa ajuda. E passou a funcionar ainda melhor após algumas viagens, quando pedimos às nossas filhas que monitorassem as listas, dando-lhes uma rara chance de serem as responsáveis pelo assunto, caso Linda e eu nos esquecêssemos de alguma coisa. Quando montamos uma versão da lista que me deixou satisfeito, resolvi enviá-la a Campbell e Dan.

Checklist de viagens em família

Uma semana antes da partida	Um dia antes da partida	Uma hora antes da partida
• Identificar equipamentos especiais da bagagem (assentos infantis, chiqueirinho, bicicletas, equipamentos esportivos). • Verificar a logística (reservas, ingressos, endereços). • Fazer lista de presentes a comprar/levar. • Cancelar o envio diário de jornais. • Temos cópias de passaporte/carteira de motorista?	• Preparar os equipamentos eletrônicos (GPS, câmera, câmera de vídeo, carregar as baterias) e programar o vídeo. • Reunir ingressos, endereços, passaporte e dinheiro. • Pegar a roupa na lavanderia, encher o tanque do carro. • Pegar as malas. • Separar roupas, sapatos etc.	• Pegamos os bichos de pelúcia, lençóis e outras coisas de que as crianças necessitam? • Lanches, comida, bebida? • Temos livros, jogos, CDs e aparelhos suficientes? • Carregadores! Celulares! Tablets! • Desligamos o forno, o ar--condicionado, as luzes? Fechamos as cortinas? Trancamos as portas? Regamos as plantas? • Todo mundo foi ao banheiro?
• Devemos levar alguma receita? • Providenciamos os cuidados com os animais?	• Reunir prescrições, artigos de limpeza, protetor solar etc. • Reunir as coisas das crianças.	• Quem fará a última ronda pela casa? Conte a quantidade de bagagem para verificá-las em paradas intermediárias.

Poucas semanas mais tarde, Campbell me enviou essa resposta:

Isso ajuda muito em todos os aspectos... exceto com maridos atrasados.

Atenção: o checklist faz com que a gente se lembre do que deve fazer, **mas não pode nos despertar para que tudo seja feito.**

Além de vinte perguntas

Entrar no quartel-general de Zynga é como entrar em uma máquina de *pinball*. Também chamado de "casa de cachorro", o edifício de sete andares em um bairro da moda de São Francisco está repleto de túneis com luzes em néon, fliperamas, mesas de pebolim e menus com refeições preparadas gratuitamente por chefes de cozinha aos empregados. A atmosfera, uma mistura de casa na árvore e república de estudantes, é perfeita para uma das mais agitadas empresas criadoras de jogos que já existiu.

Desde a sua fundação, em 2007, por Mark Pincus, a Zynga (que tem o mesmo nome do buldogue dele) se transformou na empresa de jogos que cresce mais rapidamente no mundo. Duzentos e cinquenta milhões de pessoas utilizam um dos seus jogos on-line todos os meses. Entre eles estão jogos comunitários, como FarmVille e CityVille, e versões de jogos de mesa, como Zynga Poker e Words With Friends (uma espécie de Palavras Cruzadas). Os ganhos da empresa superam um bilhão de dólares anuais.

Eu queria saber se o pessoal da Zynga poderia me ajudar a resolver a questão de como entreter as crianças em longas viagens de carro, evitar paradas muito demoradas na estrada ou apimentar uma tarde à toa em uma cidade desconhecida. Em resumo: a Zynga seria capaz de transformar as minhas viagens em algo tão divertido quanto os seus jogos?

Em uma manhã cheia de névoa, uma dezena de grandes designers de jogos da empresa, todos com filhos pequenos, se reuniu em torno de *bagels* e saladas de frutas em uma tentativa de produzir, para mim, uma cartilha da Zynga para uma viagem ideal.

Os bons jogos, segundo eles, têm quatro coisas em comum:

1. *Um objetivo claro.* Os jogadores devem saber o que estão tentando atingir.
2. *Regras.* Limitações que forçam a criatividade e o pensamento estratégico.
3. *Feedback.* Pontos, níveis, resultados ou algo que permita aos jogadores saber quão perto estão do seu objetivo, dando-lhes motivação para continuar jogando.
4. *Participação voluntária.* O jogo só será divertido se os participantes quiserem participar da brincadeira.

Os jogos nos fazem felizes porque trabalhamos para atingir objetivos. Ao vencer obstáculos, temos a sensação de dever cumprido. Alcançado tal êxito, o nosso corpo libera uma onda de adrenalina e dopamina, e isso faz com que nos sintamos vibrantes e capazes. Os efeitos são ainda mais fortes quando brincamos em grupo. Ao alcançar objetivos na companhia de outras pessoas, o nosso corpo gera químicas extras, incluindo a ocitocina, o chamado hormônio do abraço, que aumenta a nossa conexão com as pessoas ao nosso redor.

A Zynga foi pioneira em uma nova modalidade de jogo on-line que permite às pessoas, em diferentes partes do mundo, brincarem juntas, o que pode ser particularmente bom para famílias com uma vida agitada. Um jogador faz uma tacada de manhã, outro responde no final do dia. É famosa a frase de Pincus dizendo que ele queria que as pessoas jogassem por "cinco minutos, cinco vezes ao dia". Como disse um dos designers presentes no café da manhã: "Essas coisas do tamanho de um bit se encaixam na minha vida agitada, mesmo sendo um pai que trabalha fora. E também cabem na vida dos meus filhos. Eles não querem ficar sentados, jogando o dia inteiro com os pais, mas aceitarão a proposta caso as partidas durem dois minutos."

Para as famílias, a forma de brincar com os jogos da Zynga é parecida com o que os estudiosos descobriram para o jantar em família: é possível pegar vários dos benefícios de passar um tempo concentrado juntos, em família, e dividi-los em pequenas partes ao longo do dia. A Zynga, assim como outras criadoras de jogos sociais, facilitam esse trabalho incluindo chats em suas áreas de jogo. Nas páginas surgem coisas como: "A sua perna sarou?", "O que você quer de aniversário?" ou "O seu pai está dizendo oi".

"Nós temos vários perfis de jogadores", explicou o chefe de marketing da Zynga. "Um deles envolve uma mãe que mora na América do Norte e uma filha que mora na Austrália. Todos os dias elas jogam Words With Friends. Em determinados dias, jogam apenas uma vez. Mas simplesmente saber que a filha está bem é algo maravilhoso para essa mãe. Ela nos disse: 'Mesmo quando estou perdendo, sempre tenho a oportunidade de dizer *eu te amo.*'"

Tais ganhos são ainda maiores em jogos como FarmVille e CityVille, que obrigam os participantes a cooperar. Em 2009, pesquisadores de oito universidades dos Estados Unidos e da Ásia estudaram os efeitos dos jogos que requerem "comportamento prestativo". Em três estudos diferentes, eles observaram crianças de até 13 anos, adolescentes e universitários. Os três estudos concluíram que, quanto mais tempo os jovens passam ajudando os demais em jogos, mais tempo passam ajudando amigos e parentes na vida real. Os autores do projeto chamaram esse fenômeno de "espiral ascendente" dos jogos. Famílias que brincam unidas permanecem unidas.

Eu ofereci três situações à equipe da Zynga e pedi que me ajudassem a encontrar soluções.

Além das montanhas e através dos bosques

A primeira situação envolvia uma longa viagem de carro. Nós tínhamos comido todo o lanche. Estávamos cansados dos mesmos CDs e também do Vinte Perguntas, uma brincadeira muito popular nos anos 1940. Não poderíamos inventar algo novo?

Estou pensando em uma época na qual...

Os designers me disseram que eu deveria permitir que tudo fosse simples. "Com crianças, a atenção deve ser concentrada", disse um deles. "Comece com o que elas já sabem. Dessa forma, elas terão a sensação de controle. Depois modifique com todos os tipos de saídas."

Eles recomendaram uma versão caseira das Vinte Perguntas. "As crianças guardam muitas lembranças de coisas que fazem com vocês", disse um dos designers. "Lance um desafio: *Estou pensando em uma época na qual fomos a um lugar... Quero que vocês, meninas, façam perguntas para mim para descobrir que lugar é esse, mas cujas respostas sejam apenas sim ou não. Um, dois, três e já!*" De uma hora para outra, as crianças se transformaram em atores de seu próprio jogo. "No que a mamãe está pensando?" "Para onde fomos?"

Outra vantagem dessa brincadeira é que as crianças estarão no mesmo time. "Especialmente com crianças pequenas, quando uma delas alcança mais pontos que a outra, o resultado costuma ser desastroso", disse um designer. "Portanto, o melhor são os sistemas que acumulem pontos compartilhados. Elas trabalharão juntas por um tempo e depois competirão. Misturando as duas técnicas, o relacionamento será melhor." O vencedor escolhe o próximo local.

Vamos contar uma história

A Zynga descobriu que as pessoas procuram os jogos por um desses três motivos:

- Os "empreendedores" jogam porque querem ganhar.
- Os "com mania de grandeza" jogam porque querem construir algo maior ou que chame mais atenção.
- Os "decoradores" jogam porque querem criar um mundo, enchê-lo de coisas projetadas por eles e depois compartilhar tudo isso com os demais.

Esta última categoria me surpreendeu. Os "decoradores" costumam ser mulheres, e esse foi um dos segredos do sucesso da Zynga, que conseguiu se instalar no mercado melhor do que grande parte das empresas do ramo.

"A chave do sucesso é oferecer às pessoas o que elas querem em um jogo", disse um dos designers. "Portanto, se você é do tipo 'decorador', eu lhe darei casas para mobiliar, florestas assombradas para desbravar e terras mágicas para povoar. O jogo tratará de embelezamento."

Para a nossa viagem de carro, eles recomendaram que criássemos um "novo mundo" com a nossa família. Uma pessoa lança novas frases para construir uma história, depois passa a vez à pessoa ao lado, e então à seguinte. Caso queira incluir uma espécie de pontuação, para que os participantes se sintam motivados, pontue as novas frases que façam sentido quando unidas às anteriores. Se, no final, a história fizer sentido, a equipe ganha um prêmio. Como disse um pai: "Eu percebi uma tendência com os meus filhos. Os jogos que eles gostam de verdade têm esse aspecto de imersão, de criação de ambientes. Eles gostam de habitar mundos diferentes. É nesse momento que as crianças perdem a noção do tempo da viagem de carro e querem seguir em frente."

Presos no aeroporto

Estamos em um aeroporto. Está chovendo do lado de fora. O nosso voo foi cancelado. Nós podemos dar voltas, mas apenas em um espaço confinado. E agora?

Missão impossível

Desde que as minhas filhas eram pequenas, nós brincávamos de algo chamado de "missões". Em salas de espera, eu pedia que elas procurassem letras em propagandas. Em piscinas, pedia que contassem as cadeiras. Como eram tímidas, eu pedia que descobrissem o nome ou a cidade de origem de alguém. E elas sempre tinham que fazer uma apresentação dos resultados quando voltavam: "O meu nome é Eden. Temos nove nuvens de tempestade sobre a cabeça."

Muitos dos designers da Zynga jogam algo parecido com os seus filhos, mas se saem bem melhor na empreitada. Para começo de conversa, eles misturam os itens de maneira mais criativa: quero duas etiquetas de bagagem da United Airlines, três palitos do Starbucks, e quero saber a que horas sai o próximo voo para Amsterdã. E os prêmios são generosos: caso você se apresente para cinco pessoas e me traga três cartões de visita, ganhará um *frozen yogurt*. Por último, perguntam: "Quantos passos um bebê daria daqui até o portão 16? E quantos passos daria um dinossauro?" Caso consigam dividir esse número em duas metades, ganharão pontos extras.

"Para muitas crianças, subir de nível é o principal objetivo para participar de um jogo", disse um dos designers. "Trata-se de uma necessidade humana básica: a necessidade de alcançar um objetivo. Os praticantes de caratê descobriram isso há muito tempo. A única razão para que exista uma faixa preta é o fato de ela ser misteriosamente melhor que a faixa branca."

Conte-me sobre ela

Seguindo o caminho de criarmos um jogo ativo e mais imaginativo, as mães presentes no grupo de designers recomendaram aproveitar os demais passageiros. Escolha uma pessoa, depois se revezem criando histórias sobre ela — quem é, de onde vem, para onde vai.

"Eu brinco disso com os meus filhos", disse uma delas, "e eles desenvolveram uma grande habilidade para observar as pessoas, ouvi--las, tentar descobrir o que estão vestindo e por quê. O meu filho sabe para onde voam todas as companhias aéreas, as que vão a lugares frios ou quentes, e com essa informação ele tenta descobrir o que as pessoas farão por lá. Eles ganham muita prática contando essas histórias elaboradas, e eu adoro escutá-las."

The Amazing Race

Após o café da manhã, Steve Parkis, um homem com aspecto de ainda mais novo do que realmente é, vice-presidente e responsável pelo CityVille, fez um passeio comigo pela empresa. Mesmo aos quarenta e poucos anos, parece ser um jovem pertencente a um time de beisebol. Estávamos no meio da manhã, mas as mesas e salas de reuniões estavam vazias. "É um pouco cedo para nós", disse ele. "Caso você estivesse aqui às duas da manhã, tudo estaria cheio."

Eu queria que ele me ajudasse com uma questão: todos os pais querem construir lembranças duradouras com os filhos, especialmente durante as férias, que são um tempo precioso e duro de conseguir; mas como eu poderia ter certeza de que aproveitaria as minhas férias ao máximo, especialmente quando fosse passar uma semana em um local desconhecido?

"Eu trabalhei na Disney durante dez anos", disse Parkis, "e acho que um bom jogo deve misturar Pixar e Jerry Bruckheimer." A filosofia da Pixar é que a história triunfe sobre tudo, explicou ele. Se você quiser construir um jogo que permaneça vivo durante vários dias, precisará de uma narrativa com começo, meio e fim.

"Mas também seria bom aproveitar o que tem nos filmes de Jerry Bruckheimer: pessoas normais em situações normais", continuou ele. "Quantas oportunidades uma criança tem para subir ao topo do Empire State Building ou de ficar de pé nas escadarias no Memorial Lincoln, onde Martin Luther King, Jr. fez o seu discurso?"

Mas esse jogo se parece com quê? "Com o *reality show The Amazing Race*", respondeu ele.

"Estávamos prestes a levar os nossos filhos de férias para o México", ele me disse, "e eu estava planejando uma *Amazing Race* para toda a família." Baseado no *reality show* (produzido por Jerry Bruckheimer), o jogo tem uma estrutura básica: ganha quem marcar mais pontos durante a semana. E tem um ritmo: tarefa menor, tarefa menor, tarefa maior; tarefa menor, tarefa menor, tarefa maior. Tem também diferentes artimanhas para pessoas distintas. Se você é atlético, ganhará pontos nadando ao lado de tartarugas. Se gosta de ser prestativo, ganhará pontos carregando bolsas.

E ele mapeou o jogo com antecedência?

"Muito pelo contrário. Às vezes, eu dava pontos extras a uma criança para mantê-la por perto. 'Matt é o novo líder.' 'E como ele conseguiu isso?' 'Você não viu o que ele fez? Fique atento!'"

Ele costuma construir alianças. "No Havaí, no ano passado, eu não conseguia fazer com que um dos meus filhos nadasse em uma cachoeira, então pedi que um irmão fosse parceiro dele. 'Se você conseguir fazer com que o seu irmão nade nessa cachoeira, ganhará pontos extras.' De repente, não era apenas um pai pressionando o filho, mas outro filho fazendo um esforço pela própria equipe. Esse ano, vou dar uma boa recompensa a quem conseguir fazer com que a mamãe ande em uma tirolesa."

E se alguém não quiser participar de um desses jogos?

"Para espremer uma fruta, o suco tem que valer a pena", respondeu ele. "Em um jogo, se temos êxito o tempo inteiro, a coisa fica chata. Se perdemos o tempo inteiro, também. O truque é misturar coisas fáceis e complicadas. Além do mais, cabe a você estabelecer prêmios que valham a pena."

O jogo de Steve Parkis alcançou êxito imediato — e duradouro — na nossa família. No dia seguinte, eu levei as meninas para passarmos quatro horas brincando de *Amazing Race* no Golden Gate Park. Entre os desafios que lancei, estavam: construir uma réplica humana do edifício Transamérica, saltar um buraco entre duas pedras e tentar adivinhar quantos passos daríamos caso atravessássemos a Golden Gate a pé. Com a minha *Amazing Race*, pela primeira vez consegui fazer com que as minhas filhas ficassem mais de 15 minutos no interior de um museu de arte. Eu pedia coisas como: contem o número de pinturas de Georgia O'Keeffe com crânios. Inventem novos nomes para as cores de uma colagem de Matisse. Que escultura é a sua favorita? Dê três motivos para a sua escolha. Quem conseguir dez pontos ganhará dez dólares para gastar na loja de lembranças do museu.

Algumas das dicas de Parkis me pareceram especialmente desafiadoras, sobretudo a sua insistência para que eu permitisse que as meninas falhassem com regularidade. "Não é o mesmo que tirar nota baixa na prova", explicou ele. "Nos jogos, algumas falhas são uma prova de que estamos no caminho certo. Elas nos oferecem persistência e nos deixam mais otimistas."

Eu segui o modelo de Parkis e, um ano mais tarde, em uma viagem a Londres, fizemos o nosso primeiro jogo de uma semana. As meninas ganharam cinco pontos por terem contado cem ônibus de dois andares, três por reunir coragem e perguntar a um policial londrino qual era o endereço do primeiro-ministro, além de um ponto extra por conseguirem superar o medo de animais, tocando em um dos cavalos da rainha. Elas alcançaram oficialmente o total de pontos quando guiaram toda a família durante quatro estações e duas mudanças de linha no metrô de Londres. Essa brincadeira nos proporcionou seis horas de diversão por dia, além de distração e muita aventura. E que prêmio extravagante elas pediram por terem conseguido tantos pontos?

Sorvete.

E eu aprendi uma lição recorrente durante a minha pesquisa. A última ideia sobre famílias demonstra que um pouco de caos, desordem e tensão é perfeitamente normal. Todo mundo discutirá algumas vezes sobre onde comer durante a viagem. Perderá alguma bagagem. Porém, com um pouco de ingenuidade, um ajuste ágil e um ou dois checklists, é possível reduzir o estresse e recuperar-se mais rapidamente dos percalços.

Muito mais importante para o sucesso da sua viagem, ou de qualquer outro aspecto da sua vida, é se preocupar menos com a eliminação dos pontos negativos e se concentrar na maximização dos positivos. Uma maneira fácil de fazer isso é deixando de lado o seu telefone, aproximando-se dos seus filhos e brincando com eles. Como Steve Parkis me disse ao final da minha visita à Zynga: "Com o passar do tempo, eu percebi que não tinha muitas coisas em comum com os meus filhos. Eles têm oito e nove anos. Nós não compartilhamos muita experiência de vida. Mas eu gosto de jogar, e isso é algo que podemos fazer juntos, em um nível de companheirismo.

"Eu não tenho um bom relacionamento com o meu pai", disse ele. "Portanto, o meu objetivo era que isso não acontecesse com os meus filhos. A minha inspiração sempre foram as visitas a parques temáticos. Nós sabemos como funciona: a família não para de discutir no caminho para o parque. Quando voltam para casa, nada é perfeito. Porém, durante um tempo, quando estão no parque, todo mundo se une.

"É isso o que jogos como o meu podem fazer", disse Parkis. "Eles são aquele momento de pausa no ano, quando todos deixamos o mundo girar e compartilhamos experiências, o que é uma delícia. 'Na verdade, eu me preocupo com você, sabia?' 'Sim, agora eu me lembro: nós somos uma família.'"

12
Cale a boca e torça!

O que os treinadores sabem sobre famílias de êxito

Steven Mail estava com problemas. Durante um início de noite de janeiro, um homem de 47 anos estava de pé na lateral de um campo de futebol de Apopka, na Flórida, não muito longe da Disney World. Sua filha de dez anos, Zoe, estrearia como meio de campo do North Florida Fury, no jogo de abertura da pré-temporada. O time dela era o favorito. Ela usava o uniforme completo, mas a mãe tinha ido a outro evento familiar, deixando o pai com a tarefa de acompanhá-la ao jogo. Embora fosse o presidente do clube de futebol da filha, Steven Mail não sabia como fazer um rabo de cavalo.

"Eu conheço vários pais completamente envolvidos nos times de futebol das suas filhas", disse ele. "Mas todos temos dificuldade com o rabo de cavalo. Sentimos falta da nossa esposa quando chega o momento de arrumar o cabelo das meninas."

Steven cresceu em uma família de classe trabalhadora de Glasgow, na Escócia, e é um boxeador musculoso, com sotaque pesado. Ele se casou com uma estudante de cabelos pretos de Dallas, e os dois moram em Jacksonville, na Flórida, local que fica seguramente distante das duas famílias. Steven vende apólices e vive reclamando dos norte--americanos, e a esposa dele cria os três filhos e ainda não conseguiu se adaptar à cultura local. Eles pensavam em se mudar, mas algo inesperado aconteceu.

Um dia, Zoe voltou para casa e disse que abandonaria o futebol. Naturalmente tímida e inclinada às artes, ela não queria se envolver em competições. Mas Steven, que cresceu acompanhando os times de futebol britânicos, ficou arrasado. "Eu perguntei a ela: 'Se eu assumir o time, você se esforçaria ao máximo para continuar?'"

De repente, Steven recebeu um chamado. O time de Zoe não ganhava nada desde a temporada anterior. Ele ensinou as meninas a dar passes e driblar, mostrou a elas como mudar o jogo de direção e alterar os pés, a serem agressivas. "Temos muitas meninas desengonçadas no time", disse ele, "mas Zoe era a pior. Ela é criativa, doce e meiga, mas eu cresci em um bairro complicado, e aprendi que, quando alguém nos ataca, devemos revidar. De uma maneira mais civilizada, foi isso o que ensinei às meninas."

E funcionou. No ano seguinte, o time foi imbatível. Em pouco tempo, Steven estava treinando suas outras filhas. Ele recrutou jogadoras conhecidas para atuar no time. Vários anos mais tarde, decidiu deixar de lado o treinamento diário e concorreu à presidência do clube, um trabalho não remunerado que o ocuparia quase o dia inteiro. Em uma concorrida eleição contra um oponente muito querido, Steven foi eleito por uma curta margem de votos.

"A minha lábia para que as famílias entrassem no nosso clube foi simples", revelou ele. "Como pais, o nosso objetivo é criar adultos felizes, de sucesso. E quais são os segredos do sucesso? Não é que os nossos filhos sejam os mais inteligentes; o importante é que tenham habilidade para o sucesso e vivam felizes ao lado do companheiro. É ter determinação e perseverança.

"No futebol, aprendemos essas habilidades. Aprendemos que, quando somos vencidos, podemos nos reerguer. Aprendemos que, mesmo em uma situação complicada, podemos virar o jogo."

Naquela manhã, as filhas dele precisariam de todas essas habilidades. Após os meses de inverno sem jogos, no entanto, o Fury perdera a garra. Em poucos minutos, perdiam por dois gols. O treinador Robin Mott, membro da aeronáutica, gritou: "Amelia, passe a bola!"; "Madeline, preste atenção no que está acontecendo atrás de você".

Mas a real frustração, até mesmo hostilidade, surgiu entre os pais das jogadoras do Fury. Com mantas sobre as pernas e sentados em cadeiras de praia, aquelas 12 mães e o punhado de pais pareciam muito nervosos, como se as suas filhas estivessem a ponto de atravessar um lago repleto de jacarés. Os comentários deles eram mais de repreensão do que de encorajamento. "Olivia, volte para a sua posição!" "Chuta,

Emily! Parece que você não está pensando." Eles eram a pura expressão da ambição e da carência.

E capturavam as paixões envolvidas nos esportes infantis. Visto de certo ângulo, aquelas meninas com menos de dez anos estavam passeando por caminhos que moldariam o caráter delas, aumentariam a sua confiança e forjariam habilidades que lhes serviriam para muitas coisas, de trabalhos escolares a encontros amorosos. Porém, visto de um ângulo diferente, os caminhos abriam espaço às tendências mais destrutivas dos pais modernos — a enorme pressão que infligem aos filhos: que devem trabalhar duro, alcançar êxitos e se especializar rapidamente. Esses dois caminhos se misturam e fazem dos esportes infantis um dos campos mais combativos para as famílias modernas.

Portanto, quais são as novas regras para pais e jogos? Como as famílias felizes lidam com os esportes?

"Zoe! Você está bem?"

Zoe tinha recebido uma bolada na cabeça e caído no chão. O pai dela ficou olhando, paralisado, para dentro do campo. Ele sabia que os pais não deviam pisar no gramado, e demonstrou uma força de vontade enorme ao não cruzar a linha. O juiz se aproximou de Zoe. As outras jogadoras se ajoelharam. O tempo parou. De repente, toda a vulnerabilidade das crianças e dos jogos estava disposta sobre o gramado. Zoe passaria a ser uma atleta machucada ou simplesmente sofria uma forte carga de angústia?

O poder do dinheiro

Os esportes em equipe são as atividades extracurriculares mais comuns entre as crianças norte-americanas de sete a dez anos. São mais populares que bandas de música ou coros, que grupos religiosos ou esportes individuais. O estudo mais respeitado sobre o assunto, feito anualmente pela Sporting Goods Manufacturing Association, demonstrou que cinquenta milhões de meninos e meninas, entre seis e 17 anos, participam de ao menos um time esportivo, enquanto dez milhões praticam esportes individuais. Isso é quase 70% das crianças americanas. O basquete é o esporte mais popular, seguido do futebol, do beisebol, do softbol e do lacrosse. O futebol americano é o esporte mais praticado entre meninos do ensino médio.

Como disse o presidente da associação: "Os Estados Unidos são uma sociedade dirigida por times de esportes coletivos."

Mas nem sempre foi assim. O esporte é um fenômeno relativamente novo para as famílias. Até o final do século XIX, a religião era a força dominante na vida da maior parte das crianças, cuja principal atividade era ajudar no trabalho dos pais. Os esportes em equipe começaram a ser mais populares na sociedade industrial, como uma tentativa de oferecer recreação organizada a uma população urbana crescente. Teddy Roosevelt, que teve uma infância asmática, quando descobriu o boxe, apoiava os esportes como uma maneira de os meninos evitarem ser "mariquinhas", termo cunhado na época para refletir o medo de as cidades deixarem os meninos mais fracos. O apoio de Roosevelt ao atletismo foi seguido por um crescimento do número de pátios adaptados a jogos, aulas de educação física, Associação Cristã dos Moços e da Little League, bem como dos Jogos Olímpicos modernos. Os esportes se tornavam parte central da infância.

E com um bom motivo. Inúmeros estudos demonstraram os benefícios do atletismo para as crianças pequenas. A participação em esportes resulta no aumento da autoconfiança, em melhor habilidade na administração do tempo e em uma imagem mais positiva do próprio corpo, bem como na diminuição da depressão, da gravidez na adolescência e do vício no fumo. Em 2005, uma pesquisa feita pelo governo dos Estados Unidos descobriu que os atletas frequentam as universidades e se formam em maior número que os não atletas. Uma pesquisa feita com executivos seniores que trabalham nas quinhentas melhores empresas da revista *Fortune* descobriu que 95% deles participou de equipes esportivas no ensino médio, um número altíssimo se comparado aos 50% que esteve nas associações de alunos, e do número ainda menor que frequentou a National Honor Society. Não é de estranhar que o duque de Wellington tenha dito a sua famosa frase: "A batalha de Waterloo foi ganha nos campos do Eton College."

Mas é possível que nada ilustre melhor a obsessão dos norte-americanos com os esportes do que uma estatística que encontrei: quase dois terços dos casais usam a inseminação artificial para priorizar genes atléticos, e não genes intelectuais que poderiam aumentar as chances de entrar em uma boa universidade e se sair bem nela. Para alunos nerds como eu fui, isso é um pouco duro de aceitar: mesmo quando passam a vida vendo revistas pornográficas em quartos sem janelas, são os sarados que ficam com as meninas!

Mas as desvantagens dos esportes infantis também são muitas, e cada vez maiores. O principal problema, de acordo com todas as pesquisas, é que os pais não entendem como as crianças se desenvolvem, não compreendem por que elas querem jogar e não percebem quanta pressão colocam sobre os ombros dos filhos. Adicione a isso o crescente negócio relacionado aos esportes infantis — da cobertura televisiva da Little League mundial aos caros ingressos para os clássicos da pré-temporada, suéteres, treinadores particulares e acampamentos de verão. O resultado é uma dura realidade.

Veja algumas poucas estatísticas: a associação atlética das universidades norte-americanas oferece mais de um 1,5 bilhão de dólares anuais em bolsas. Como a lei obriga que esse dinheiro seja dividido igualmente entre esportes femininos e masculinos, as mulheres são particularmente beneficiadas. Como disse a mãe de uma jogadora do Fury: "Se conseguirmos manter o nível dessas meninas, elas terão uma bolsa. Sem dúvida." Sim, você entendeu bem: embora aquelas meninas tenham nove ou dez anos, os pais delas já estão pensando em bolsas de estudo para que cursem uma universidade gratuitamente.

E será que eles estão errados? Se as escolas oferecem dinheiro, por que não aproveitar? Mas existe certas consequências nesse novo mundo dos esportes infantis. Em primeiro lugar, a especialização. Ficaram para trás os dias em que as crianças praticavam esportes de forma rotineira, de acordo com as estações do ano: futebol no outono, vôlei no inverno, beisebol na primavera. Hoje, as crianças são cada vez mais forçadas a escolher um único esporte e se comprometer com ele. Grande parte das meninas de nove ou dez anos do Fury, por exemplo, joga futebol o ano inteiro, aproveitando apenas o verão para praticar algo diferente nos acampamentos. A mãe que me contou que a sua filha conseguiria uma bolsa de estudos contratou um treinador particular para garantir o que já parecia garantido. E não foi a única a fazer isso.

O principal problema da especialização é que as crianças acabam escolhendo um esporte antes que o corpo delas tenha se desenvolvido completamente, e isso pode levar a lesões e outros problemas. Eis uma simples tabela com as idades nas quais 60% das crianças está apta a praticar habilidades atléticas básicas:

	Idade	
	Meninos	**Meninas**
Arremessar	Cinco anos e meio	Oito anos e meio
Chutar	Sete anos e meio	Oito anos e meio
Saltar	Nove anos e meio	Onze anos

Como se comprometer com um esporte aos sete, oito ou nove anos, quando não somos capazes de executar todas as habilidades que tal esporte requer?

Essa intensidade, inevitavelmente, leva a falhas de conduta, e não por parte dos jogadores. Todos já ouvimos histórias sobre pais abusivos em eventos esportivos.

- Em Maryland, um grupo de pais de meninas com menos de 14 anos ameaçou uma juíza de 17 anos, seguindo-a ao carro dela após um jogo.
- Na Califórnia, um jogo de futebol de meninos com menos de 14 anos foi interrompido por conta de uma briga envolvendo trinta adultos.
- Em Wisconsin, um pai jogou um menino menor de dez anos no chão por imaginar que ele teria passado a perna em seu filho.

É tentador pensar que esses são incidentes isolados, mas os números não mentem: a Aliança Nacional dos Esportes Juvenis diz que 15% dos jogos envolvem um confronto entre pais e treinadores, pais e juízes ou pais e outros pais. Steven Mail disse ter visto incidentes quase todas as semanas, e já foi obrigado a pedir que pais se retirassem de seu clube.

Porém, a maior fonte de estresse é a expectativa dos pais sobre os filhos. Mais uma vez, os resultados das pesquisas são perturbadores. Um estudo feito com pugilistas entre nove e 14 anos demonstrou que as maiores preocupações deles antes das lutas estão relacionadas à reação de seus pais caso não se saiam bem. Um estudo com esquiadores de 13 anos descobriu que os atletas que temem o "desapontamento ou a desaprovação" dos pais se saem pior nas competições, e os que enxergam os pais como seus "torcedores, sempre positivos" se saem melhor.

As histórias reais são ainda mais surpreendentes. O presidente da Associação de Futebol Juvenil dos Estados Unidos falou sobre um menino que sempre jogou futebol, mas que certo ano se recusou a participar. Ele queria praticar snowboard. "Por quê?", perguntaram. "O meu pai não sabe nada sobre snowboard", respondeu ele. "Além disso, nas montanhas sempre faz frio, e ele não iria me ver. Então, praticando snowboard, eu não teria uma pessoa gritando no meu ouvido o tempo inteiro."

Confronto no Campo 6B

Que papel os conflitos envolvendo esportes ocupam nas famílias? No curso da pré-temporada em Apopka, eu vi muitas dessas tensões entre pais e filhos desabrochando.

O primeiro jogo foi duro para o Fury. Zoe se recuperou da bolada. Ela tomou um gole de água, caminhou um pouco e resolveu permanecer em campo. As colegas de time, as adversárias e os pais de meninas das duas equipes a aplaudiram ao ver que não estava seriamente ferida. O espírito esportivo foi impressionante. Um momento de preocupação se transformou em uma lição.

Mas o Fury perdeu de 4 x 2, e por conta da derrota o time provavelmente estaria fora das finais. Mas as meninas não pareciam se importar com isso. Durante todo o jogo, no breve encontro que se seguiu e no almoço um pouco mais tarde, elas conversaram sobre a escola, sobre os seus cabelos e sobre livros e filmes favoritos, como se estivessem simplesmente aproveitando o fim de semana.

Os pais, no entanto, não conseguiam engolir a derrota. Eles conversavam sobre os momentos decisivos ao voltar para o carro. Na hora do almoço, conversaram sobre erros do juiz, sobre o calor e sobre o gramado diferente do que tinham no seu próprio campo. Quando o segundo jogo começou, estavam prontos para a guerra.

Eu fiquei perto das jogadoras na primeira partida, mas, na segunda, resolvi permanecer ao lado dos pais. E fiquei assustado com a diferença. Ainda que grande parte dos presentes fossem mães, havia mais testosterona naquele ambiente do que na academia que eu frequento. "Parte pro gol!" "Ataque." "Lute!" E o Fury ganhava a partida! O mais impressionante é que os pais só falavam de conquistas individuais. "A minha filha precisa de uma chuteira melhor?" "Ela deveria ter mais aulas particulares? Ela toca na bola o suficiente?" O treinador, por sua vez, que não tinha uma filha no time, mas era um ex-craque universitário contratado para treiná-las, parecia mais focado no time.

E eu não fui o único a perceber isso. Durante o terceiro jogo, no domingo de manhã, as crianças estavam tão cansadas dos gritos constantes dos pais que pediram que o treinador interviesse. Caminhando tão lentamente quanto Gary Cooper em *Matar ou morrer*, ele atravessou o campo no intervalo do jogo e pediu que os pais fizessem silêncio. "É bom animar as meninas", disse ele. "Mas não fiquem dando ordens. Esse é o meu papel. Vocês estão pedindo para elas chutarem. Elas estão ficando perdidas."

Após o jogo, eu perguntei a ele por que os pais ficavam tão agitados em eventos esportivos. Nós não vemos esse tipo de comportamento em peças de teatro escolares nem em recitais de piano.

"Em primeiro lugar, os pais não enxergam a realidade dos filhos", disse Robin Mott. Jogador de futebol nos tempos de ensino médio e pai de três filhos, ele acompanha o futebol juvenil há dez anos. "Os pais não entendem qual é a verdadeira habilidade dos filhos."

Ele conversou sobre o fato de as crianças desenvolverem habilidades atléticas em fases. Na década de 1980, o psicólogo Benjamin Bloom analisou personalidades mundialmente reconhecidas em seis áreas: pianistas de concerto, nadadores olímpicos, escultores, tenistas, matemáticos e neurologistas. Ele entrevistou essas pessoas que alcançaram grandes feitos, e também os pais, professores e treinadores delas. Ao escrever *Developing Talent in Young People* [Desenvolvendo talento em jovens], descobriu algo em comum: "A criança que *chegou lá* nem sempre era a que vinha sendo considerada a mais *talentosa*." Muitos pais disseram que outros dos seus filhos tinham mais "habilidades inatas". E o que distingue os irmãos que alcançam grandes feitos dos que não alcançam? "Vontade de trabalhar e desejo de se sobressair", escreveu ele. As palavras mais usadas nesses casos são *persistência, determinação* e *entusiasmo*.

Bloom disse que a garotada passa por três estágios no desenvolvimento dos seus talentos:

- *Romântico* (dos seis aos 13 anos). Elas adoram as quadras e os campos. Adoram explorá-los, descobri-los. Aprendem habilidades básicas em uma atmosfera de diversão. Trabalham em busca de elogios, aplauso e aprovação. A diversão é muito importante.
- *Técnico* (dos 13 aos 16 anos). Um instrutor ou treinador começa a trabalhar com eles, focando na técnica e na disciplina de cada jovem. Essa transição envolve muito perigo, porque algo que antes era diversão passa a ser encarado como trabalho. Para alguns jovens, a diversão desaparece do mapa. Muitas desistem. O envolvimento com os esportes durante a juventude alcança um pico aos 11 anos, para depois entrar em forte queda até os 14.
- *Maduro* (acima dos 16 anos). Os participantes se encaminham à destreza. Ultrapassam as regras para criar o seu próprio estilo e interpretação do jogo. A prática é intrinsecamente motivada.

Claro que essas fases são flexíveis, mas o que importa é o que Bloom diz: "Uma das maiores descobertas do nosso estudo foi que demoramos um pouco para reconhecer um talento." Nos esportes, segundo ele, menos de 10% das crianças poderia ser identificada como talentosa por volta dos 12 anos. O treinador Mott concorda com essa ideia. Eu perguntei a ele se poderia fazer uma previsão de quantas das meninas do seu time, com menos de dez anos, seriam atletas de êxito aos 16. Ele me respondeu com um rotundo "não". "Algumas pessoas se desenvolvem; outras, não. Algumas pessoas nunca desenvolvem habilidades técnicas, enquanto outras se sentem realmente motivadas e, de um momento para outro, deslancham."

Eu perguntei se poderia prever que jogadoras teriam êxito na vida. "Sem dúvida, podemos saber quem se adapta melhor às situações", disse ele. Uma de suas filhas, de 17 anos, tem apenas 1,5 metro de altura e sofre de artrite reumatoide juvenil, mas ao mesmo tempo é apaixonada por futebol, e desenvolveu uma ótima habilidade técnica e domínio do jogo. "Ela não é a melhor, não é a mais ágil, nunca se sairá bem no jogo aéreo, mas sabe como superar tudo isso." E participou de todos os jogos no seu tempo de ensino médio.

Os pais devem saber que não são descobridores de talentos. Caso estejam direcionando um pré-adolescente a alcançar o êxito em um esporte em particular, é possível que essa criança desista antes de ter a chance de demonstrar se é realmente talentosa. O mais importante para crianças com menos de 12 anos é desfrutar do jogo. Nada mais.

Após o torneio, eu perguntei a dez meninas do Fury qual era a melhor coisa em fazer parte daquele time.

"Estar com as nossas amigas", disseram elas.

"Conhecer gente nova."

"Ficar nos hotéis e brincarmos juntas."

Perguntei também como elas enxergavam a diferença entre praticar um esporte individual e um em equipe.

"Nos esportes individuais, é possível ter um amigo, mas, jogando em grupo, estamos sempre juntas."

"Os esportes em equipe são divertidíssimos."

"Essa palavra não existe", disse uma companheira de equipe.

"São mais divertidos; pronto."

"Quando cometemos um erro em um esporte individual, estamos sozinhos; se estamos em um time, todo mundo se abraça."

"E o que vocês não querem que os seus pais façam à beira do campo?", perguntei.

"Quando eles nos incentivam, tudo bem, mas quando eles gritam para a gente voltar à posição, é hora de ignorá-los, mesmo que eles fiquem chateados."

"É como quando eles dizem: 'Pegue a bola! Você pode! Mantenha a cabeça erguida!' Isso é um horror!"

"Algumas vezes eles dizem: 'Venha aqui e cumprimente não sei quem, ela veio te ver.' Eu odeio isso!"

"E o que vocês querem que eles façam?", perguntei.

"Que calem a boca e torçam!", responderam elas, em uníssono.

Você é o tipo de pessoa que...

Tudo bem. Eu estava conseguindo entender o que os pais não deveriam fazer nesse momento, mas continuava sem saber exatamente o que eles deveriam fazer. Porém, descobri bem rápido que um dos pais parecia mais preocupado que os demais sobre o assunto.

Jim Thompson se parece mais com um pai esportista do que com uma estrela dos campos. Com suas feições suaves, seu rosto amigável e rosado, parece um pastor de cidade pequena. Em 1998, ele deu início à Positive Coaching Alliance, dedicada a transformar os esportes para a juventude em uma experiência alegre para pais e filhos. A associação trabalhou com duzentos mil treinadores, afetando mais de três milhões de crianças. Fazem parte do seu conselho: Phil Jackson, Bill Bradley, Dean Smith, Kerri Strug e Nadia Comaneci.

"O meu primeiro trabalho foi com crianças emocionalmente perturbadas, em Minnesota", ele me contou em seu escritório em Mountain View, Califórnia. "A nossa filosofia é implacavelmente positiva. Nós estabelecemos limites, mas as crianças se sentem livres no interior dessas fronteiras. Quando eu voltava para casa e via os meus filhos praticando esporte, ficava pensando nesses pais altamente educados que fazem tudo errado. Foi então que tive a ideia do treinamento positivo."

O objetivo dos esportes juvenis, segundo Thompson, é criar melhores competidores e melhores pessoas. Ele pergunta aos pais quem eles acham que deve ter o trabalho de marcar o primeiro gol. "E eles respondem imediatamente", disse Thompson. "Os treinadores e as crianças." "Vocês têm um trabalho mais importante", Thompson diz aos pais. "Devem focar no segundo gol: em ajudar os seus filhos a transferir o que aprenderam nos esportes à vida real." Vamos dizer que um filho seu comete um erro, e que por conta disso o time dele perde o jogo. "Vocês podem ter uma conversa sobre prestar atenção nas melhores jogadas, manter o olho fixo na bola etc. Ou então podem ter uma conversa sobre adaptação, caráter e perseverança."

E quais são as dicas para alcançar tal objetivo da melhor maneira possível? Thompson dividiu as suas recomendações em três fases: antes do jogo, durante o jogo e após a finalização do jogo.

Antes do jogo

Seja guiado; não guie. Não coloque o esporte na cabeça do seu filho; espere até que ele o coloque na sua cabeça. Thompson ofereceu recentemente um workshop com Peyton Manning. Alguém perguntou a Manning qual foi o melhor treinador dele, e ele respondeu: "O meu pai. Ele me disse que poderia me ensinar a ser *quarterback*, mas eu tive que pedir. Portanto, quando ele chegava em casa, eu implorava: 'Vamos lá fora, treinar um pouco.'" Quando a criança demonstra iniciativa, os pais podem se envolver. Como Thompson resumiu: "Para uma criança, é duro ser guiado, pois ela passa a vida inteira sendo guiada pelos pais."

Defina os seus objetivos. Thompson gosta de pedir aos pais que identifiquem os objetivos para os seus filhos no campo dos esportes. Ele lhes oferece uma lista de opções e 100 "pontos" para que dividam entre os objetivos.

———— Transformar-se em um grande atleta.
———— Aprender a jogar alguma coisa.
———— Aprender a trabalhar em equipe.
———— Vencer.
———— Ganhar autoconfiança.
———— Aprender "lições de vida".
———— Divertir-se.
———— Fazer amigos.
———— Conseguir uma bolsa de estudos.
100   TOTAL DE PONTOS

"Quase ninguém põe cinco ou dez pontos em vencer", disse Thompson. Ele incentiva que os pais peçam aos filhos para preencher o mesmo formulário e depois comparar as respostas.

Durante o jogo

Nada de verbos. "O nosso conselho é animar; não indicar caminhos", disse Thompson. "Você pode dizer ao seu filho que ele fez um bom passe, mas não diga: 'Passe a bola para ele.' Você pode dizer que ele deu um ótimo chute, mas não diga: 'Chute!'"

Puxe a descarga. Uma coisa que ouvi algumas vezes das jogadoras do Fury foi que elas odiavam quando seus pais diziam: "Mantenha a cabeça erguida!", ou "Não se preocupem, vocês ganharão da próxima vez". "Droga", eu pensei. Os pais não conseguem dar um descanso. Nenhum estimulante é permitido.

Mas Thompson tem uma solução inventiva. Ele sugere aos pais o planejamento de um "ritual de erro" com os filhos, e pais e filhos podem lançar mão dessa técnica quando a criança fizer uma bobagem. Alguns exemplos que ele viu funcionar:

- Quando uma jogadora comete um erro, ela tira o boné da cabeça; assim que volta a vestir o boné, ela se esquece da jogada anterior e se concentra na seguinte.
- Quando um atleta sofre um escorregão, ele bate duas vezes no capacete. Se uma criança se esquece de fazer isso, o pai deve bater duas vezes no capacete do filho para lembrá-lo de que cometer erros é permitido.
- "O que devemos fazer com coisas que cheiram mal?", perguntou um treinador a Thompson. "Jogá-las no vaso e puxar a descarga." O treinador faz a mesma coisa com os seus alunos atletas. Quando uma criança faz uma bobagem, o time inteiro faz o movimento de puxar a descarga, indicando que o erro desapareceu e foi esquecido.

Após o jogo

Nada de APJ. Thompson identificou a primeira coisa que os pais deveriam evitar após um jogo: analisar os erros. O trabalho dos pais não é bancar o comentarista esportivo e insistir nos erros, nos passes malfeitos ou nas bolas perdidas. Thompson expressa essa ideia dizendo: Nada de APJ. Em outra palavras: nada de análises após o jogo.

Você é o tipo de pessoa que... Peça ao seu filho que destaque três coisas que ele lembra sobre o jogo, depois diga as três coisas que você lembra sobre a partida. Se o seu filho mencionar algo negativo, responda com o que Thompson chama de *Você é o tipo de pessoa que...*

"Claro que você não marcou nenhum gol, mas eu quero que saiba que uma das razões de eu te amar é que você é o tipo de pessoa que não desiste facilmente e continua treinando até conseguir o que quer." O seu filho pode pensar: "Será?" Mas Thompson disse: "Ainda assim, esse é o tipo de reforço que eleva a autoestima." "É verdade", pensará o seu filho, "eu errei aqui e ali, mas sou o tipo de pessoa que sempre se recupera." "De repente", explicou Thompson, "a conversa que temos no caminho ao voltar para casa não se baseará em sentimentos negativos, mas nos positivos."

Líder mundial em esportes

O quartel-general da ESPN está localizado em um antigo lixão no interior de Connecticut, em uma cidade anteriormente conhecida como

"Mum City". Hoje, é o epicentro dos esportes norte-americanos, uma Hogwarts para os meninos. Metade dos americanos entre 12 e 64 anos passam um bom tempo ligados em uma das plataformas da ESPN todas as semanas — incluindo dois terços dos homens entre 18 e 44 anos, que passam uma hora diária ligados no canal. "A Oprah é para as mulheres o que a ESPN é para os homens", foi o que me disse Tom Shales, crítico de televisão que ganhou o prêmio Pulitzer.

Sendo um desses homens vidrados na ESPN, eu adorei a ideia de passar um dia no *campus*, conversando com atletas, âncoras e campeões do Super Bowl sobre como os esportes podem aprimorar as famílias. Criando uma cultura de jogos, podemos transformar as famílias em entidades mais felizes?

Essencialmente, jogar *é* se divertir. O *Dicionário Oxford de Inglês* contém mais de cem definições para *jogar*, de *brincar* a *dar risadinhas* e *correr*. É uma "sopa de comportamentos", concluiu um especialista de Harvard. "Nós jogamos porque temos uma exuberância de espírito e energia", escreveu a psicóloga Kay Redfield Jamison, "mas também somos exuberantes porque jogamos."

Muito antes de os negócios relacionados aos esportes decolarem, o jogo (ou a brincadeira) era uma atividade baseada na família. Há cerca de um século, quando as famílias viviam mais isoladas, as crianças não eram segregadas em faixas etárias, e brincavam, sobretudo, com irmãos e primos de diferentes idades. Os pais também eram menos preocupados com o tipo de brincadeira apropriada a adultos ou crianças. Se quisesse jogar, você o faria com a família. O repertório típico incluía cartas, quebra-cabeças, pega-pega, bambolê, jogo de ferradura e pula-carniça.

O interessante sobre a minha visita à ESPN foi ver como todo mundo tinha uma história sobre a época em que as famílias e os esportes eram mais conectados. Mike Greenberg, coapresentador do programa matinal da emissora, me contou que a maior parte das suas conexões familiares infantis aconteciam por causa do esporte. Sendo agora pai, ele deixa bilhetes para os filhos inspirados no manual motivacional *A pirâmide do sucesso*, escrito pelo lendário treinador da Universidade da Califórnia, John Wooden. "O meu favorito é: *seja rápido, mas não corra*", revelou ele. "Já usei isso com os meus filhos milhões de vezes. É como quando eles estão fazendo um dever de casa: 'É melhor vocês serem rápidos', eu digo a eles, 'para depois poderem brincar, mas não precisam correr; isso eliminaria o sentido de tudo'."

O colega de trabalho de Greenberg, Mike Golic, ex-atacante da NFL, disse ter aprendido a amar o futebol americano graças ao pai, Lou, que jogava partidas com os três filhos no quintal de casa. Durante uma época, Lou chegou a levá-los para jogar em um local perto de casa. Quando o irmão de Golic, Bob, disse que queria jogar futebol americano no ensino médio, o pai dele, que havia jogado no Canadá, avisou-o sobre os perigos de pancadas, chutes e problemas nos ligamentos. Mas Bob insistiu, dizendo que queria jogar, e o pai o levou à escola, procurou o treinador e disse: "Quero ser o seu novo assistente." "O meu pai era grandalhão", contou Golic, "então o treinador respondeu: Claro que sim."

Josh Elliot, âncora do canal (que mais tarde passou à ABC News), acredita que, para muitas famílias, os esportes oferecem uma linguagem comum entre as gerações. "Eu nunca me esquecerei de como era o Dodger Stadium na primeira vez em que estive ali", disse ele. "Nunca, nunca, nunca. E o meu pai sabia que a minha reação seria aquela, por isso me levou a um jogo quando eu tinha seis anos. E eu o adoro por isso. Esse amor não tem nada a ver com esportes, mas foi transmitido pelo esporte."

"Veja bem, eu não pareço ser a pessoa ideal para conversar sobre famílias de êxito", disse ele. "Eu sou adotado. O meu pai assumiu que era gay quando eu tinha quatro anos. O meu irmão e a minha irmã, também adotados, são completamente diferentes de mim. Ainda assim, eu acredito ser perfeitamente qualificado para conversar sobre isso, porque estar conectado a algo muito maior do que eu é o que me leva adiante."

E como os pais podem cultivar tal sentimento? Rich Luker, fundador do ESPN Sports e um dos maiores pensadores norte-americanos sobre esportes, concorda que os jogos, na sua essência, são maneiras fáceis para diferentes gerações brincarem juntas. "Se você observar os jogos mais populares que reúnem diferentes gerações", disse ele, "verá que eles existem há séculos: pôquer, boliche e golfe."

Fazendo com que sejam jogados pela primeira vez em casa, você garantirá à sua família um papel central na vida esportiva dos seus filhos. "Comece pedindo a um filho que dê um passe, jogando com a mãe ou o pai dele", disse Luker. "O ato de dar esse passe ou de jogar uma bola de basquete estará para sempre associado à sua mãe e ao seu pai." Mais tarde, quando essa criança marcar um ponto na Little League, ela sempre virá até vocês para celebrar. "E esses momentos serão um ponto alto para vocês como família", disse ele.

Quando sair novamente com uma criança, procure oportunidades para incentivá-la a assumir um pouco de risco. Corra um pouco mais rápido na hora de dar um passe, dê alguns passos para trás antes de atirar um *frisbee* ao ar. "Procure esses momentos de ensinamento e pergunte ao seu filho: 'Viu o que aconteceu? Você não acreditava que conseguiria, mas acabou conseguindo! Como se sente?'"

"E a criança responderá: 'Gostei!'"

"De repente, a criança decidirá quão longe gostaria de chegar", comentou Luker. "Claro que ela estará aprendendo vários tipos de habilidades importantes: confiança, competitividade, risco. Mas tudo isso poderá surgir mais tarde. O que importa nesse momento é que um pai e uma criança estão brincando por pura diversão. Os esportes, então, não são uma fonte de divisões nas famílias; são uma fonte de conexões."

Portanto, anos mais tarde, quando o time do seu filho for o primeiro do estado (como aconteceu com o Fury após o torneio a que assisti), ou quando perder todos os jogos da temporada (exceto um!), como aconteceu com a equipe de futebol das minhas filhas naquele ano, o resultado não importará. O que importa de verdade é o que acontece antes e depois do jogo. É possível que a batalha de Waterloo tenha sido ganha nos campos de Eton, mas, para as famílias, a batalha pelo caráter é ganha no quintal de casa.

13

Dê uma chance à guerra

O manual dos Green Berets para a reunião familiar perfeita

O olhar deles era ansioso, mas também medroso. Eles bebiam muito Gatorade e comiam várias barras de cereais. Eram 29 no total: uma professora e sua filha de 23 anos que tentavam recuperar o contato após um estranhamento; um coronel do exército americano de 62 anos que havia sido atingido em uma estrada iraquiana e caminhava com a ajuda de um amigo; um bombeiro aposentado que queria homenagear seus quarenta amigos mortos no atentado de 11 de setembro. Todos pagaram uma boa quantia para estarem presentes ali, além de terem carregado uma mochila militar com 14 quilos de tijolos.

"Bem-vindos ao Desafio Goruck", disse Jason McCarthy, líder do grupo. "Chega de vida boa!"

McCarthy estava de pé em uma esquina escura da Broadway, no coração de Chinatown, em Nova York. Era sábado, oito da noite, 10 de setembro. Nas próximas doze horas, McCarthy, proveniente de Ohio, magro, quase dois metros de altura, ex-oficial do exército no pelotão conhecido como Green Barets, lideraria um grupo em uma caminhada cheia de obstáculos pelas ruas e pontes de Nova York, terminando no terreno do antigo World Trade Center, na hora exata em que o primeiro avião bateu contra a Torre Norte.

"Embrulhem bem esses tijolos!", gritou ele. "Eu tenho bastante fita isolante e plástico bolha. E sei que vocês estão pensando: 'Os meus estão bem presos.' Mas saibam que, daqui a uma hora e meia, começarão a despencar. E teremos que voltar à linha de partida."

McCarthy, veterano da guerra do Iraque com 32 anos, parece uma versão menos musculosa e perversa do jogador de futebol americano

Tim Tebow. Ele havia dado início à empresa de aventuras Goruck em 2008 (o nome é uma variação do nome *mochila* em inglês), e quase todas as semanas prepara desafios, sempre abarrotados de gente, de Montana a Geórgia. Aquele seria o evento número 63.

"As pessoas ficam tentando entender por que os militares são tão unidos", ele me disse. "É porque eles sofrem juntos, e fazem coisas em grupo que nunca poderiam fazer sozinhos.

"E esse sentimento de camaradagem está perdido para muita gente", continuou. "O mundo diz às pessoas o que elas *não* podem fazer. O Desafio Goruck diz o que elas podem fazer. Mas, para isso, primeiro temos que evitar o individualismo."

O Desafio Goruck forma parte do cada vez mais crescente negócio das atividades recreativas extremas de empresas como Tough Mudder, Muddy Buddy, Beach Palooza e Warrior Dash. Juntas, elas faturam mais de 250 milhões de dólares anuais.

Todo esse interesse na construção de equipes me fez pensar se eu poderia aprender algumas dicas nesse mundo dos jogos extremos para me ajudar a transformar as famílias em entidades mais felizes. É possível que os Green Barets pudessem ajudar a aprimorar o meu fim de semana na praia em família ou o nosso encontro anual em Cape Cod, no feriado da Independência norte-americana.

"Certo, pessoal!", gritou ele. "Vamos formar duas colunas. Cada vez que eu disser 'Vai', vocês respondem 'Em frente'!

"Vai!"

"Em frente!"

"Vai!"

"Em frente!"

"Lembrem-se", disse ele. "Tudo aqui será feito em equipe. Vocês se enrolarão de vez em quando, mas não se preocupem, porque pagarão por isso mais tarde. Agora, sigam-me."

"Vai!"

"Em frente!"

"Vai!"

"Em frente!"

E todos começaram a descer a Broadway.

Sincronizando os passos

Na noite em que a minha mãe conheceu a minha futura sogra, as duas desapareceram em um quarto e voltaram cinco minutos mais tarde, com um sorriso no rosto: os Feiler ficariam com o Dia de Ação de Graças e o Dia do Trabalho; os Rottenberg, com a Páscoa e o Quatro de Julho. Nos três anos seguintes, aqueles encontros anuais no verão se transformaram em grandes ocasiões para avós, irmãos, primos e outros. No Acampamento Rottenberg, os eventos principais são passeios de bicicleta, competições de jogos de tabuleiro e reuniões ao redor de fogueiras. No Acampamento Feiler, os pontos altos são sorvete caseiro, pintura de tecidos estilo tie-dye e concurso para ver quem atira caroços de melancia mais longe.

Quarenta por cento dos americanos frequenta uma reunião familiar todos os anos, e 25% frequenta a cada dois ou três anos. As reuniões costumam envolver uma família nuclear, cujos descendentes trazem suas próprias famílias ao evento. Essas reuniões podem juntar de trinta pessoas (como acontece com os Feiler e os Rottemberg) a mil. A editora da revista *Reunions*, Edith Wagner, me contou que pelo menos duzentas mil reuniões familiares acontecem todos os anos, envolvendo cerca de cem milhões de pessoas.

Algumas reuniões acontecem há muito tempo. A família de Samuel e Hannah Rockwell convoca reuniões anuais desde 1847, e dizem ser a família mais antiga dos Estados Unidos a seguir tal tradição. Eles se reúnem perto de Canton, na Pensilvânia, no primeiro sábado de agosto. Entre os pontos altos do evento está uma apresentação sobre o significado histórico da família. Nesse momento, eles conversam sobre o papel da mulher na Pensilvânia do século XIX ou como a Guerra Civil os afetou. Uma vez, eles aprenderam a construir um celeiro e visitaram uma construção similar, feita por membros da família, em 1883.

Outras reuniões são ainda mais elaboradas. Mais de mil membros da família Whiting se encontram todos os anos, desde 1948, em uma remota região do Arizona, para festejar o seu papel na construção de uma propriedade mórmon na década de 1870. Os descendentes recriam o vilarejo original praticando atividades como barbearia, oficina de cadeiras, galinheiro e fábrica de sorvete.

Muitas reuniões são temáticas. Os 150 membros da família Rosebeary se reúnem anualmente há 35 anos, em Lake Tenkiller, Oklahoma. O tema mais divertido de todos que já foram criados foi "Survivor". Quando fizeram "Flashback anos 1970", incluíram uma discoteca e um famoso programa de televisão chamado *The Newlywed Game*, que envolvia uma competição entre casais. Cada família vestiu uma cor diferente de camiseta, e teve que participar de corridas e jogos com ferraduras. O fim de semana foi aberto com "decoração de rosquinhas" e terminou com "hambúrgueres de despedida".

Um enorme número dessas reuniões envolve famílias de negros. Inspiradas no livro *Negras raízes: a saga de uma família*, de Alex Haley, muitas famílias negras traçam suas raízes desde o tempo da escravidão. A família Guy estabeleceu a sua origem no nascimento de uma escrava chamada Millie, em 1810, em Raleigh, na Carolina do Norte. Quase setecentas pessoas participam da sua reunião anual, e compartilham passeios históricos, patinação, um show de calouros e muitas rezas. Uma das razões para o seu sucesso é que o comitê das reuniões liga mensalmente para quatrocentos parentes, simplesmente para manter o contato (e pedir que estejam presentes no evento).

As histórias por trás dessas reuniões costumam ser similares. Wagner me disse que ela participou de um grupo que ligou para várias famílias a fim de descobrir como as suas reuniões familiares começaram. "Na metade do primeiro dia, ela desligou o telefone com força e disse: 'Não aguento mais. Todas as histórias são iguais.' Os familiares se encontram em um funeral e decidem se reunir em um momento mais feliz."

Após os funerais, as reuniões lentamente começam a ser mais envolventes. Em páginas da internet e do Facebook, onde os organizadores se encontram, eles conversam sobre quantas salsichas congeladas comprarão para os cachorros-quentes, se deveriam alugar banheiros químicos e quantos metros de corda comprarão para o cabo de guerra. Ao longo dos anos, as nossas reuniões de verão foram ficando cada vez mais sofisticadas. Uma vez, a minha sogra preparou biscoitos S'mores para a primeira reunião ao redor da fogueira. No ano seguinte, preparamos camisetas e montamos torcidas organizadas. Depois, entalhamos um logotipo em madeira. A minha mãe adora tabelas, então preparamos planilhas sobre quem deveria cozinhar, mapas detalhados para caças ao tesouro e tabelas minuto a minuto sobre a montagem de castelos de areia e captura de caranguejos. Os nossos feriados estavam começando a ficar parecidos com acampamentos de escoteiros.

E foi então que eu pensei: quem poderia entender melhor sobre proximidade e companheirismo em equipe que os militares? Eles fazem isso há centenas de anos. O historiador William McNeill, em seu livro *Keeping Together in Time* [Permanecendo unidos ao longo do tempo], escreveu que os humanos têm a singular habilidade de se reunir por conta de danças em grupo, toques de tambores, marchas, palmas, cantos e cantigas. O "eu" se transforma em "nós", segundo ressaltou ele. E o "meu" se transforma em "nosso".

Iniciativas como o Desafio Goruck são as últimas tentativas de aplicar tais técnicas aos civis. Mas eu não pretendia simplesmente copiar as práticas deles. Pedir aos meus cunhados que carregassem uma mochila cheia de tijolos pela praia seria uma loucura. No entanto, é claro que poderíamos aproveitar algumas dicas para transformar as nossas reuniões em encontros mais divertidos, aproximando ainda mais a nossa família.

Esse tronco é seu

Jason McCarthy mal atravessara um quarteirão e meio da Broadway e a camaradagem do Grupo 63 havia evaporado. Algumas pessoas reclamavam do peso das mochilas. Outras erravam o passo. O que antes era um time unido passou a ser uma espécie de código Morse espalhado pela calçada, reunido em subgrupos de uma, duas ou três pessoas.

"Esperem!", alguém gritou.

"Mantenham o passo!"

"O que costuma acontecer", disse McCarthy, "é que as pessoas deixam transparecer suas individualidades. 'Eu tenho a minha água, a minha comida; posso sobreviver.' Mas o que fazemos não é uma tarefa individual. Eles precisam entender que o nosso trabalho é em conjunto."

McCarthy levou o grupo a uma praça pavimentada na ponta sul de Manhattan, de frente para a Estátua da Liberdade.

"Eu represento Jersey!", alguém gritou.

McCarthy não pareceu gostar daquilo. "Quando escuto vocês gritando de onde são ou algo como *Vamos!*, é como se escutasse *Eu não sou o máximo?*, ou *Saiam do meu caminho*. Se precisam de tanta bravata, acho que deveriam participar de uma maratona. Precisamos parar com isso." Ele fez uma pausa. "Todo mundo no chão; vamos fazer o exercício *bear crawl*."

Os 29 membros do Grupo 63 se atiraram ao chão e começaram a fazer o exercício ao longo da balaustrada. O ritmo era impreciso e agitado. Insatisfeito, McCarthy pediu que todos prestassem atenção no que faziam. Mas ele continuou insatisfeito, então pediu que fizessem flexões olhando para a água. "Quero que vocês consigam ver a Estátua da Liberdade", disse ele.

Nesse momento, algumas pessoas estavam exaustas. Eu ouvi gemidos. Alguém se levantou, aproximou-se de McCarthy e correu, sumindo no meio da noite.

"Agora somos 28", gritou ele. "Que tal a vista de Nova Jersey?"

Após uma hora e meia, McCarthy finalmente deu um alívio ao grupo: disse que podiam se levantar e beber água. Mas logo voltou à ativa, avisando a todos que deveriam esquecer as alças da mochila. Isso significava que, quando saíssem caminhando em direção ao norte, teriam de carregar os tijolos nos braços.

A nova rigidez surtiu efeito. O grupo parou na porta da Bolsa de Valores de Nova York e voltou a fazer os movimentos de *bear crawl* e as flexões — dessa vez, em maior sincronia. Em seguida, atravessaram a ponte do Brooklyn fazendo jogging e desceram até o rio East, onde McCarthy pediu que se aproximassem da margem e fizessem mais flexões, com os olhos colados às águas escuras.

"Nesse momento, eles começam a pensar: 'Onde foi que eu me meti?'", disse McCarthy. "São homens e mulheres adultos. Todas as partes do corpo deles gritam: 'Não faça isso!'"

"É como saltar de um avião. Sempre que eu salto, sinto um vazio no estômago. Mas o conceito do Exército é que não precisamos necessariamente de pessoas que saltem de um avião, mas de pessoas que *queiram* saltar de um avião. A única maneira de fazer com que isso aconteça é deixando-os trabalhar com um esquema."

McCarthy tem uma fórmula para evitar falhas que força os grupos a criar um esquema de trabalho. Trata-se de uma técnica que também funciona com as famílias, explicou ele. E essa mesma técnica esperava o Grupo 63 no meio da ponte de Manhattan.

222 Bruce Feiler

Era um tronco.

"Esse tronco agora é parte integrante da equipe de vocês", disse McCarthy aos membros do grupo reunidos ao redor do frondoso tronco de árvore, que deveria pesar mais ou menos 450 quilos. "Montem um esquema de trabalho. Mas lembrem-se: caso o seu novo companheiro de grupo toque o chão, vocês terão que pagar com 25 flexões."

O grupo entrou em ação. "Apoiem o tronco nos joelhos!", alguém gritou. "Eu preciso de ajuda!", gritou outra pessoa. "NÃO DEIXEM o tronco cair!", disse um terceiro.

Dez minutos mais tarde, o tronco continuava praticamente no mesmo lugar.

"O tronco é perfeito para construir uma equipe", disse McCarthy, "pois ele força o envolvimento de todos. Ninguém poderia levantá-lo sozinho. Para muita gente, nós somos o que os militares chamam de 'pé no saco', e as pessoas pensam que terão que carregar o tronco por alguns minutos. Mas não: eles o carregarão durante três horas.

"Essa é a lição para as famílias", disse ele. "Pense em todos esses momentos nos quais a sua família quase se arruinou: o dia em que choveu nas suas férias, o piquenique infestado de moscas, o casamento em que um convidado ficou bêbado. Em certos momentos, o demônio surge. Nesse instante, todos temos uma escolha: podemos nos colocar uns contra ou outros ou olhar um para o outro. A melhor forma de fazer isso é segurando um tronco."

Em um intervalo de tempo que pareceu eterno, o Grupo 63 lutou para encontrar um ritmo. Eles tentaram dar uma parada após trinta passos, depois após vinte, e após quinze. Tentaram colocar todo mundo debaixo do tronco, depois começaram a alternar. Tentaram gritar. Após quase uma hora, continuavam em cima da ponte.

"Estamos perto", McCarthy murmurou no meu ouvido. "A coisa está se desenhando."

A hora: 4h23 da madrugada.

Quando o grupo pisou na Canal Street e o primeiro raio de luz apareceu no céu, aconteceu a coisa mais incrível: os ombros se alinharam, as pernas começaram a trabalhar em uníssono; todos olhavam para a frente. O Grupo 63, de repente, parecia um exército de formigas carregando um amendoim.

"Você está bem, Lauren?", alguém perguntou.

"Acho que não estou fazendo o suficiente", respondeu ela.

"Você está se saindo muito bem", responderam.

Uma jovem de salto alto apareceu na porta de um bar, depois gritou e aplaudiu quando os Goruckers apareceram.

"Nós compramos esse tronco", alguém do grupo gritou, "mas não existe serviço de entrega."

Todos sorriram. *Sorriram*! E isso com quase meia tonelada nos ombros, tijolos nas costas e dez horas de sangue, suor e sadismo nas solas dos pés.

"As pessoas chegam a um ponto, e de repente entendem", disse McCarthy. "Elas veem pessoas que as ajudam. Veem as suas necessidades respondidas. E param de pensar apenas em si mesmas. O corpo delas está mais fraco, mas o esquema de trabalho é melhor."

As palavras de McCarthy ecoavam a lição mais memorável que eu aprendi. Nas famílias, alguns dos piores demônios surgem quando os desejos do grupo entram em conflito com os desejos individuais. Precisamos dormir mais, mas chegou a hora de acordar as crianças e tirá-las da cama; alguém quer desligar a máquina da vovó, mas outras pessoas, não. Nesses momentos, podemos desaparecer. Podemos brigar. Podemos armar um escândalo. Mas só teremos sucesso de verdade quando destruirmos o conflito e construirmos um esquema de trabalho com os demais integrantes do nosso grupo.

Pouco antes das 7h30, a centopeia formada pelo Grupo 63 alcançou as proximidades do antigo World Trade Center. Nesse momento, já tinham deixado o tronco para trás, em plena Times Square, para descerem a Quinta Avenida. Estavam exaustos, em frangalhos, completamente destruídos.

"Pelo que sei, o Desafio Goruck começa aqui", disse McCarthy. "Daqui em diante, está nas mãos de vocês."

E pediu à equipe que se dividisse em duplas carregando uns aos outros até a linha de chegada. As pessoas menores deveriam carregar as maiores. E foi o que fizeram. Alguns utilizaram o método dos bombeiros de carregar pessoas, com o corpo sobre os ombros de quem o carrega. A filha carregou a mãe nas costas. Pouco depois das oito horas, em uma cristalina manhã de Nova York, as 14 duplas cruzaram a linha de chegada.

"Eu senti muito mais emoção do que imaginava", disse a mãe, pouco após o término. "A minha filha queria entrar no Exército, e eu estava nervosa. Agora eu entendo. A sensação é muito forte. A conexão que sentimos com os outros é única; não tem nada a ver com nenhuma outra coisa que tenhamos experimentado. Não é de estranhar que os membros da página dos Goruckers no Facebook chamem uns aos outros de irmãos e irmãs."

O bombeiro estava debruçado em uma cerca, aos prantos. "Nesse momento, eu me sinto muito próximo dos meus companheiros no 11 de setembro", disse ele. "Mas eu não poderia ter feito nada sem esses caras aqui." E fez um gesto indicando o Grupo 63. "Voltarei no ano que vem."

Afastado do grupo, McCarthy os observava, contemplativo.

"Eu sou de uma família desestruturada", disse ele. "Fui praticamente criado pelos meus avós. Passei por uma fase em que imaginava não precisar de ninguém para sobreviver. Eu não precisava de família.

"Mas percebi que estava equivocado. A vida deve ser compartilhada. Ultimamente, as maiores experiências que vivo são ao lado de outras pessoas. É isso o que eu quero que as pessoas sintam no Desafio Goruck. Todos precisamos de uma família, mas a família deve ser conquistada."

Olimpíadas de bolos e doces

E qual dessas técnicas (se é que alguma) poderia ser aplicada às famílias? Para responder a essa pergunta, eu procurei alguém que saberia a resposta.

A Academia Naval norte-americana está localizada em Annapolis, Maryland. O seu *campus* de 340 acres abriga quatro mil oficiais e quinhentos professores. Um deles é o comandante David Smith, diretor do departamento de liderança, ética e leis, e um dos maiores especialistas nos Estados Unidos em construção de coesão nas unidades. Além disso, David é a imagem perfeita de Alec Baldwin em seu papel de historiador naval em *A caçada ao outubro vermelho*, que foi filmado na Academia Naval. O Pentágono o chamou quando decidiu rever a construção do estado de ânimo nas tropas.

"Nós sabemos que ser membro de um grupo é algo que todos os humanos almejam", ele me disse. "Todo mundo quer se sentir acolhido. O número e os tipos de relacionamentos que temos são elementos centrais de uma vida feliz."

É engraçado saber que os líderes militares norte-americanos ficam sentados lendo livros sobre felicidade, mas isso não é novidade. Há dois mil anos, Lao-tzu foi o primeiro a falar sobre o estado de ânimo militar. Henrique V, de Shakespeare, referiu-se aos soldados como um "grupo de amigos". Mas foi na época da Segunda Guerra que os militares começaram a estudar sistematicamente o conceito de coesão de unidade, que definem como "a capacidade de qualquer grupo de pessoas se juntar de forma consistente, com um propósito comum".

Até bem pouco tempo, os militares ensinavam coesão "desumanizando" os indivíduos. Pense no bullying sofrido pelos sargentos de *Nascido para matar* e *A força do destino*. Hoje em dia, porém, os militares passam um bom tempo construindo uma identidade por meio de atividades em comum, como as do Desafio Goruck. O comandante Smith desenhou algumas recomendações que poderiam ser úteis nas reuniões familiares.

Conte a sua história

Uma técnica importante para a construção de grupos é o que os sociólogos chamam de "produção de sentido", ou seja, a construção de uma narrativa que explique a razão de existência do grupo. Na Academia Naval, Smith aconselha os veteranos a adotar os novatos, ou "plebeus", aplicando exercícios de construção de história, como ir ao cemitério para prestar homenagem ao primeiro aviador naval ou visitar o B-1 original, exposto no *campus*.

Muitas famílias empregam técnicas similares nas suas reuniões, de limpeza de tumbas à fixação de uma história oral. Os Neal, da Califórnia, incluem um jogo de perguntas e respostas sobre a história familiar em suas reuniões. Entre as questões estão:

- Eleazer e Ollie Neal tiveram sete filhos. Diga o nome de todos eles em ordem.
- Stephen e Francis ganhavam a vida em uma fazenda de algodão, mas em algum momento as larvas se tornaram problemas. Para onde eles se mudaram?

- Que irmão de Neal é conhecido por ter oferecido aos seus filhos um "sorvete baratinho"?
- Que primo é louco pelo San Francisco Giants?

A família Murphy, de Ohio, está entre as várias famílias que utilizam as reuniões para construir sua história. Os presentes se reúnem para preencher a árvore genealógica, e não apenas com datas e locais de nascimento, mas também com as causas de morte, para detectar padrões e recorrências.

Compita

Os acampamentos de verão geram guerras que são ótimos exercícios de melhora do estado de ânimo. Segundo Smith, as pesquisas demonstram que ter um "eles" é um dos melhores caminhos para conseguir um "nós". As competições amigáveis podem gerar uma construção de identidade, e isso pode unir pessoas de diferentes gerações e famílias. Adote cores para as equipes, torcidas e até mesmo uma bandeira. Tudo isso melhora o estado de ânimo. É por isso que as Forças Armadas as usam há milênios.

Os Cowan sempre preparam Olimpíadas familiares perto de Rochester, em Nova York. As atividades incluem uma Grande Corrida de Barquinhos de Papel em um riacho próximo, um concurso de comedores de tortas com as mãos amarradas nas costas e muito chantili na cara, um concurso de empilhadores de biscoitos Oreo, e uma competição onde todos os participantes, de olhos vendados, ficam soltos em um campo procurando os seus companheiros até formar a sua equipe.

Na família Dominique, cuja reunião acontece em Ohio, os participantes formam quatro equipes de 15 pessoas. Uma das suas competições obriga aos participantes passar alguns minutos olhando para uma mesa repleta de objetos familiares (o cachimbo do vovô, o vaso de cozinha da vovó...) para depois responder a perguntas sobre os mesmos objetos: *Quanto mede o cachimbo? Diga o nome de três elementos representados no vaso.* Outra brincadeira envolve montar um campo de sessenta centímetros de largura por quatro metros de comprimento e controlar as pessoas enquanto elas se organizam por peso, depois por ordem alfabética, por idade... sem nunca sair dos limites demarcados.

Na reunião da família Rottenberg, no feriado de Quatro de Julho, eles começam com o "Desafio Cape House", só com as crianças. Seria uma manhã de competições infantis. Eu fiquei surpreso ao ver que as crianças adoraram o momento de escolha de nome para as equipes. Além disso, elas se esforçaram muito na tarefa de montar suas torcidas. Muito tempo após o encerramento dos jogos, os gritos de torcidas continuavam ecoando pela casa.

Brinque

Os militares estudaram o impacto dos diferentes tipos de atividades para estreitar laços. Os jogos individuais (boliche, golfe) são os menos impactantes. Em seguida vêm as corridas, que unem componentes individuais e coletivos. As atividades mais eficientes são os jogos em equipe em que todos dependem de todos (vôlei, futebol, *frisbee*).

"Comece perguntando o que significa ser um Feiler", sugeriu Smith. "Depois, escolha uma atividade pensando no que você gosta. 'Tudo bem, a gente aprende a vida inteira; vamos buscar algo diferente.' 'A gente gosta de correr riscos, por isso escolhemos asa-delta.' 'Nós gostamos de atividades ao ar livre, nunca ficamos em ambientes fechados.' 'Eu não me importo com a aproximação de furacões; a gente nunca para de surfar.'"

A família Carney, da Carolina do Norte, é formada por amantes da natureza. Por isso, em sua reunião no inverno, três gerações foram enviadas à neve em busca de tesouros. Os grupos deveriam encontrar três tipos diferentes de folhas, três sementes, três pássaros, três pegadas de animais, um inseto, algo com mais de cem anos de antiguidade e algo com menos de um mês — tudo isso em meia hora. O que não pudessem coletar deveriam fotografar. Os vencedores conseguiram duas nozes de galha, alguns chapins, um gaio-azul, gansos canadenses, além de pegadas de coelho de cauda de algodão, coiotes e cães. A própria neve foi usada como algo com mais de cem anos e menos de um mês.

Enfeitando os vencedores

Todo mundo sabe que os militares adoram medalhas, pins, fitas e condecorações. E eles têm provas de que tais decorações funcionam. Smith recomenda abundantes reconhecimentos ao espírito de equipe, de moedas a cerimônias de premiação.

A família Sedemann, de Wisconsin, organiza reuniões desde 1993. O que começou com quarenta pessoas hoje envolve quatrocentas. A família promove uma competição anual de bolos, tortas e, em homenagem às suas raízes alemãs, "bolos grudentos", ou *kuchen*. Um jurado escolhe o vencedor do prêmio "Kuchen Oficial dos Jogos Sedemann". Os membros da família fazem um leilão dos doces, e os adolescentes costumam dar os maiores lances, ajudando a cobrir os custos do evento.

No Desafio Cape House, que organizei com a minha cunhada, prometemos dar brindes às crianças, mas esquecemos. Os vencedores, no entanto, não esqueceram! Eles ficaram no nosso pé durante 24 horas. Acabamos preparando uns certificados feitos em casa e deixando que os vencedores decorassem os seus, e também os vice-campeões. As crianças até dormiram com eles naquela noite.

Mas o que acontece quando um membro da família não quer participar das atividades? Por experiência própria, digo que sempre aparecerá alguém que prefere fazer palavras cruzadas ou que reclama do tumulto. "Sempre haverá alguma tensão, especialmente no início", ressaltou Smith. Os grupos, segundo ele, tendem a seguir um padrão típico:

Formação
Tempestade
Normalização
Performance

Em um primeiro momento, o grupo se reúne. Depois, rapidamente, se desintegra, enquanto as pessoas tentam descobrir quais são os seus papéis. Mais tarde, começam a estabelecer regras. *Cada pessoa tem direito a apenas cinco minutos no banheiro. A vovó tem um sistema para pendurar as toalhas.* "Por fim, todos temos um papel, e nesse momento começamos a trabalhar", disse Smith.

No meu caso, tal padrão aconteceu. A reunião da família Feiler, sempre no mês de agosto, costuma envolver pequenas agitações. Da mesma maneira como aconteceu naquele jantar explosivo que me levou a estudar as famílias felizes, descobri que todas as famílias têm suas tensões e seus pontos vulneráveis. Mas as coisas acabam se acomodando, as rotinas emergem e surgem momentos de conexão verdadeira. Uma lição que aprendi ao analisar as reuniões familiares é que devemos forçar para que membros de distintas gerações e ramos familiares trabalhem juntos — preparando panquecas ou armando a rede de vôlei. A tarefa é menos importante que o esforço em conjunto.

Por fim, Smith insistiu na importância de um lado emocional. Nas nossas reuniões, incluímos um jogo familiar. As crianças fazem o papel de líderes. As tias e os tios vestem fantasias. A minha mãe pinta um cenário. Todos preparam biscoitos para a festa. Os problemas, surgidos em outros momentos, não desaparecem, mas são suavizados. Hoje eu percebo que esse é um tema comum nas famílias felizes. Todas as famílias têm seus conflitos. As famílias bem-estabelecidas têm bons momentos em comum que ofuscam os ruins.

O melhor exemplo que escutei de um clímax veio da família Mellenbruch, do Kansas. No final de uma reunião de três dias, eles promovem uma missa com um coro de cinquenta vozes. O coro canta as músicas preferidas do patriarca Henry Frederick Mellenbruch. Na hora do sermão, uma pessoa lê trechos selecionados da última carta que Henry enviou à esposa e aos nove filhos em 1898:

Meus queridos filhos, eu não posso deixar a cada um de vocês uma fortuna em dólares e moedas. Se vocês me amam e reverenciam a minha memória, estejam atentos ao seguinte conselho: amem uns aos outros. Sejam compreensivos uns com os outros. Perdoem as fraquezas dos demais. Estejam sempre disponíveis para encontrar o outro. Sejam gentis e corteses com os desconhecidos. Que cada um de vocês tenha uma cópia desse último conselho e o leia uma vez ao ano.

H. F. Mellenbruch, Fairview, Kansas.

A família seguiu o desejo dele. Essa carta é lida em voz alta, todos os verões, há mais de 110 anos.

Acampamento familiar

Às dez e meia da noite de uma sexta-feira de dezembro, Norman Seavers III estacionava o carro na porta de sua casa, em Gainesville, Flórida. A sua família estava dentro do carro. Com quase dois metros e 82 quilos, Seavers, que cresceu no seio de uma família negra muito unida de Illinois, continua mantendo o corpo do jogador de basquete que foi no colégio. Mas hoje, aos 42 anos, gerente de uma empresa de biotecnologia, está um pouco grisalho no bigode e no cavanhaque.

"Escutem, pessoal", ele pediu à esposa, Natasha, e aos quatro filhos, de quatro a 14 anos, "quero que cada um de vocês coloque um desses tijolos em sua mochila. Isso vai ser divertido, mas precisamos nos manter unidos. Caso contrário, a diversão será um pouco menor durante algum tempo."

Norman estava fazendo o seu melhor na sua tentativa de imitar Jason McCarthy. Tendo completado um Desafio Goruck, ele mostrou fotos e falou sobre detalhes do programa com os filhos. "Eles acharam uma loucura, mas legal", disse Norman. "O meu filho de 12 anos gosta de assistir a programas sobre forças policiais especiais, e os outros são muito atléticos. Em pouco tempo, começaram a pedir que eu liderasse um desafio."

Norman é apenas um dos vários participantes do Desafio Goruck a aplicar algumas de suas provas em casa. Paul Morin, pai solteiro de Fairfax, Virgínia, leva os filhos a corridas, carregando mochilas para crianças e um tronco. Jeremy Gagne, de Washington, DC, transformou o trajeto que a esposa dele faz todos os sábados, caminhando de casa ao mercado de produtores locais, em um Desafio Goruck com filhos.

Os Seaver estavam acostumados a fazer tarefas domésticas. Aos sábados, Norman os levava a um campo próximo à casa deles, deixava que se afastassem e depois soltava o enorme cachorro da família para caçá-los. Em seguida, pedia a um dos filhos que fizesse o maior número de flexões possível. Quando o primeiro terminava, outro filho fazia as suas flexões. Juntos, tinham que alcançar 150. Terminada essa tarefa, Seaver os levava ao "The Swamp", o estádio de noventa mil lugares do Florita Gators, e obrigava-os a correr quatro vezes até o topo das arquibancadas com o cachorro.

"Gostaríamos de tirar umas boas férias", disse Norman, "mas, com quatro filhos, isso nem sempre é possível. Os sábados são os dias em que fazemos coisas juntos." As crianças adoram fazer perguntas durante esses encontros, revelou ele. "Elas querem saber o que eu a mãe deles fazíamos nos tempos de faculdade. Aproveitamos para contar os erros que cometemos e os desafios que surgirão no caminho deles."

Eu me lembrei da ideia de Stephen Covey de que devemos revelar os nossos valores aos filhos, e também da dica de Marshall Duke de que devemos ser claros quanto aos nossos altos e baixos.

"Trata-se de uma perspectiva bíblica", disse Norman. "Você conta às pessoas de onde veio."

No início, Norman parecia resistir à ideia de aplicar um Desafio Goruck em casa (a esposa dele não aceitou participar do primeiro), mas aceitou o desafio: comprou quatro lanternas e levou as crianças para fora de casa na hora de dormir. "Para elas, o mero fato de estar na rua tão tarde já era uma festa", disse Norman.

Ele as guiou até uma ciclovia próxima, pediu para fazerem algumas flexões e para saltarem, depois pediu que fossem à procura de gravetos que pudessem manter nos ombros deles. Durante toda a noite, os gravetos não deveriam tocar o solo. Após mais ou menos uma hora, um homem apareceu na ciclovia. "Ele estava iluminado, parecia uma árvore de Natal", disse Norman. "Estava repleto de luzes pelo corpo e pela bicicleta."

Norman enxergou uma oportunidade: aquele homem seria o inimigo, ele disse aos filhos; seria o tronco. Ele pediu aos filhos que se camuflassem com folhas e galhos. "Eles ficaram em completo silêncio", disse Norman. "Os meus filhos nem acreditavam que estavam vendo aquele homem, e o homem não os via. Quando o homem passou por perto, as crianças saíram correndo. Estavam tão agitadas que voltaram para casa, e não pararam de repetir à mãe o que havia acontecido."

Foi por isso que Natasha, consultora financeira, resolveu acompanhá-los no Desafio Goruck seguinte. Dessa vez, após pedir a todos que colocassem um tijolo em cada mochila, Norman levou a família a um parque próximo, onde deveriam encontrar cinco pistas escondidas. As crianças tinham que contar seus passos, construir uma torre de pinhas e também um abrigo, usando gravetos. Norman só os puniu uma vez, quando o grupo começou a se enfraquecer. Eles tiveram que se manter na posição de flexão durante um minuto. "No início, o meu filho mais velho ficou rindo", disse Norman, "mas logo entendeu a situação e entrou na linha."

As pistas escondidas levaram a família a uma árvore. Os irmãos mais velhos ergueram o mais novo, de quatro anos, à altura de um galho, onde o menino encontrou um saco de doces. "Eles estavam mais felizes do que em uma manhã de Natal", disse Norman.

E ele notou alguma diferença em casa após o desafio?

"Notei. O meu filho mais velho entendeu melhor o que é disciplina e o quanto ela é importante para ele se transformar em um ótimo atleta ou para se sair bem na escola. A minha filha mais velha saciou o seu espírito competitivo. Quanto ao menino de quatro anos, ele é tão competitivo que faz exercícios sozinho no quintal de casa."

No entanto, algo mais aconteceu. As crianças queriam levar os amigos ao desafio seguinte, ou então os seus primos. Eu perguntei a Norman se ele acreditava que o Desafio Goruck poderia funcionar com a presença de muitos membros da família.

"Com certeza, não funciona para todo mundo", respondeu ele. "Com algumas pessoas, é melhor nem tentar. Outras aceitarão, mas acabarão abandonando tudo em dez minutos. Porém, para os dispostos a tentar, é sempre uma ótima experiência."

No final do desafio, quando o mais novo encontrou o saco de doces, Norman se sentiu orgulhoso?

"Quando terminei o meu próprio Desafio Goruck, a sensação foi maravilhosa", contou ele. "Era uma sensação espiritual de estar envolvido em algo que eu supostamente deveria fazer. E tive a mesma sensação com as crianças naquela noite. Na verdade, essa sensação é bem comum na minha vida. Quando vejo os meus filhos sorrindo ao fazerem exercícios, ao ajudarem pessoas a atravessar um riacho, costumo dizer à minha esposa: 'Nós estamos fazendo isso juntos!' E, no futuro, as lições sobre trabalho em grupo e comprometimento acabarão se transferindo para a vida acadêmica deles, para o trabalho e para a família deles.

"Estamos apenas no começo", disse Norman. "Eles são jovens. Somos loucos pela nossa família. Vamos ver coisas ótimas acontecendo na vida dos nossos filhos. E isso é melhor do que qualquer trabalho, quaisquer férias ou qualquer outra coisa na vida."

Conclusão
Todas as famílias felizes

Pisar em um set de Hollywood é incrível e também um pouco desapontador. A emoção surge quando damos uma olhada por trás das cortinas — no meu caso, de um programa de televisão, o mais popular dos Estados Unidos: *Modern Family*. Olhe quanta comida eles têm aí! Nossa, eu não acredito que a pia do set de filmagens funciona.

O desapontamento surge quando lembramos que se trata de um mundo de faz de conta. "Aquelas árvores do lado de fora da janela são falsas?" "Nossa, ele é mais baixo do que eu imaginava." "Meu Deus, eles filmaram 15 takes de cada cena."

Por outro lado, também é muito mais fácil ser uma família feliz quando vinte escritores estão aperfeiçoando a nossa fala. Quando os maquiadores e o pessoal do guarda-roupa fazem o seu trabalho. Quando carpinteiros e eletricistas estão prontos para consertar qualquer coisa. Quando cozinheiros pensam no que vamos comer. É por isso que todos queremos ser como as famílias da televisão!

Os sets de filmagens das três casas centrais do seriado foram construídos juntos. Eric Stonestreet, que interpreta Cam, o papai gay corpulento, estava filmando uma cena na qual recebia más notícias. O parceiro dele, Mitchell, não tinha enviado os convites de uma festa beneficente programada para a mesma noite. Cam tinha feito um pedido de torta de caranguejo e alugado harpas, mas não teriam convidados.

"Ligue para o Mitchell!", ele gritou ao sobrinho, Luke.

O que se seguiu foi uma versão high-tech de uma comédia de erros. Luke não sabia qual era o número de Mitchell. Cam agarrou o fone e apertou o botão de discagem direta. Caiu na secretária eletrônica. Luke não sabia qual era o botão de rediscagem do mesmo número.

Cam voltou a agarrar o aparelho, colocando o fone de ouvido no lugar errado. Foram cinco vaivéns em dez segundos, mas ninguém conseguia se comunicar.

Shakespeare usou identidades trocadas para confundir suas amantes; *Modern Family* usa falhas na conexão do Skype.

Uma das coisas que deixa *Modern Family* tão... moderna é que a série lança mão do inacreditável papel da tecnologia em nossas vidas. Quase todas as cenas incluem um aparelho digital doméstico: uma tela de iPad, uma câmera de celular, uma babá eletrônica, um vídeo do YouTube. Os personagens passam mais tempo interagindo dessa maneira do que se comunicando diretamente.

"Nós dizemos que o celular matou o sitcom porque ninguém visita a casa de ninguém", disse Abraham Higginbotham, um dos diretores executivos do programa. "Não precisamos ir à casa de Rachel e Ross, de *Friends*, porque podemos simplesmente ligar e perguntar se está tudo bem. Por isso trouxemos a tecnologia para a série: ela é parte integrante da história."

Mark Zuckerberg talvez seja uma influência ainda maior do que Norman Lear a *Modern Family*.

Apesar da parafernália tecnológica, *Modern Family* se encaixa em uma longa linhagem de comédias que refletem e ajudam a moldar as famílias do nosso tempo. Da utopia dos subúrbios americanos de *Foi sem querer*, passando pela tensão e batalhas entre gerações de *Tudo em família*, até o estilo mais antiquado do *The Cosby Show*, cada geração prefere a série familiar que melhor retrata o momento em que vive. Mas o que *Modern Family* diz sobre as famílias modernas? Eu fiz essa pergunta aos criadores e ao elenco e consegui algumas impressões.

Todo mundo quer fazer parte de uma família feliz. Algumas séries, ao longo dos anos, retrataram famílias disfuncionais: *Um amor de família* e *Roseanne*, por exemplo. Porém, normalmente, essas famílias sempre superavam as dificuldades e conseguiam reafirmar sua conexão. Por volta do ano 2000, esse tipo de programa passou a ser considerado antiquado. O humor ácido de *Seinfeld* e *The Office* prevaleciam. A comédia familiar, marca registrada de Hollywood desde o nascimento da televisão, parecia agonizar.

Contudo, chegou *Modern Family*, provando que essa ideia estava errada. Os americanos continuam aspirando ser uma família rica e fun-

Os segredos das famílias felizes 235

cional. "Na televisão recente, viu-se uma ausência de famílias bem-estruturadas", disse Jesse Tyler Ferguson, que interpreta Mitchell. "Em seu lugar, temos ótimas comédias ácidas, como *Seinfeld* e *Arrested Development*. Eu acho que as pessoas sentem falta de programas como *The Cosby Show* e *Caras e caretas*, que retratam os verdadeiros valores familiares."

O conflito é a norma. As comédias são baseadas no conflito. Quanto mais tensas as histórias, quanto mais absurdos os cenários, quanto mais esquemáticos os personagens, mais divertido é o programa. O que *Modern Family* captura melhor do que qualquer outro programa da década é a briga dos pais sobre como educar os filhos. Enquanto a mamãe e o papai, em séries clássicas como *A família Sol-Lá-Si-Dó* e *Happy Days* tinham todas as respostas, hoje os pais praticamente não conseguem responder a nada.

Na série, ninguém tem menos respostas na ponta da língua do que Claire Dunphy, uma atormentada mãe de três filhos. Claire é interpretada por Julie Bowen, que também tem três filhos na vida real. Eu perguntei a ela o que era moderno em Claire e no seu marido Phil, um bobalhão. "Eles continuam fazendo sexo", disse ela. "Isso é muito moderno. Também foi moderno incluírem o assassinato dos filhos com uma arma de brinquedo no episódio piloto, pensando que seria a melhor maneira de educá-los.

"Porém, na minha opinião, o que há de mais moderno sobre eles é o fato de admitirem que as suas crianças não são maravilhosas", disse ela. "Na última década, mais ou menos, tivemos um período em que as crianças pareciam ser eternamente perfeitas, e deveriam escutar que eram fantásticas, maravilhosas e adoráveis, porque esse era o caminho da perfeição. Mas todos sabemos que isso não é verdade. Claire e Phil se amam, e amam os filhos, mas sabem admitir quando as crianças estão enchendo o saco. Eu acho que os norte-americanos estão loucos para ver alguém fazendo isso."

Amor ao estilo americano. Jerry Seinfeld certa vez disse que o seu programa era construído ao redor de uma crença simples: "Nada de abraços e nada de aprendizado." *Modern Family* foi construída seguindo uma ideia oposta: nenhum problema é grande o suficiente para não ser curado com um abraço. Embora algumas de suas famílias não sejam nada tradicionais (um homem idoso, norte-americano e divorciado e a sua esposa, uma jovem latina divorciada; um casal gay com uma filha adotada), os valores do programa são estritamente tradicionais. *Modern Family* fala sobre o triunfo da família contra a modernidade.

"Muitas vezes, as comédias falam sobre como *não* gostamos uns dos outros", disse Higginbotham. "Mas *Modern Family* é sobre como lutamos com amor, como discutimos com amor, como choramos com amor. Não temos medo desses momentos em que surge uma lágrima repentina. Isso acontece nas famílias. São elas que nos movem."

A moeda de troca dessa emoção é a conversa — muitas conversas francas e realistas. "Há muita conversa direta em nosso programa", disse Christopher Lloyd, um dos criadores da série. "Sobre problemas e sentimentos, mais do que em grande parte das famílias, e talvez por isso as pessoas se reúnam para ver o programa. Quem acompanha a série gostaria que sua família se comunicasse de forma mais direta, como fazem os nossos personagens."

Pequenas mudanças. Há uma regra subliminar sobre as comédias baseadas em famílias que eu não entendia muito bem até conversar com a equipe de *Modern Family*. E tal regra é: os personagens não mudam. Eles mantêm o mesmo tom semana após semana, ano após ano.

"Normalmente, os personagens de sitcom não envelhecem muito", disse Ty Burrell, que interpreta Phil. "Eu já escutei isso de muita gente: 'Quando você vai crescer?' É duro admitir para as pessoas que os nossos personagens não crescerão."

Quando os personagens fazem uma bobagem na série ou percebem que erraram, a correção é sutil — um beijo na bochecha, um sorriso amarelo, um abraço rápido. "E isso revela um crescimento mínimo", disse Burrell. "Porém, na semana seguinte, todos voltam a cometer os mesmos erros."

Essa talvez seja a maior lição para todos nós, em nossa família real. Os conflitos acontecem diariamente. Assim como os erros. Mas um pequeno gesto de reconciliação — um abraço, um tapinha nas costas, um presentinho deixado sobre a cama, um bilhete atirado em uma bolsa — costuma funcionar.

Mas não espere que o outro mude para sempre.

Os segredos das famílias felizes

No início deste projeto, eu comecei a procurar a resposta para uma simples pergunta: o que as famílias felizes fazem corretamente e o que podemos aprender com elas para que a nossa família seja mais feliz? Em todos os lugares a que fui, perguntei às pessoas qual era a sua visão sobre o assunto. Nesse processo, aprendi muitas coisas sobre as famílias que eu nunca soube.

A primeira delas foi que as famílias são centrais para a nossa felicidade. Na última década, houve uma grande reavaliação do papel da família na nossa vida. O maior aprendizado que tirei dessa pesquisa foi: não somos indivíduos forçados a viver contra os demais nem segregados. Somos, inerentemente, seres sociais. A nossa vida é moldada pela nossa habilidade de cooperar e coexistir com as pessoas à nossa volta. Funcionamos melhor em equipe, em grupos.

É claro que alguns desses grupos são formados por estranhos, colegas ou amigos. Mas o mais fundamental de todos os grupos — aquele que molda a nossa identidade, a nossa autoestima, a nossa capacidade para amar e sentir satisfação na vida — é a família. Longe de ser algo que toleramos quando criança, algo que desaparece quando crescemos, esse clã pegajoso, amoroso e aparentemente sem valor é o nosso estado natural.

Somos feitos para viver em família.

Mas como conseguir que a nossa dê certo... ou pelo menos dê o mais certo possível? Quando fui atrás das melhores práticas para as famílias de hoje, resolvi não forçar as coisas que aprendi, transformando-as em uma lista de regras que deveriam ser seguidas para se ter uma família feliz. Como eu suspeitava, os meus problemas eram diferentes dos de Linda, que eram diferentes dos da minha irmã, que eram diferentes dos das pessoas de outras famílias com as quais nos relacionamos.

Fiquei particularmente tocado pelas ideias sobre a importância de compartilhar histórias familiares na hora do jantar (ou em qualquer outro momento do dia), nos sentarmos em cadeiras acolchoadas ao disciplinar as crianças, ou projetar incríveis caçadas para as férias em família. E adorei a Lei das Duas Mulheres, o *premortem* e outras dicas para conseguir ter complicadas conversas em casa.

Linda se transformou em uma devota da noção de que deveríamos alterar a nossa rotina, procurar ideias em fontes externas e conseguir fazer com que as crianças marquem suas próprias punições, desenhem seus horários e tenham um papel mais decisivo na sua criação. Além disso, foi ela quem insistiu para que pendurássemos a nossa missão familiar na sala de jantar e sempre fizéssemos referência a ela ao conversar com as meninas.

Outras pessoas procuraram as melhores práticas para a sua família na nossa lista. A minha irmã rejeitou a ideia da reunião familiar, mas gostou de ver os filhos dela marcando as tarefas que eles mesmos completavam. O irmão de Linda não demonstrou interesse no estabelecimento de uma missão familiar, mas adorou as ideias sobre mesadas e em como conversar com as crianças sobre sexo. A lição que aprendemos dessas diferenças foi afirmativa e óbvia: não existe uma única fórmula para que todas as famílias sejam mais felizes.

Ainda assim, para a minha surpresa, ouvi algumas ideias serem repetidas várias vezes. Diversos temas muito abrangentes emergiram. Portanto, arriscando certa hipocrisia, eis a minha antilista das coisas que as famílias felizes costumam fazer:

1. Adaptação infinita

A família norte-americana idealizada da metade do século XX tinha papéis preestabelecidos: o pai faz isso, a mãe faz aquilo, as crianças se comportam de certa maneira. Havia um roteiro a ser seguido, e milhões de pessoas aspiraram realizá-lo, ainda que poucas o tenham cumprido.

Esse roteiro foi jogado no lixo. Não importa se estamos falando sobre a construção da sua família, sobre a sua estratégia para tirar todo mundo de casa de manhã ou sobre as suas técnicas de disciplina, entretenimento ou inspiração; as pesquisas mais inteligentes e as famílias mais eficientes sabem: precisamos ser flexíveis. Precisamos ser ágeis.

Ágil pode significar muitas coisas. Pode significar, como no caso dos primeiros adaptadores das técnicas de agilidade para as famílias, usar mais listas matinais, tabelas de tarefas ou outros meios para garantir responsabilidade. Pode significar, como Linda e eu adotamos, reuniões semanais para avaliar como a nossa família funciona. Ou pode ser simplesmente observar quando e como fazemos as refeições, como distribuímos as mesadas ou como nos sentamos nas conversas em família, alterando as posições de tempos em tempos. Acima de tudo, ser ágil significa que a nossa família é capaz de evoluir e de mudar.

Em seus detalhados estudos sobre as famílias norte-americanas, Reed Larson, da Universidade de Illinois, e Maryse Richards, da Universidade de Loyola, descobriram que as famílias de êxito se baseiam na renegociação contínua. "O bem-estar familiar coletivo não depende de papéis fixos", escreveram, "mas sim de um *processo* flexível que permita que a família se ajuste e se adapte."

O guru de gestão Tom Peters, autor de *Vencendo a crise*, cunhou um termo que captura essa ideia de contínua reinvenção. A melhor maneira de se manter em dia com a natureza sempre mutante dos nossos tempos, segundo Peters, é seguir o que ele chamou de "possivelmente a única fórmula garantida de sucesso": F.M.B., ou *fazer muita besteira.*

Eis o mantra para a nossa época. Quer ter uma família mais feliz? Brinque com ela o tempo inteiro.

2. Converse. Muito.

Grande parte das famílias saudáveis conversam bastante. Das horas das refeições a longas viagens de carro, das brigas entre casais a confusões entre irmãos, do dinheiro ao sexo, um ingrediente-chave para as famílias de êxito é a habilidade que ela tem de se comunicar de forma efetiva. Como me disseram as meninas da equipe de natação de Newtown, Connecticut: "Não se trata 'daquela conversa'. São várias conversas." Tal crença pode ser aplicada a quase todos os aspectos da vida familiar.

Mas "conversar" não significa simplesmente "conversar sobre problemas", ainda que isso seja importante. Conversar também significa contar uma história positiva sobre nós mesmos. Uma forma poderosa de conversa que as famílias podem compartilhar é a criação de uma narrativa familiar.

A primeira pessoa que me falou sobre isso foi Marshall Duke, o psicólogo da Emory que estudou a importância de conhecer a nossa história familiar. Duke demonstrou que, quanto mais as pessoas sabem sobre seus pais e avós, especialmente sobre os êxitos e fracassos deles, mais capazes serão de superar os revezes da vida. A Marinha, eu descobri, utiliza uma técnica similar para receber os novatos, contando histórias sobre a vida dos seus predecessores.

Jonathan Haidt reiterou a importância de contar histórias em *The Happiness Hypothesis* [A hipótese da felicidade]. Sentir-se bem consigo mesmo implica transformar as experiências em narrativas esperançosas, que nos impulsionem para a frente. "Quando somos capazes de encontrar uma maneira de fazer com que a adversidade tenha sentido e tiramos lições dela, somos beneficiados." Ao encarar um desafio, as famílias felizes, assim como as pessoas felizes, adicionam um novo capítulo à sua história de vida, o que revela que elas são capazes de superar um momento complicado. Essa habilidade é especialmente importante para as crianças, cuja identidade tende a sofrer alterações durante a adolescência.

Em resumo: se você quer ter uma família mais feliz, passe um tempo repassando, refinando e relembrando histórias dos melhores momentos da sua família e de momentos em que conseguiram superar dificuldades. Caso passe essas histórias adiante, novas histórias positivas surgirão.

3. Saindo para brincar

Por último, não fique apenas fazendo ajustes e contando histórias. Divirta-se.

Brinque. Tire férias. Marque encontros. Tire proveito das tradições mais tolas. Cozinhe. Nade. Escale. Cante a música preferida do seu pai e faça com que todo mundo se divirta. Jogue futebol. Boliche. Saia sem rumo. Faça uma enorme trilha de dominó na mesa da sala de jantar. O que quer que faça você feliz, compartilhar momentos com os seus familiares deixará a sua família muito mais feliz.

"A felicidade consiste em atividade", disse o escritor britânico John Mason Good, há quase dois séculos. "É um riacho com água corrente, e não uma piscina com água estancada."

A ciência moderna dará razão a John. Como observou a especialista em felicidade Sonja Lyubormirsky, as atividades que nos proporcionam felicidade duradoura são as que ajudamos a criar. Não queremos simplesmente nos sentar e receber prazer; queremos ser os geradores desse prazer. "E podemos fazer com que isso aconteça mais vezes", ela escreveu em *A ciência da felicidade*. Quando você e as pessoas à sua volta são a fonte de uma emoção positiva, segundo ela, a felicidade é "renovável".

Essa ideia talvez não seja especialmente revolucionária para as famílias, mas parece estar entre as mais difíceis de alcançar. Se você quer viver em uma família mais feliz, encontre-se com alguns membros dessa família, reserve um tempo e divirta-se com eles.

O que Tolstói sabia

Quando Liev Tolstói tinha cinco anos, seu irmão Nikolai revelou ter registrado o segredo da felicidade universal em um pequeno graveto verde, na propriedade de sua família na Rússia oriental. Caso o graveto fosse encontrado, segundo Nikolai, toda a humanidade se tornaria feliz. Não haveria doenças, ninguém sentiria raiva de ninguém e tudo seria cercado de amor.

A lenda do graveto verde se tornou uma metáfora constante na vida de Tolstói. Várias vezes, em seus escritos e na sua busca espiritual, ele voltou à ideia de um mundo livre de misérias e repleto de felicidade. Nos diários que manteve enquanto escrevia *Guerra e paz* e *Anna Karenina*, Tolstói fez várias referências a um ditado francês: "As pessoas felizes não têm história." Essa noção, de que as pessoas felizes não têm história, mas as infelizes, sim, foi a inspiração para a primeira frase de *Anna Karenina*: "As famílias felizes são todas iguais, mas cada família infeliz é infeliz à sua maneira."

Embora Tolstói tenha desdenhado das famílias felizes em sua famosa frase, ele nunca parou de buscar a felicidade para si mesmo. Nos seus últimos anos de vida, ele voltou à ideia de um mundo livre da dor e repleto de felicidade. Tolstói pediu para ser enterrado nas terras pertencentes à sua família, local onde o irmão supostamente escondera a fórmula secreta. "Não quero cerimônias no enterro do meu corpo", disse ele. "Basta um caixão de madeira, e que seja levado por qualquer pessoa desejosa de encaminhá-lo à Floresta da Velha Ordem, o local onde está o graveto verde."

Tolstói permanece lá, em uma tumba sem nome, coberto por uma camada de grama verde.

Escolha a felicidade

A eterna busca de Tolstói pelo graveto verde da felicidade reflete perfeitamente a lição final que recebi com a minha pesquisa. A felicidade não é algo que podemos encontrar, mas algo que podemos construir.

Os especialistas que consultei examinaram empresas bem-administradas, grupos de sucesso ou campeões de todo tipo, e todos chegaram à mesma conclusão. A grandeza não é o resultado das circunstâncias, mas sim das escolhas. E a melhor maneira de alcançá-la é dando um pequeno passo de cada vez. Não existe nenhuma grande ação definitiva, nenhum gesto, nenhuma mágica ou botão a ser apertado. Tudo o que existe é o comprometimento de fazer mudanças incrementadoras, acumulando "pequenas vitórias".

Para as famílias com vidas agitadas, essa ideia de vitórias graduais é confortante e oferece energia. Nós não precisamos de uma transformação total, tudo o que devemos fazer é começar. Nas minhas viagens, ouvi a mesma história repetidas vezes: o caminho mais curto para conseguirmos uma família minimamente funcional é estarmos contentes com o *status quo*. A rota mais fácil para a infelicidade é não fazer nada.

O oposto desse ditado também faz sentido: o caminho mais fácil para a felicidade é fazer alguma coisa. Como disse Dalai-Lama: "A felicidade não é algo que vem pronto. Ela surge das nossas ações." Vença o desafio que paralisa a sua família, livre-se da rotina que deixou de funcionar, tenha aquela conversa complicada, recupere o jogo de tabuleiro do fundo do armário.

Procure o graveto verde.

É possível que você não o encontre hoje, nem amanhã nem no próximo mês. Talvez você não o descubra até que os seus filhos passem por uma fase complicada. Mas você poderá desenhar uma nova estratégia para as manhãs ou reservar um tempo para reunir todo mundo no quintal. Dessa maneira, alcançará o seu objetivo, mas para isso terá que dar o primeiro passo. No final, será a lição mais duradoura de todas. Qual é o segredo para se ter uma família feliz?

Tentar construí-la.

Agradecimentos

Eu gostaria de agradecer às dezenas de pessoas que são citadas neste livro. Elas me receberam em casa, se sentaram comigo em seus escritórios, me apresentaram seus filhos, me alimentaram, chegaram a me oferecer uma cama, e nunca deixaram de responder às minhas perguntas pessoais com honestidade e oferecendo boas ideias. Sou profundamente agradecido pela enorme quantidade de coisas que aprendi com eles, pelos mundos que me fizeram enxergar, por terem conseguido alterar e enriquecer a vida de todos os que vivem ao meu redor. Este livro é um tributo ao seu inspirador comprometimento com a família.

Várias outras pessoas abriram portas, aceitaram responder às minhas perguntas, me apresentaram ideias inesperadas e ofereceram incomensurável apoio às ideias e histórias reunidas neste livro. Uma lista parcial inclui Mike Ahearn, Janis Backing, Gina Bianchini, Campbell Brown e Dan Senor, Belle e Wences Casares, Laurie David, Bernie DeKoven, Nadya Direkova, Dani Dudeck, Jo Flattery, Lyn Fogle, Leslie Gordon, Robin Gunn, Bill Hoffheimer, Sarah Hrdy, Lila Ibrahim, Michael Lazerow, Norman Lear, Susan Levy, Debra Lund, Sheila Marcelo, Bett Middleworth, Mark Pincus, Sophie Politt-Cohen, Marideth Post, Robert Provine, Joanna Rees e John Hamm, Evelyn Resh, Kevin Slavin e Larry Wente.

Eu me senti muito honrado ao explorar muitos dos temas deste livro na seção Sunday Stiles, do *The New York Times*. Gostaria de agradecer ao sempre estiloso e amável Stuart Emmrich por tal privilégio. Laura Marmor guiou as minhas colunas, oferecendo ideias e temas interessantes. Sua sabedoria diária e seu companheirismo foram um prazer. Maggie Murphy me incentivou a escrever sobre os jantares em família no *Parade*. Agradeço também aos amigos escritores e especialistas no assunto: Lisa Belkin, Randy Cohen, K. J. Dell'antonia, A. J. Jacobs, Jodi Kantor e Ron Lieber, Corby Kummer, Jane Lear, Gary Rosen, Gretchen Rubin e Bob Wright.

É ótimo trabalhar tão próximo de pessoas como Alan Berger, Craig Jacobson, Brian Pike e Sally Willcox.

Michael Morrison, Liate Stehlik e tantos outros me ofereceram uma ótima recepção na editora William Morrow. Agradeço especialmente a Lynn Grady, Tavia Kowalchuk e, sobretudo, à grande Sharyn Rosenblum. Henry Ferris trabalhou contra o relógio para melhorar, e muito, todos os aspectos deste livro. A nossa amizade está impressa nestas páginas. Agradeço também a Cole Hager.

David Black é o parceiro dos sonhos de qualquer escritor, assim como Dave Larabell, Susan Raihofer e todo o pessoal da Agência Literária David Black.

Uma salva de palmas para Chadwick Moore, talentoso escritor e trabalhador incansável.

Estou cercado e fui alçado aos céus por um grupo de vozes encorajadoras: Sunny Bates, Laura Benjamin, Justin Castillo, David Kramer, Karen Lehrman Bloch, Andrea Mail, Lynn Oberlander, David Shenk, Jeff Shumlin, Lauren Schneider, Max Stier e Joe Weisberg. Ben Sherwood é um líder visionário e ótimo pai. Joshua Ramo mergulhou neste projeto desde a sua criação, e ofereceu muitos comentários interessantes sobre o texto final.

Eu fui abençoado pelo encontro de duas famílias. Não conheço ninguém mais devoto às suas famílias do que Debbie e Alan Rottenberg. Muito obrigado por terem me ensinado tanto. E envio um grande abraço a Elissa e Dan Rottenberg, Rebecca e Mattis Goldman, por tantas brincadeiras, manhãs despertas, passeios e táticas. Será que eu fui aprovado no Desafio Cape House?

Eu cresci em uma família muito unida que continua a envolver e procurar novas maneiras de oferecer apoio a todas as pessoas que dela se aproximam. Agradeço especialmente aos meus pais, Jane e Ed Feiler, e também a Cari e Rodd Bender. Ao meu irmão, Andrew, que devotou um tempo precioso e muitas ótimas ideias que enriqueceram este livro. Muito obrigado.

Envio o meu amor e apreciação ao grande John Healey. Este livro surgiu há cinco anos. Todos os passos que dou são dedicados a você.

Com este livro, mais do que qualquer outro que tenha escrito, eu me senti um copiloto. Linda Rottenberg foi uma companheira entusiasmada, um porquinho-da-índia incansável, uma boa jogadora e uma leitora extremamente perceptiva. Tive muita sorte ao formar uma família com ela. Todos os benefícios que ganhamos com essa experiência foram inteiramente graças à sua vontade de aceitá-los e aperfeiçoá-los. Amo você.

Desde o início, e a cada passo, este livro foi inspirado em duas pessoas, nascidas no mesmo dia, que ofereceram prazer, maravilhas, distúrbios ocasionais, certas vozes erguidas e, acima de tudo, alegria a todos que as conheceram. Tybee e Eden, este livro é dedicado a vocês. Quando vocês eram muito jovens, eu costumava niná-las recitando um breve poema: "Onde que que estejam/ O que quer que façam/ Lembrem-se sempre/ Que o papai ama vocês."

Mas vocês preferiam outra versão, e insistiam para que eu a cantasse: "Onde quer que estejam/ O que quer que façam/ Lembrem-se sempre/ Ih, eu me esqueci..." E vocês caíam na gargalhada, sempre.

Que a vida de vocês seja repleta de sorrisos, lembranças, aventuras e, acima de tudo, de famílias felizes.

Notas

Este livro se inspira fortemente na abundância das novas pesquisas e ideias sobre como grupos, equipes, organizações, redes, negócios e também famílias funcionam de maneira mais efetiva. Como descrito, todas as entrevistas deste livro foram conduzidas por mim, ao longo de muitos anos. Essas notas são uma tentativa de estender um pouco mais e de dar crédito à grande variedade de pesquisas que tentei reunir em um só lugar. Em seguida, uma bibliografia seleta.

Introdução: Por que precisamos repensar as famílias?
As pesquisas dizem que o tempo que passamos com os outros é um ingrediente-chave para a felicidade e podem ser encontrados em muitos setores da psicologia positiva; para saber mais, consulte Jonathan Haidt, *The Happiness Hypothesis* [A hipótese da felicidade]; Daniel Gilbert, *O que nos faz felizes*; e Martin Seligman, *Felicidade autêntica*. Os dois pontos de vista extremos das guerras entre os pais são Amy Chua, *Grito de guerra da mãe-tigre*, e Pamela Druckerman, *Bringing Up Bébé* [Criando um bébé].

1. Manifesto da Família Ágil
O trabalho de David Starr, de 2009, "Agile Practices for Families: Iterating with Children and Parents", incluindo fotos de suas listas matinais e fluxogramas, pode ser encontrado em http://pluralsight-free.s3.amazonaws.com/david-starr/files/PID922221.pdf. O manifesto original, incluindo fotos dos participantes, signatários e um resumo do encontro original, pode ser encontrado em http://agile-manifesto.org.

Os números do Pew Research Center sobre felicidade familiar estão incluídos no artigo "The Decline of Marriage and Rise of New Families", de novembro de 2010. As pesquisas sobre os efeitos do estresse familiar em crianças foi conduzida pelo National Institutes of Health, em janeiro de 2010 (obesidade infantil); pelo *Journal of the American Medical Association*, em outubro de 2003 (doença mental); e pela International and American Association for Dental Research, em abril de 2009 (cárie dentária). A pesquisa de Ellen Galinsky aparece no livro de sua autoria: *Ask the Children* [Pergunte às crianças].

A inspiração de Jeff Sutherland, "The New New Product Development Game", de Hirotaka Takeuchi e Ikujiro Nonaka, foi publicada na *Harvard Business Review* (janeiro-fevereiro de 1986). A citação de Tom Peters sobre empresas ágeis pode ser encontrada em www.tompeters.com/blogs/freestuff/uploads/TP—Purpose083107.pdf.

A pesquisa sobre crianças que estabelecem suas próprias metas vem de vários estudos realizados por Silvia Bunge na Universidade da Califórnia, Berkeley. Para uma visão geral, consulte http://vcresearch.berkeley.edu/news/learning-getting-heads-schoolchildren ou *Nurture Shock* [Choque de criação], escrito por Po Bronson e Ashley Merryman. "The New Science of Building Great TeaMs", de Alex Pentland, foi publicado na *Harvard Business Review* (abril de 2012).

2. A maneira correta de organizar um jantar em família

Trechos da minha entrevista com John e Jennifer Besh foram publicados na revista *Parade*, em 17 de junho de 2012. Laurie David reuniu uma enorme quantidade de pesquisa sobre o valor da refeição em família em seu livro *Family Dinner* [Jantar em família]. Há uma pesquisa adicional em www.thefamilydinnerproject.org e www.barilla.com/share-table?p=research-on-the-benefits-of-family-meals. Dados sobre o tempo gasto nas refeições e a saúde acadêmica e emocional aparecem em "Changes in American Children's Time, 1981–1997", de Sandra Hofferth e John Sandberg, do Population Studies Center, Universidade de Michigan.

Pesquisas sobre a diminuição do tempo da refeição em família foram publicadas em múltiplos lugares. O relatório da Unicef está em www.unicef-irc.org/publications/pdf/rc7—eng.pdf, e a pesquisa da UCLA está em *Living Narrative* [Narrativa de vida], de Elinor Ochs e

Lisa Capps. A pesquisa sobre resiliência familiar, de Marshall Duke e Robyn Fivush, aparece em "Of Ketchup and Kin", de maio de 2003, www.marial.emory.edu/pdfs/Duke—Fivush027-03.pdf. O trabalho deles sobre ego entre gerações foi publicado em *Individual and Collective Self-Continuity* [Autocontinuidade individual e coletiva], editado por Fabio Sani.

A história sobre a mesa de jantar dos Kennedy vem de *My Twelve Years with John F. Kennedy* [Meus doze anos com John F. Kennedy], de Evelyn Lincoln, e de *A Question of Character* [Uma questão de caráter], de Thomas Reeves. A estatística sobre jantares de família contendo dez minutos de conversa substancial foi publicada em *Dinner Talk* [Conversa à mesa], de Shoshana Blum-Kulka, e em *Second Language Socialization and Learner Agency* [Socialização em segunda linguagem e agência de aprendizes], de Lyn Fogle, e também na minha entrevista com Fogle. A pesquisa sobre vocabulário, de Ellen Galinsky, foi publicada em *Mind in the Making* [Mente em construção].

Qi Wang tem feito um extenso trabalho comparando estilos de conversas maternais nas culturas americanas e asiáticas. Seu trabalho está resumido em www.human.cornell.edu/hd/outreach-extension/upload/wang.pdf. A conarrativa está delineada em "Detective Stories at Dinnertime", *Cultural Dynamics* (1989), de Elinor Ochs, Ruth Smith e Carolyn Taylor.

3. Uma marca para a família

O trabalho escrito para a conferência do Departamento de Saúde e Serviços Humanos, em 1989, foi chamado de "Identifying Successful Families", por Maria Krysan, Kristin Moore e Nicholas Zill. As 24 forças de caráter e outros recursos de Martin Seligman podem ser encontrados no blog www.authentichappiness.sas.upen.edu, e também em seu livro *Character Strengths and Virtues* [Forças e virtudes do caráter]. Para mais informações sobre o trabalho de Peter Kruty, visite www.peterkrutyeditions.com.

O conselho sobre paternidade de Alan Kazdin foi retirado de *The Kazdin Method for Parenting the Defiant Child* [O método Kazdin para pais de filhos desafiadores]. A pesquisa de Laura King sobre os melhores "eus" possíveis está em "The Health Benefits of Writing About Life Goals", de 2001. A comparação dessa técnica com as listas de gratidão pode ser encontrada em "How to Increase and Sustain Positive Emotions", 2006, de Kennon Sheldon e Sonja Lyubomirsky.

4. Briga inteligente

A minha visão geral da literatura sobre brigas em relacionamentos se baseia em muitas fontes. A ideia de que a briga pode ser contida vem de Reed Larson e Maryse Richards, *Divergent Realities* [Realidades divergentes]; as citações a Karl Weick são de *Managing the Unexpected* [Gerenciando o inesperado], de Weick e Kathleen Sutcliffe. O impacto psicológico das brigas nos homens é discutido em *Divergent Realities* [Realidades divergentes] (p. 124) e em *For Better* [Felizes para sempre] (p. 155), de Tara Parker-Pope. O impacto nas mulheres é analisado em *For Better* [Felizes para sempre] (p. 115) e em *Divergent Realities* [Realidades divergentes] (p. 167). Sobre "quando" lutar, consulte: *I Only Say This Because I Love You* [Eu só digo isso porque amo você] (p. 88), de Deborah Tannen; *Divergent Realities* [Realidades divergentes] (pp. 32 e 67); e Daniel Kahneman, autor de *Thinking, Fast and Slow* [Rápido e devagar: duas formas de pensar] (p. 43). Sobre linguagem: *The Secret Life of Pronouns* [A vida secreta dos pronomes], de James Pennebaker, e *Snoop* [Espionando] (pp. 109-110), de Sam Gosling. Sobre a linguagem corporal: *Loneliness* [Solidão] (p. 118), de John Cacioppo. O trabalho extenso de John Gottman, no qual ele fez a análise das conversações entre parceiros, foi resumido nos seus livros para vários públicos, incluindo *The Seven Principles for Making Marriage Work* [Os sete princípios para tornar o casamento duradouro] e *Ten Lessons to Transform Your Marriage* [Dez lições para transformar o seu casamento].

O melhor esboço sobre a filosofia de Bill Ury aplicada às negociações está em *Getting to Yes* [Como chegar ao sim], que ele escreveu com Roger Fischer. Josh Weiss tem uma série de audiolivros extremamente úteis chamada *The Negotiator in You* [O negociante em você], que fala sobre trabalho, vida e lar. Para ver a série completa das impressionantes pesquisas que reuni sobre por que é perfeitamente aceitável ignorar as datas de validade em alimentos, consulte o artigo que escrevi sobre o tema no *The New York Times*, "Take Back the Trash", de 4 de maio de 2001. Para ver qual foi o impacto disso na minha vida, visite a minha cozinha.

5. A oposição começa aqui

Para forjar a minha visão geral da pesquisa sobre crianças e provisão, eu me apoiei fortemente no trabalho de Adrian Furnham, da University College of London, que teve a gentileza de me enviar uma cópia do manuscrito do seu livro, *The Economic Socialisation of Young People* [A socialização econômica dos jovens], simplesmente o melhor compêndio de conhecimento sobre o assunto que já vi. Também utilizei *Drive* [Motivação 3.0], de Dan Pink, *Thinking, Fast and Slow* [Rápido e devagar: duas formas de pensar], de Daniel Kahneman, e *The First National Bank of Dad* [Banco NAcional do Papai], de David Owen. O trabalho de Kathleen Vohs foi resumido em "The Psychological Consequences of Money", na *Science* (17 de novembro de 2006). Uma de suas palestras em Stanford pode ser assistida em www.youtube.com/watch?v=qrMoDJnJeF8.

O estudo sobre casais, brigas e dinheiro foi conduzido por Elaine Eaker et al. em "Marital Status, Marital Strain and the Risk of Coronary Heart Disease or Total Mortality", de 2007. O estudo sobre estado civil e ganho financeiro é de Jay Zagorsky, "Marriage and Divorce's Impact on Wealth", de 2005. John Davis é o autor de *Generation to Generation* [Geração a geração].

6. Conversando sobre bolinhos de chuva

As minhas ideias sobre o conflito nas relações entre irmãos se baseiam no trabalho de Hildy Ross, que pode ser encontrado em seu site de estudos laboratoriais sobre a família (http://watarts.uwaterloo.ca/~hrosslab/index.html), e em Laurie Kramer, do Centro de Resiliência Familiar da Universidade de Illinois, http://familyresiliency.illinois.edu/people/Kramer/profile.html. Estes e outros trabalhos sobre irmãos foram analisados em *Nurture Shock* [Choque de criação], de Po Bronson e Ashley Merriman.

O estudo sobre famílias fortes e conversas difíceis, de John DeFrain, foi publicado em *Family Matters* [Assuntos de família], do Instituto Australiano de Estudos da Família (inverno de 1999).

O estudo de Brian Uzzi sobre artigos científicos e musicais da Broadway está em *Connected* [Conectado], de Nicholas Christakis e James Fowler. Gary Klein descreve sua técnica de *premortem* na *Harvard Business Review* (setembro de 2007). O trabalho sobre a Lei das Duas

Mulheres, "Evidence for a Collective Intelligence Factor in the Performance of Human Groups", foi descrito por Anita Woolley, Christopher Chabris, Alex Pentland, Nada Hashimi e Thomas Malone na *Science* (setembro de 2010). Mais detalhes podem ser encontrados em "Critical Mass on Corporate Boards", de Vicki Kramer, Alison Konrad, e Sumru Erkut, no Wellesley Centers for Women's Publications Office, 2006, e em "Institutional Dynamics on the U.S. Court of Appeals", *Journal of Law Economics, & Organization* (2004), de Sean Farhand e Gregory Wawro.

Eu escrevi sobre a conversa com meus pais, em um diferente contexto, em minha coluna do *The New York Times*, "The Father Is Child of the Man", em 27 de julho de 2012.

7. Lições da Mamãe do Sexo

A visão geral de uma extensa pesquisa do Instituto Guttmacher sobre a sexualidade na adolescência pode ser encontrada em www.guttmacher.org/pubs/FB-ATSRH.html. Dados sobre crianças conversando com os pais sobre sexualidade, uso do preservativo e outras questões estão em "Talking Parents, Healthy Teens", *Pediatrics* (outubro de 2006), de Mark Schuster, Karen Eastman e Rosalie Corona. O estudo sobre diferenças de gênero nas conversas entre pais e filhos foi baseado em *Parent–Teen Communication* [Comunicação entre pais e adolescentes], de Jaccard, Dittus e Gordon. Mark Regnerus analisa a literatura sobre adolescentes e sexualidade em "Talking About Sex", *The Sociological Quarterly* (2005).

Os dados sobre a sexualidade entre adolescentes europeus vieram de *Mating in Captivity* [Sexo no cativeiro] (p. 92), de Esther Perel. As minhas ideias sobre o papel dos pais ao retardar o início da vida sexual dos meninos estão em *Evolution of Childhood* [A evolução da infância] (pp. 473-475), de Melvin Konner. A minha revisão da literatura sobre como a atitude dos pais influencia o comportamento das meninas é guiada por Joyce McFadden, *Your Daughter's Room* [O quarto da sua filha], e Evelyn Resh, *The Secret Lives of Teen Girls* [As vidas secretas das adolescentes]. O estudo sobre a proximidade entre pai e filha e a sexualidade veio do artigo de Mark Regnerus e Laura Luchies, "The Parent-Child Relationships and Opportunities for Adolescents' First Sex", publicado no *Journal of Family Issues 27* (2006).

As recomendações da Academia Norte-Americana de Pediatria, no que diz respeito a falar com as crianças sobre sexo, podem ser encontradas em www.healthychildren.org/English/ages-stages/preschool/pages/Talking-to-Your-Young-Child-About-sex.aspx.

Os benefícios dos orgasmos masculino e feminino são analisados em *Sex at Dawn* [Sexo de madrugada] (pp. 238-248), de Christopher Ryan e Cacilda Jethá. Tara Parker-Pope faz uma análise útil sobre as estatísticas de fidelidade em *For Better* [Felizes para sempre], assim como oferece uma visão geral e cuidadosa sobre o declínio da atividade sexual após o casamento (pp. 36, 75-81). A fórmula Dawes para a felicidade conjugal aparece no livro *Thinking, Fast and Slow* [Rápido e devagar: duas formas de pensar] (p. 26) de Daniel Kahneman.

8. O que o amor tem a ver com tudo isso?

Trechos da minha entrevista com Gary Chapman foram publicados no artigo "Can Gary Chapman Save Your Marriage?", no *The New York Times* (19 de novembro de 2011). A história sobre o casamento de Jonathan Haidt aparece em *The Happiness Hypothesis* [A hipótese da felicidade] (p. 88). Tara Parker-Pope reúne dados sobre a influência positiva do casamento e analisa estatísticas de divórcio em *For Better* [Felizes para sempre] (pp. 82-100, 11-14). O meu entendimento sobre o enriquecimento conjugal foi influenciado por Rebecca Davis, autora de *More Perfect Unions* [Uniões mais perfeitas]. O artigo sobre aconselhamento de casais, "Who's Afraid of Couples Therapy?", foi publicado em *The Psychotherapy Networker* (novembro/dezembro de 2011).

A pesquisa sobre mães, felicidade e religião veio de Jeffrey Dew e W. Bradford Wilcox, "If Momma Ain't Happy", *Journal of Marriage and Family* (fevereiro de 2011). Sobre pais, felicidade e religião: W. Bradford Wilcox, "Is Religion an Answer?", do Center for Marriage and Family (Junho de 2012). O estudo sobre como os contatos sociais afetam as instituições religiosas foi originado pelo artigo "Religion, Social Networks, and Life Satisfaction", da *American Sociological Review* (2010), escrito Chaeyoon Lin e Robert Putnam.

Outros estudos referidos neste capítulo incluem "Will You Be There for Me When Things Go Right?", do *Journal of Personality and Social Psychology* (2006), e "Saying Sorry Really Does Cost Nothing", da *Science Daily* (setembro 2009), de Shelly Gable, Gian Gonzaga e Amy Strachman.

Na área de enriquecimento do casamento, pesquisas colocando o "eu" de volta ao casamento foram conduzidas por Arthut Aron et al. "Including Others in the Self", *European Review of Social Psychology* (março de 2004). Sobre a importância de sair à noite, consulte "The Date Night Opportunity", do National Marriage Project (2012), de W. Bradford Wilcox e Jeffrey Dew; e "Reinventing Date Night for Long-Married Couples", publicado no *The New York Times* e escrito por Tara Parker-Pope (12 de fevereiro de 2008). Para encontros duplos, consulte "When Harry and Sally Met Dick and Jane", *Personal Relationships* (2010), de Richard Slatcher. Sobre a noite em família, consulte "All Joy and No Fun: Why Parents Hate Parenting", revista *New York*, (4 de julho de 2010), de Jennifer Senior; e *When Baby Makes Three*, de Brad Wilcox.

9. Cuidando dos avós

A minha discussão sobre o papel dos avós nas famílias foi fundamentada por minhas entrevistas com Sarah Blaffer Hrdy e John Cacioppo, e também pelos seus extraordinários livros. Especificamente, *Mothers and Others* [Mães e outros] e *Mother Nature* [Mãe natureza], de Hrdy, e *Loneliness* [Solidão], de Cacioppo. Sobre avós sendo a "carta na manga", consulte Hrdy, *Mothers and Others* (p. 69). Sobre Hobbes, *Loneliness* [Solidão], de Cacioppo (pp. 201-203). Sobre chimpanzés que viajam, ver *Mothers and Others* [Mães e outros] (p. 3). Sobre o "efeito avó", consulte Melvin Konner, *The Evolution of Childhood* [A evolução da infância] (pp. 442-443).

A pesquisa sobre a influência dos avós contemporâneos é analisada em Konner, *The Evolution of Childhood* [A evolução da infância] (pp. 444-462). Estatísticas sobre a participação dos avós estão em "Grandma and Grandpa Taking Care of the Kids", *Child Trends* (julho de 2004), utilizando dados da Pesquisa Nacional sobre Famílias. Para o estudo sobre a influência dos avós sobre as crianças, consulte Jeremy Yorgason, Laura Padilla-Walker e Jami Jackson, "Nonresidential Grandparents' Emotional and Financial Involvement in Relation to Early Adolescent Grandchild Outcomes", *Journal of Research on Adolescence* (setembro de 2011).

Uma visão geral do trabalho de Laura Carstensen sobre o envelhecimento e a emoção positiva pode ser encontrada em http://psych. stanford.edu/~jmikels/carstensen—mikels—cd—2005.pdf. A pesquisa de Diana Boxer sobre rabugentos está em "Nagging: The Familial Conflict Arena", *Journal of Pragmatics* (dezembro de 2010). Clifford Nass também escreveu sobre rabugentos e crítica construtiva em *The Man Who Lied to His Laptop* [O homem que mentiu para o seu *laptop*].

10. A coisa certa

O meu pensamento sobre a importância de lugares para as famílias foi formado pela obra-prima de Christopher Alexander, *A Pattern Language: Towns, Buildings, Construction* [Padrão de linguagem], bem como por *Some Place Like Home* [Algum lugar como o lar], de Toby Israel, e *House as a Mirror of Self* [A casa como um espelho de si], de Claire Cooper Marcus. Minha discussão sobre a cor e a felicidade nasceu da minha conversa com Sally Augustin; consulte também Faber Birren, *Color Psychology and Color Therapy* [Psicologia e teoria da cor], e Leatrice Eiseman, *Color* [Cor]. Sobre a luz, há uma visão geral em Yoshiko Miwa e Kazunori Hanyu, "The Effects of Interior Design on Communication and Impressions of a Counselor in a Counseling Room", *Environment and Behavior* (maio de 2010).

Para saber mais sobre as ideias de Sam Gosling sobre como avaliar os espaços, consulte seu livro, *Snoop* [Espionando]. Estudos de Eric Abrahamson sobre o impacto da bagunça em relacionamentos e os tipos de bagunça que fazemos podem ser encontrados em seu livro (coautoria de David Freedman), *A Perfect Mess* [Uma bagunça perfeita] (pp. 114); sobre gênero e espaço, consulte a página 149. Sobre a superestimação de cônjuges a respeito de sua contribuição para a limpeza, consulte Daniel Kahneman, *Thinking, Fast and Slow* [Rápido e devagar: duas formas de pensar] (p. 131).

As ideias de Humphrey Osmond sobre o espaço sociopetal e o sociofugal são discutidas em Winifred Gallagher, *House Thinking* [Pensando na casa] (p. 130). A distância entre os assentos é analisada em Michael e Janet Argyle Dean, "Eye-Contact, Distance, and Affiliation", *Sociometry* [Sociometria] (setembro de 1965). Pesquisa sobre a posição ao redor da mesa está em Bryan Lawson, *Language of Space* [A linguagem do espaço] (p. 140). Postura e cadeiras confortáveis são exploradas em Dana Carney, Amy Cuddy e Andy Yap, "Power Posing", *Psychological Science* (setembro de 2010).

11. Checklist de viagens em família

O checklist de Peter Pronovost é assunto de dois livros: Atul Gawande, *The Checklist Manifest* [O manifesto do cheklist], e o dele mesmo, *Safe Patients, Smart Hospitals* [Pacientes seguros, hospitais inteligentes]. As minhas ideias sobre jogos sociais foram baseadas em *Reality Is Broken* [A realidade está rompida], de Jane McGonigal. Para o estudo dos jogos de socialização nos Estados Unidos e na Ásia, consulte Douglas Gentile et al., "The Effect of Prosociol Video Games on Prosociol Behaviors", *Personality and Social Psychology Bulletin* (março de 2009).

12. Cale a boca e torça!

A minha discussão sobre esportes na juventude foi inspirada por uma série de obras, incluindo Tom Farrey, *Game On* [O jogo começa]; Jim Thompson, *The Double-Goal Coach* [O treinador com duplo objetivo]; e Rich Luker, *Living Simple Community/Building Simple Community* [Comunidade da vida simples/Comunidade da construção simples], bem como por minhas conversas com Thompson e Luker. Sobre as estatísticas de participação, consulte Farrey (p. 16); sobre o estudo dos atletas e das empresas da *Fortune 500*, consulte Farrey (p.71); sobre os detalhes do tratamento de fertilidade, consulte Farrey (p. 43); sobre o gráfico do domínio de várias habilidades, consulte Farrey (p. 98). Os exemplos de violência parental são discutidos em Thompson (p. 221); a história do menino e do snowboard vem de Thompson (p. 221). Os estudos de lutadores e esquiadores vêm de Ryan Hedstrom e Daniel Gould, "Research in Youth Sports", publicado pelo Instituto de Estudos do Esporte da Juventude, (2004).

Sobre o estudo das crianças e domínio do talento, consulte Benjamin Bloom, *Developing Talent in Young People* [Desenvolvendo talento em jovens]. O teste dos 100 pontos de Thompson aparece em Jim Thompson, *Positive Sports Parenting* [Cuidados parentais positivos nos esportes]. A citação de Kay Redfield Jamison vem de *Exuberance* [Exuberância] (p. 41). Escrevi sobre um aspecto diferente da ESPN em "Dominating the Man Cave", *The New York Times* (3 de fevereiro de 2011).

13. Dê uma chance à guerra

As estatísticas e os exemplos extraordinários sobre reuniões de família resultaram da minha conversa com Edith Wagner, editora da revista *Reunions*, e das várias histórias que ela dividia comigo, incluindo algumas que não tinham sido impressas. Minha discussão sobre coesão e unidade é retirada de William McNeill, *Keeping Together in Time* [Sob controle e em tempo]; John Johns e Michael Bickel, *Cohesion in the U.S. Military* [Coesão no exército norte-americano]; e Geoff Van Epps, "Relooking Unit Cohesion", *Military Review* (novembro/dezembro de 2008).

Conclusão: Todas as famílias felizes

Para acessar mais detalhes das minhas entrevistas com os criadores, escritores e elenco de *Modern Family*, consulte a minha coluna no *The New York Times*: "What 'Modern Family' Says About Modern Families", de 21 janeiro de 2011. Reed Larson e Maryse Richards escreveram sobre renegociação contínua em *Divergent Realities* [Realidades divergentes] (p. 219). Os pensamentos de Jonathan Haidt sobre o relato de histórias aparecem em *The Happiness Hypothesis* [A hipótese da felicidade] (pp. 144-150). Para saber mais sobre Tolstói e seu pequeno graveto verde, incluindo a imagem de uma carta original que ele escreveu, consulte www.tolstoy.org.uk/biography.html.

Bibliografia selecionada

ABRAHAMSON, Eric; FREEDMAN, David H. *A Perfect Mess:* The Hidden Benefits of Disorder. Londres: Phoenix, 2007.

ACKERMAN, Jennifer. *Sex Sleep Eat Drink Dream*: A Day in the Life of Your Body. Boston: Houghton Mifflin, 2007.

ANDREASEN, Nancy C. *The Creative Brain*: The Science of Genius. Nova York: Plume, 2006.

APTER, Terri. *What Do You Want from Me?*: Learning to Get Along with In--Laws. Nova York: W.W. Norton, 2009.

ARIELY, Dan. *The Upside of Irrationality*: The Unexpected Benefits of Defying Logic at Work and at Home. Nova York: Harper, 2010.

BASKIN, Julia; NEWMAN, Lindsey; POLITT-COHEN, Sophie; TOOMBS, Courtney. *The Notebook Girls*: Four Friends, One Diary, Real Life. Nova York: Warner, 2006.

BERREBY, David. *Us and Them*: The Science of Identity. Chicago: University of Chicago, 2008.

BLAU, Melinda; FINGERMAN, Karen L. *Consequential Strangers*: Turning Everyday Encounters into Life-Changing Moments. Nova York: W.W. Norton, 2010.

BLOOM, Paul. *How Pleasure Works*: The New Science of Why We Like What We Like. Nova York: W.W. Norton, 2010.

BLUM-KULKA, Shoshana. *Dinner Talk*: Cultural Patterns of Sociability and Socialization in Family Discourse. Mahwah, New Jersey: Lawrence Erlbaum Associates, 1997.

BLYTH, Catherine. *The Art of Conversation*: A Guided Tour of a Neglected Pleasure. Nova York: Gotham, 2009.

BRIZENDINE, Louann. *The Female Brain*. Nova York: Morgan Road, 2006.

BRONSON, Po; MERRYMAN, Ashley. *Nuture Shock*: New Thinking About Children. Nova York: Twelve, 2009.

BROWNING, Don S. *Marriage and Modernization*: How Globalization Threatens Marriage and What to Do About It. Grand Rapids, Michigan: William B. Eerdmans Publishing Company, 2003.

BRYSON, Bill. *At Home*: A Short History of Private Life. Nova York: Doubleday, 2010.

CACIOPPO, John T.; PATRICK, William. *Loneliness*: Human Nature and the Need for Social Connection. Nova York: W.W. Norton, 2008.

CARTER, Christine. *Raising Happiness*: 10 Simple Steps for More Joyful Kids and Happier Parents. Nova York: Ballantine, 2010.

CHABON, Michael. *Manhood for Amateurs*: The Pleasures and Regrets of a Husband, Father, and Son. Nova York: Harper, 2009.

CHAPMAN, Gary D.; CAMPBELL, Ross. *The Five Love Languages of Children*. Chicago: Moody, 1997.

_____. *The Five Love Languages of Teenagers*: The Secret to Loving Teens Effectively. Chicago: Northfield Publishing, 2010.

CHAPMAN, Gary. *The Family You've Always Wanted*: Five Ways You Can Make It Happen. Chicago: Northfield Publishing, 2008.

_____. *The Five Love Languages*: How to Express Heartfelt Commitment to Your Mate. Chicago: Northfield Publishing, 1995.

_____. *Things I Wish I'd Known Before We Got Married*. Chicago: Northfield Publishing, 2010.

CHRISTAKIS, Nicholas A.; FOWLER, James H. *Connected*: The Surprising Power of Our Social Networks and How They Shape Our Lives. Nova York: Little, Brown, 2009.

CHUDACOFF, Howard P. *Children at Play*: An American History. Nova York: New York University Press, 2007.

CIALDINI, Robert B. *Influence*: The Psychology of Persuasion. Nova York: Harper Collins, 2007.

COHEN, Jon. *Almost Chimpanzee*: Redrawing the Lines That Separate Us from Them. Nova York: Times Books, 2010.

COLLINS, James C. *Good to Great*: Why Some Companies Make the Leap... and Others Don't. Nova York: Harper Business, 2001.

COLLINS, James C.; PORRAS, Jerry I. *Built to Last*: Successful Habits of Visionary Companies. Nova York: Harper Business, 1994.

COONTZ, Stephanie. *The Way We Never Were*: American Families and the Nostalgia Trap. Nova York: Basic, 1992.

COOPER, Wyatt. *Families*: A Memoir and a Celebration. Nova York: Harper & Row, 1975.

COVEY, Sean. *The 7 Habits of Highly Effective Teens*. Nova York: Fireside, 1998.

_____. *The 6 Most Important Decisions You'll Ever Make*: A Guide for Teens. Nova York: Fireside, 2006.

COVEY, Stephen R. *The 7 Habits of Highly Effective Families*: Building a Beautiful Family Culture in a Turbulent World. Nova York: Golden, 1997.

_____. *The 7 Habits of Highly Effective People*: Powerful Lessons in Personal Change. Nova York: Fireside, 1989.

CSIKSZENTMIHALYI, Mihaly. *Creativity*: Flow and the Psychology of Discovery and Invention. Nova York: Harper Collins, 1996.

_____. *Flow*: The Psychology of Optimal Experience. Nova York: Harper & Row, 1990.

DAMASIO, Antonio R. *Looking for Spinoza*: Joy, Sorrow, and the Feeling Brain. Orlando, Flórida: Harcourt, 2003.

DAVIS, Rebecca L. *More Perfect Unions*: The American Search for Marital Bliss. Cambridge, Massachusetts: Harvard University Press, 2010.

DE WAAL, Frans. *Our Inner Ape*: A Leading Primatologist Explains Why We Are Who We Are. Nova York: Riverhead, 2005.

DEAK, JoAnn M.; BARKER, Teresa. *Girls Will Be Girls*: Raising Confident and Courageous Daughters. Nova York: Hyperion, 2002.

DEKOVEN, Bernie. *The Well-Played Game*: A Playful Path to Wholeness. San José, Califórnia: Writers Club, 2002.

DIAMANDIS, Peter H.; KOTLER, Steven. *Abundance*: The Future Is Better Than You Think. Nova York: Free Press, 2012.

DREXLER, Peggy. *Our Fathers, Ourselves*: Daughters, Fathers, and the Changing American Family. Nova York: Rodale, 2011.

DUKE, Marshall; DUKE, Sara (eds.). *What Works with Children*: Wisdom and Reflections from People Who Have Devoted Their Careers to Kids. Atlanta, Geórgia: PeachTree, 2000.

ESTROFF, Sharon. *Can I Have a Cell Phone for Hanukkah?*: The Essential Scoop on Raising Modern Jewish Kids. Nova York: Broadway, 2007.

FADIMAN, Anne. *Ex Libris*: Confessions of a Common Reader. Nova York: Farrar, Straus and Giroux, 1998.

FARREY, Tom. *Game On*: The All-American Race to Make Champions of Our Children. Nova York: ESPN, 2008.

FELDMAN, Robert S. *The Liar in Your Life*: The Way to Truthful Relationships. Nova York: Twelve, 2009.

FERNÁNDEZ-ARMESTO, Felipe. *Near a Thousand Tables*: A History of Food. Nova York: Free Press, 2002.

FISCHER, Claude S. *America Calling*: A Social History of the Telephone to 1940. Berkeley, Califórnia: University of California Press, 1992.

_____. *Made in America*: A Social History of American Culture and Character. Chicago: University of Chicago Press, 2010.

FISH, Joel; MAGEE, Susan. *101 Ways to Be a Terrific Sports Parent*: Making Athletics a Positive Experience for Your Child. Nova York: Simon & Schuster, 2003.

FISHER, Roger; URY, William; PATTON, Bruce. *Getting to Yes*: Negotiating Agreement Without Giving In. Nova York: Penguin, 1991.

FLIEGELMAN, Jay. *Prodigals and Pilgrims*: The American Revolution Against Patriarchal Authority, 1750-1800. Cambridge, Reino Unido: Cambridge University Press, 1982.

FREUD, Sigmund. *Group Psychology and the Analysis of the Ego*. Mansfield Centre, Connecticut: Martino, 2010.

GALINSKY, Ellen. *Ask the Children*: What America's Children Really Think About Working Parents. Nova York: William Morrow, 1999.

_____. *Mind in the Making:* The Seven Essential Life Skills Every Child Needs. Nova York: HarperStudio, 2010.

GALLAGHER, Winifred. *House Thinking*: A Room-by-room Look at How We Live. Nova York: Harper Collins, 2006.

_____. *Rapt*: Attention and the Focused Life. Nova York: Penguin, 2009.

GAWANDE, Atul. *The Checklist Manifesto*: How to Get Things Right. Nova York: Picador, 2010.

GAZZANIGA, Michael S. *The Ethical Brain*: The Science of Our Moral Dilemmas. Nova York: Harper Perennial, 2006.

_____. *Human*: The Science Behind What Makes Us Unique. Nova York: Ecco, 2008.

GERSICK, Kelin E.; DAVIS, John A.; HAMPTON, Marion McCollom; LANSBERG, Ivan. *Generation to Generation*: Life Cycles of the Family Business. Boston, Massachusetts: Harvard Business School, 1997.

GLADWELL, Malcolm. *Blink*: The Power of Thinking Without Thinking. Nova York: Little, Brown, 2005.

GLICKMAN, Elaine Rose. *Sacred Parenting*: Jewish Wisdom for Your Family's First Years. Nova York: URJ Press, 2009.

GODIN, Seth. *Tribes*: We Need You to Lead Us. Nova York: Portfolio, 2008.

GOSLING, Sam. *Snoop*: What Your Stuff Says About You. Nova York: Basic Books, 2008.

GOTTMAN, John M.; DECLAIRE, Joan. *The Relationship Cure*: A Five-step Guide to Strengthening Your Marriage, Family, and Friendships. Nova York: Three Rivers Press, 2002.

GOTTMAN, John M.; SILVER, Nan. *The Seven Principles for Making Marriage Work*. Nova York: Three Rivers Press, 1999.

GRAFF, Gerald; BIRKENSTEIN, Cathy. *They Say, I Say*: The Moves That Matter in Academic Writing. Nova York: W.W. Norton, 2010.

GRAY, Peter B.; ANDERSON, Kermyt G. *Fatherhood*: Evolution and Human Paternal Behavior. Cambridge, Massachusetts: Harvard University Press, 2010.

GURIAN, Michael. *The Wonder of Girls*: Understanding the Hidden Nature of Our Daughters. Nova York: Atria, 2003.

HAIDT, Jonathan. *The Happiness Hypothesis*: Finding Modern Truth in Ancient Wisdom. Nova York: Basic Books, 2006.

HALL, Edward T. *The Hidden Dimension*. Nova York: Anchor, 1990.

HALL, Stephen S. *Wisdom*: From Philosophy to Neuroscience. Nova York: Alfred A. Knopf, 2010.

HIGLEY, Jim. *Bobblehead Dad*: 25 Life Lessons I Forgot I Knew. Austin, Texas: Greenleaf Book Group, 2011.

HRDY, Sarah Blaffer. *Mother Nature*: A History of Mothers, Infants and Natural Selection. Nova York: Pantheon, 1999.

_____. *Mothers and Others*: The Evolutionary Origins of Mutual Understanding. Cambridge, Massachusetts: Bellknap Press, 2009.

ISRAEL, Toby. *Some Place Like Home*: Using Design Psychology to Create Ideal Places. Chichester, Reino Unido: Wiley-Academy, 2003.

IYENGAR, Sheena. *The Art of Choosing*. Nova York: Twelve, 2010.

JAMISON, Kay Redfield. *Exuberance*: The Passion for Life. Nova York: Vintage, 2004.

JOHNS, John H.; BICKEL, Michael D. *Cohesion in the U.S. Military*. Washington, DC: National Defense University Press, 1984.

JOHNSON, Steven. *Mind Wide Open*: Your Brain and the Neuroscience of Everyday Life. Nova York: Scribner, 2004.

JUDSON, Olivia. *Dr. Tatiana's Sex Advice to All Creation*. Nova York: Henry Holt, 2002.

JUNG, C. G. *The Essential Jung*. Editado por Anthony Storr. Princeton, Nova Jersey: Princeton University Press, 1997.

KAHNEMAN, Daniel. *Thinking, Fast and Slow*. Nova York: Farrar Straus and Giroux, 2011.

KAPLAN, Michael; KAPLAN, Ellen. *Bozo Sapiens*: Why to Err Is Human. Nova York: Bloomsbury, 2009.

KONNER, Melvin. *The Evolution of Childhood*: Relationships, Emotion, Mind. Cambridge, Massachusetts: Belknap Press, 2010.

KRASNOW, Iris. *The Secret Lives of Wives*: Women Share What It Really Takes to Stay Married. Nova York: Gotham, 2011.

LARSON, Reed; RICHARDS, Maryse Heather. *Divergent Realities*: The Emotional Lives of Mothers, Fathers, and Adolescents. Nova York: Basic Books, 1994.

LEVINE, Madeline. *The Price of Privilege*: How Parental Pressure and Material Advantage Are Creating a Generation of Disconnected and Unhappy Kids. Nova York: Harper Collins, 2006.

LING, Rich. *The Mobile Connection*: The Cell Phone's Impact on Society. São Francisco, Califórnia: Morgan Kaufmann, 2004.

_____. *New Tech, New Ties*: How Mobile Communication Is Reshaping Social Cohesion. Cambridge, Massachusetts: MIT, 2008.

LUKER, Rich. *Living Simple Community/Building Simple Community*. St. Petersburg, Flórida: Tangeness, 2009.

LYUBOMIRSKY, Sonja. *The How of Happiness*: A Scientific Approach to Getting the Life You Want. Nova York: Penguin, 2008.

MARCUS, Clare Cooper. *House as a Mirror of Self*: Exploring the Deeper Meaning of Home. Berkeley, Califórnia: Conari, 1995.

MCFADDEN, Joyce T. *Your Daughter's Bedroom*: Insights for Raising Confident Women. Nova York: Palgrave Macmillan, 2011.

MCGONIGAL, Jane. *Reality Is Broken*: Why Games Make Us Better and How They Can Change the World. Nova York: Penguin, 2011.

MCNEILL, William Hardy. *Keeping Together in Time*: Dance and Drill in Human History. Cambridge, Massachusetts: Harvard University Press, 1995.

MEEKER, Margaret J. *Strong Fathers, Strong Daughters*: 10 Secrets Every Father Should Know. Washington, DC: Regnery Publishing, 2006.

MINTZ, Steven. *Huck's Raft*: A History of American Childhood. Cambridge, Massachusetts: Belknap Press, 2004.

MINUCHIN, Salvador. *Families and Family Therapy*. Londres: Routledge, 1991.

MITCHELL, Stephen A. *Can Love Last?*: The Fate of Romance Over Time. Nova York: W.W. Norton, 2002.

MOGEL, Wendy. *The Blessing of a Skinned Knee*: Using Jewish Teachings to Raise Self-reliant Children. Nova York: Scribner, 2001.

MORTIMER, Jeylan T. *Working and Growing up in America.* Cambridge, Massachusetts: Harvard University Press, 2003.

NASS, Clifford; YEN, Corina. *The Man Who Lied to His Laptop*: What Machines Teach Us About Human Relationships. Nova York: Current, 2010.

NASS, Clifford Ivar; BRAVE, Scott. *Wired for Speech*: How Voice Activates and Advances the Human-Computer Relationship. Cambridge, Massachusetts: MIT, 2005.

NOTKIN, Melanie. *Savvy Auntie*: The Ultimate Guide for Cool Aunts, Great-Aunts, Godmothers, and All Women Who Love Kids. Nova York: William Morrow, 2011.

NOWICKI, Stephen; DUKE, Marshall P.; BUREN, Amy Van. *Starting Kids Off Right*: How to Raise Confident Children Who Can Make Friends and Build Healthy Relationships. Atlanta, Geórgia: Peachtree, 2008.

OWEN, David. *The First National Bank of Dad*: The Best Way to Teach Kids About Money. Nova York: Simon & Schuster, 2003.

PARKER-POPE, Tara. *For Better*: The Science of a Good Marriage. Nova York: Dutton, 2010.

PASANELLA, Marco. *Uncorked*: My Journey Through the Crazy World of Wine. Nova York: Clarkson Potter, 2012.

PATTERSON, Kerry; GRENNY, Joseph; SWITZLER, Al; MCMILLAN, Ron. *Crucial Conversations*. Nova York: McGraw-Hill, 2012.

PEREL, Esther. *Mating in Captivity*: Unlocking Erotic Intelligence. Nova York: Harper, 2007.

PHELAN, Thomas W. *1-2-3 Magic*: Effective Discipline for Children 2–12. Glen Ellyn, Illinois: ParentMagic, 2003.

PINK, Daniel H. *Drive*: The Surprising Truth About What Motivates Us. Nova York: Riverhead, 2009.

_____. *A Whole New Mind*: Why Right-Brainers Will Rule the Future. Nova York: Riverhead, 2006.

PINKER, Steven. *The Language Instinct*. Nova York: William Morrow, 1994.

POWERS, William. *Hamlet's Blackberry*: A Practical Philosophy for Building a Good Life in the Digital Age. Nova York: Harper, 2010.

PRONOVOST, Peter J.; VOHR, Eric. *Safe Patients, Smart Hospitals*: How One Doctor's Checklist Can Help Us Change Health Care from the Inside Out. Nova York: Hudson Street, 2010.

PROVINE, Robert R. *Laughter*: A Scientific Investigation. Nova York: Viking, 2000.

QUARTZ, Steven; SEJNOWSKI, Terrence J. *Liars, Lovers, and Heroes*: What the New Brain Science Reveals About How We Become Who We Are. Nova York: William Morrow, 2002.

QUINDLEN, Anna. *Living Out Loud*. Nova York: Random House, 1988.

RATHJE, William L.; MURPHY, Cullen. *Rubbish!*: The Archaeology of Garbage. Nova York: Harper Collins, 1992.

REMEN, Rachel Naomi. *Kitchen Table Wisdom*: Stories That Heal. Nova York: Riverhead, 1996.

RESH, Evelyn K.; WEST, Beverly. *The Secret Lives of Teen Girls*: What Your Mother Wouldn't Talk About But Your Daughter Needs to Know. Carlsbad, Califórnia: Hay House, 2009.

RESTAK, Richard M. *The Naked Brain*: How the Emerging Neurosociety Is Changing How We Live, Work, and Love. Nova York: Harmony, 2006.

RIDLEY, Matt. *The Red Queen*: Sex and the Evolution of Human Nature. Nova York: Macmillan, 1994.

RIPKEN, Cal; BURKE, Larry. *The Ripken Way*: A Manual for Baseball and Life. Nova York: Pocket, 1999.

RUBIN, Gretchen Craft. *The Happiness Project*. Nova York: Harper Collins, 2010.

RYAN, Christopher; JETHÁ, Cacilda. *Sex at Dawn*: The Prehistoric Origins of Modern Sexuality. Nova York: Harper, 2010.

SAPOLSKY, Robert M. *Why Zebras Don't Get Ulcers*. Nova York: Henry Holt, 2004.

SARGENT, Ted. *The Dance of Molecules*: How Nanotechnology Is Changing Our Lives. Nova York: Thunder's Mouth, 2006.

SAWYER, R. Keith. *Explaining Creativity*: The Science of Human Innovation. Oxford, Reino Unido: Oxford University Press, 2006.

SCHNARCH, David Morris. *Passionate Marriage*: Keeping Love and Intimacy Alive in Committed Relationships. Brunswick, Austrália: Scribe Publications, 2012.

SELIGMAN, Martin E. P. *Flourish*: A Visionary New Understanding of Happiness and Well-Being. Nova York: Free Press, 2011.

SHERWOOD, Ben. *The Survivors Club*: The Secrets and Science That Could Save Your Life. Nova York: Grand Central Publishing, 2009.

SIEGEL, Daniel J.; BRYSON, Tina Payne. *The Whole-Brain Child*: 12 Revolutionary Strategies to Nurture Your Child's Developing Mind. Nova York: Delacorte Press, 2011.

SOMMER, Robert. *Personal Space*: The Behavioral Basis of Design. Bristol, Reino Unido: Bosko, 2007.

SOUEIF, Ahdaf. *The Map of Love*. Nova York: Anchor, 2000.

STIFFELMAN, Susan. *Parenting Without Power Struggles*: Raising Joyful, Resilient Kids While Staying Calm, Cool and Connected. Nova York: Atria Books, 2012.

STONE, Douglas; PATTON, Bruce; HEEN, Sheila. *Difficult Conversations*: How to Discuss What Matters Most. Nova York: Viking, 1999.

SUROWIECKI, James. *The Wisdom of Crowds*. New York: Anchor, 2005.

SZALAVITZ, Maia; PERRY, Bruce Duncan. *Born for Love*: Why Empathy Is Essential — and Endangered. Nova York: William Morrow, 2010.

TAFFEL, Ron. *Childhood Unbound*: Saving Our Kids' Best Selves — Confident Parenting in a World of Change. Nova York: Free Press, 2009.

TAFFEL, Ron; BLAU, Melinda. *Parenting By Heart*: How to Stay Connected to Your Child in a Disconnected World. Cambridge, Massachusetts: Perseus, 2002.

TANNEN, Deborah. *I Only Say This Because I Love You*: Talking to Your Parents, Partner, Sibs, and Kids When You're All Adults. Nova York: Ballantine, 2002.

TANNEN, Deborah; KENDALL, Shari; GORDON, Cynthia. *Family Talk*: Discourse and Identity in Four American Families. Oxford, Reino Unido: Oxford University Press, 2007.

TAYLOR, Ella. *Prime-Time Families*: Television Culture in Postwar America. Berkeley, Califórnia: University of California Press, 1989.

THALER, Richard H.; SUNSTEIN, Cass R. *Nudge*: Improving Decisions About Health, Wealth and Happiness. Londres: Penguin, 2009.

THOMPSON, Jim. *The Double-Goal Coach*: Positive Coaching Tools for Honoring the Game and Developing Winners in Sports and Life. Nova York: Harper, 2003.

_____. *Elevating Your Game*: Becoming a Triple-Impact Competitor. Portola Valley, Califórnia: Balance Sports, 2011.

_____. *Positive Sports Parenting*: How "Second-Goal" Parents Raise Winners in Life Through Sports. Portola Valley, Califórnia: Balance Sports, 2009.

THURMAN, Robert A. F. *Inner Revolution*: Life, Liberty, and the Pursuit of Real Happiness. Nova York: Riverhead, 1998.

TURKLE, Sherry. *Alone Together*: Why We Expect More from Technology and Less from Each Other. Nova York: Basic Books, 2011.

UNDERHILL, Paco. *Why We Buy*: The Science of Shopping. Nova York: Simon & Schuster, 2009.

URY, William. *The Third Side*: Why We Fight and How We Can Stop. Nova York: Penguin, 2000.

VISCOTT, David S. *Emotional Resilience*: Simple Truths for Dealing with the Unfinished Business of Your Past. Nova York: Three Rivers Press, 1996.

VONNEGUT, Kurt. *Slapstick*. Nova York: Delta Trade Paperbacks, 1999.

WEICK, Karl E.; SUTCLIFFE, Kathleen M. *Managing the Unexpected*: Assuring High Performance in an Age of Complexity. São Francisco, Califórnia: Jossey-Bass, 2001.

WOLPE, David J. *Teaching Your Children About God*: A Modern Jewish Approach. Nova York: Harper Collins, 1993.

WRANGHAM, Richard W. *Catching Fire*: How Cooking Made Us Human. Nova York: Basic Books, 2009.

WRIGHT, Robert. *The Moral Animal:* Why We Are the Way We Are: The New Science of Evolutionary Psychology. Nova York: Random House, 1994.

YALOM, Marilyn. *A History of the Wife*. Nova York: Harper Collins, 2001.

PRODUÇÃO
Adriana Torres
Thalita Ramalho

PRODUÇÃO EDITORIAL
Victor Almeida

REVISÃO DE TRADUÇÃO
Luciana Garcia

REVISÃO
Bia Seilhe
Suelen Lopes

DIAGRAMAÇÃO
Elza Maria da Silveira Ramos

Este livro foi impresso no Rio de Janeiro, em setembro de 2013,
pela Edigráfica, para a Agir.
O papel do miolo é avena 80g/m²,
e o da capa é cartão 250g/m².